U0710107

苏渊雷往来信札

苏渊雷教授题

（下）

苏月笑 编

國家圖書館出版社

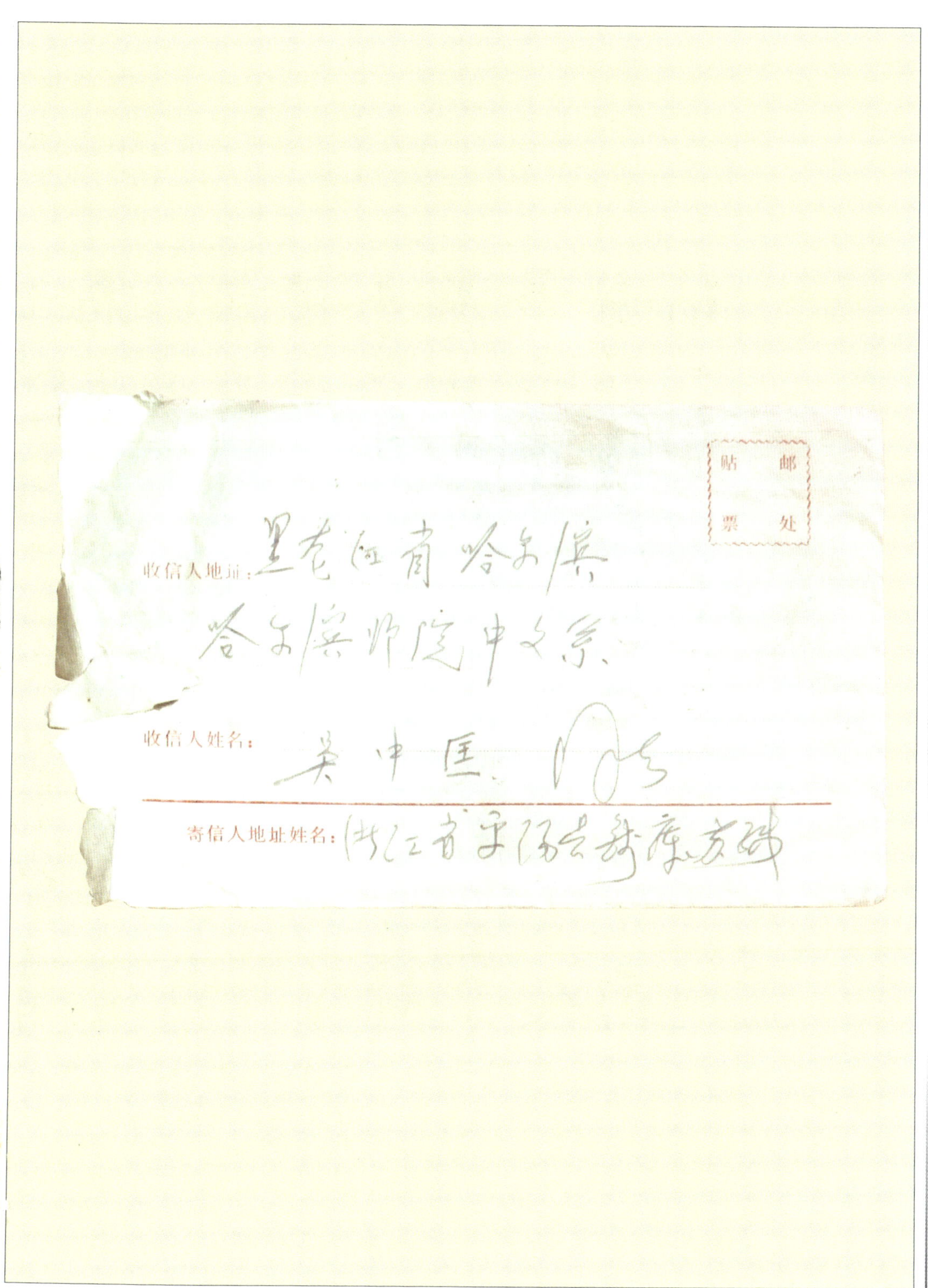
贴邮票处

收信人地址：黑龙江省哈尔滨
哈尔滨师院中文系

收信人姓名：吴中匡同志

寄信人地址姓名：浙江省平阳县新康苏缄

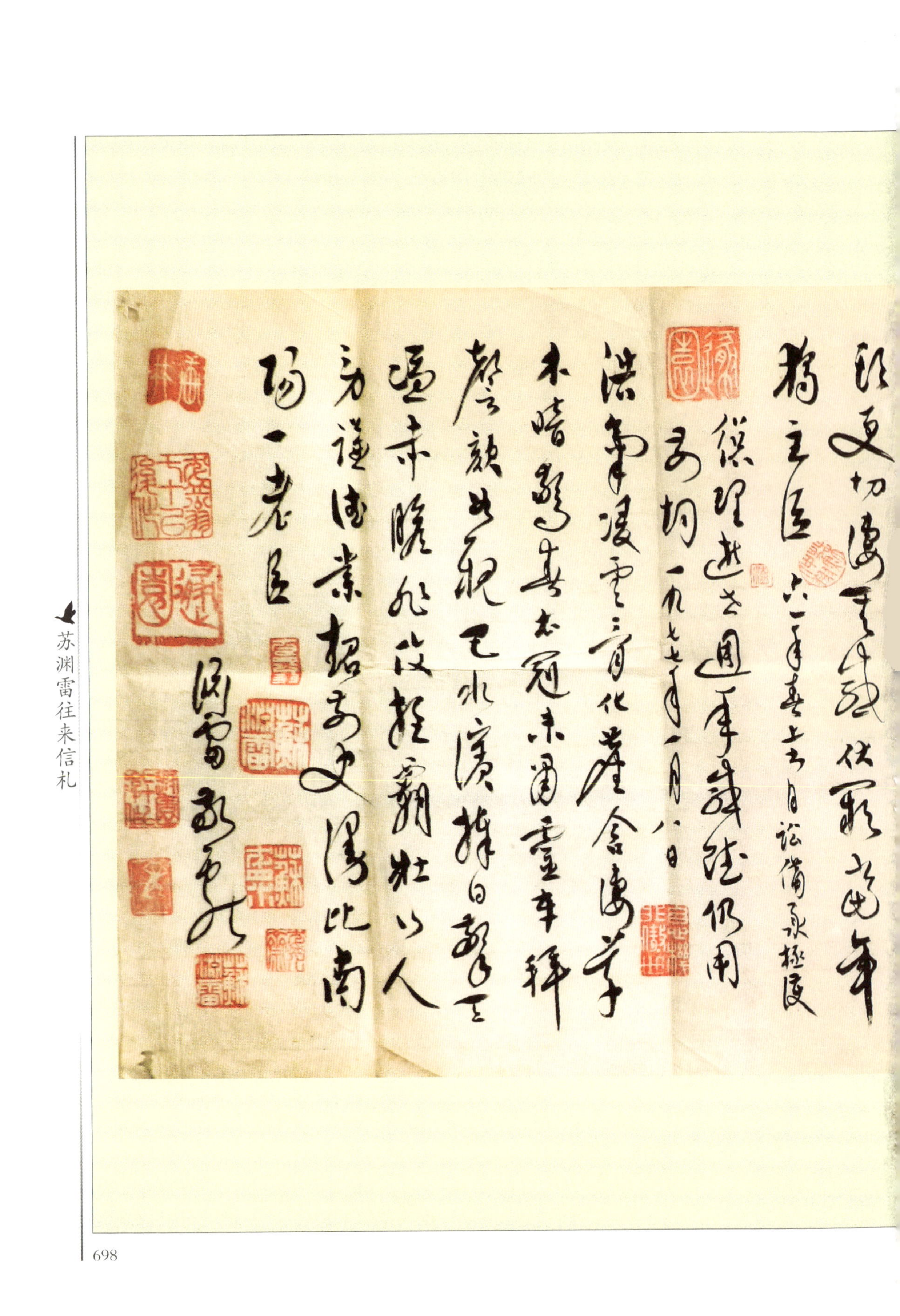

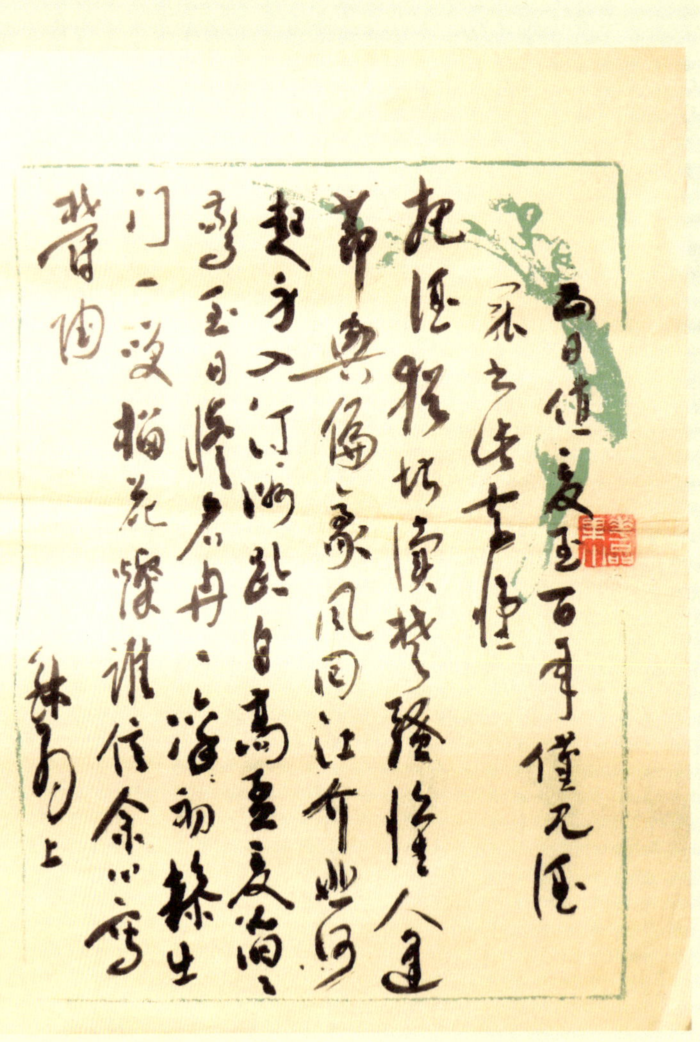

[illegible]

夜雨怀世好以合花開

[怪]人忽觉蒲觞也换钱

顿惊雪鬓填[illegible]

[illegible]一字以飞月[illegible]结珠来

久[illegible]倦眼读黄[嫣][illegible]

词璟玉相[illegible]以为春催人

眠近航螺留贝船开去

殊惟仗画新[illegible]

香花[illegible]并[illegible]子云居

[illegible]日[illegible]市人来

[漢]斋道兄 共[览][illegible]

壬子四月

渊雷呈

移居迩市仍继二年
承东师友藉资心量

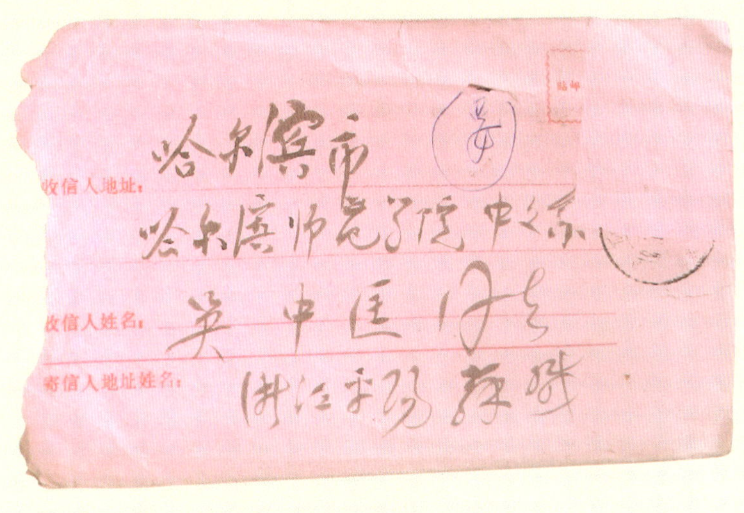
收信人地址：哈尔滨市 哈尔滨师范学院中文系
收信人姓名：吴中匡 同志
寄信人地址姓名：浙江平阳 苏缄

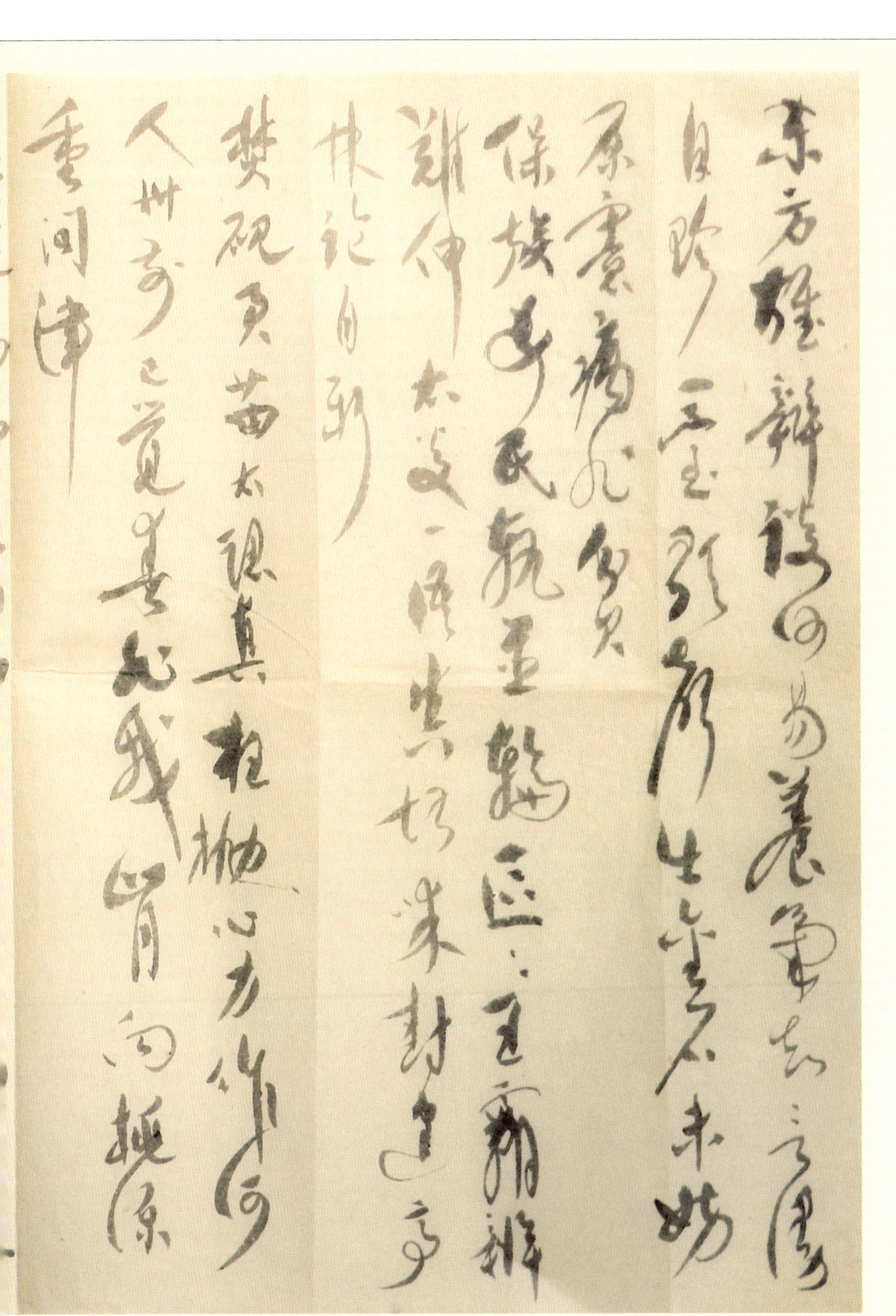

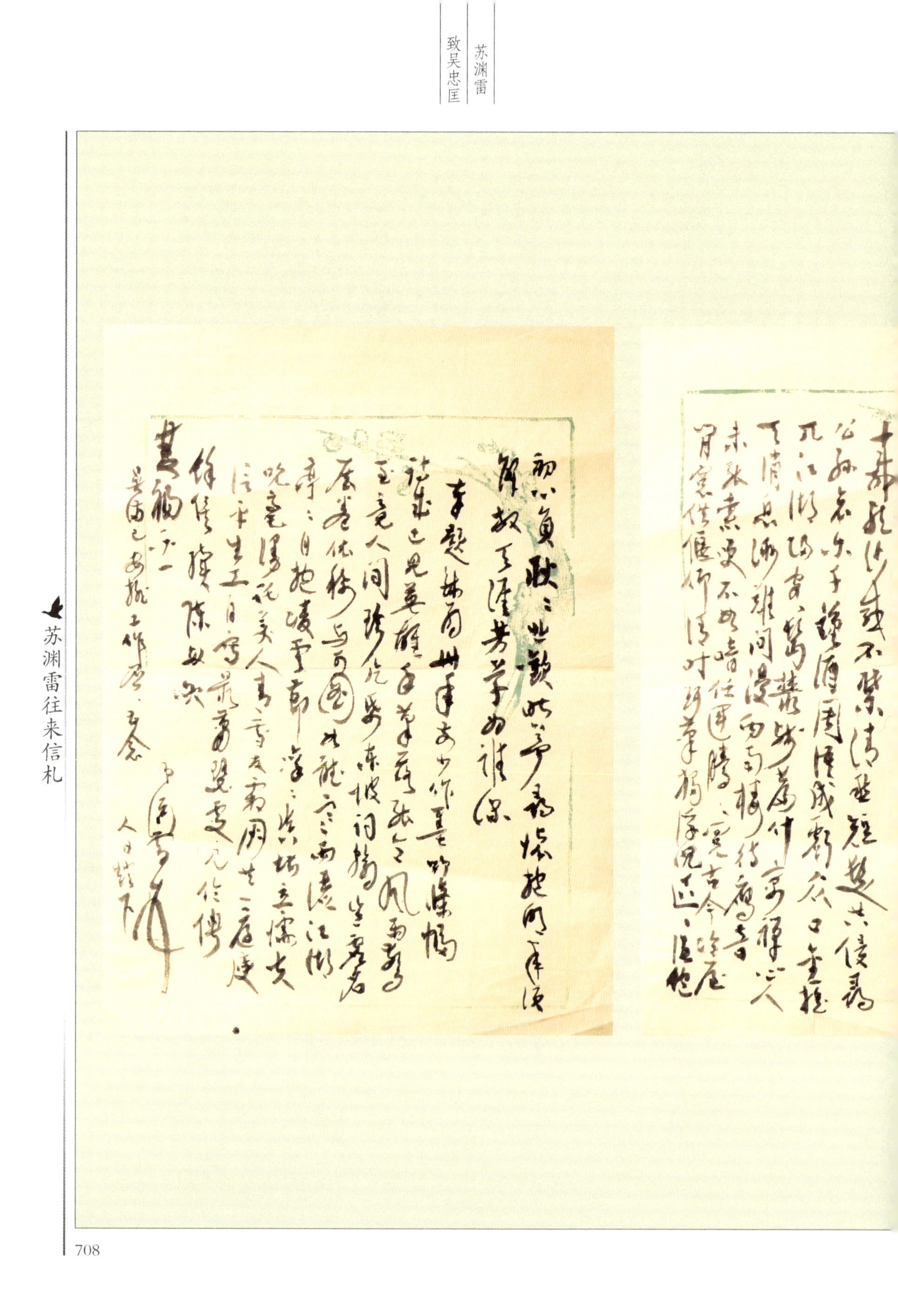

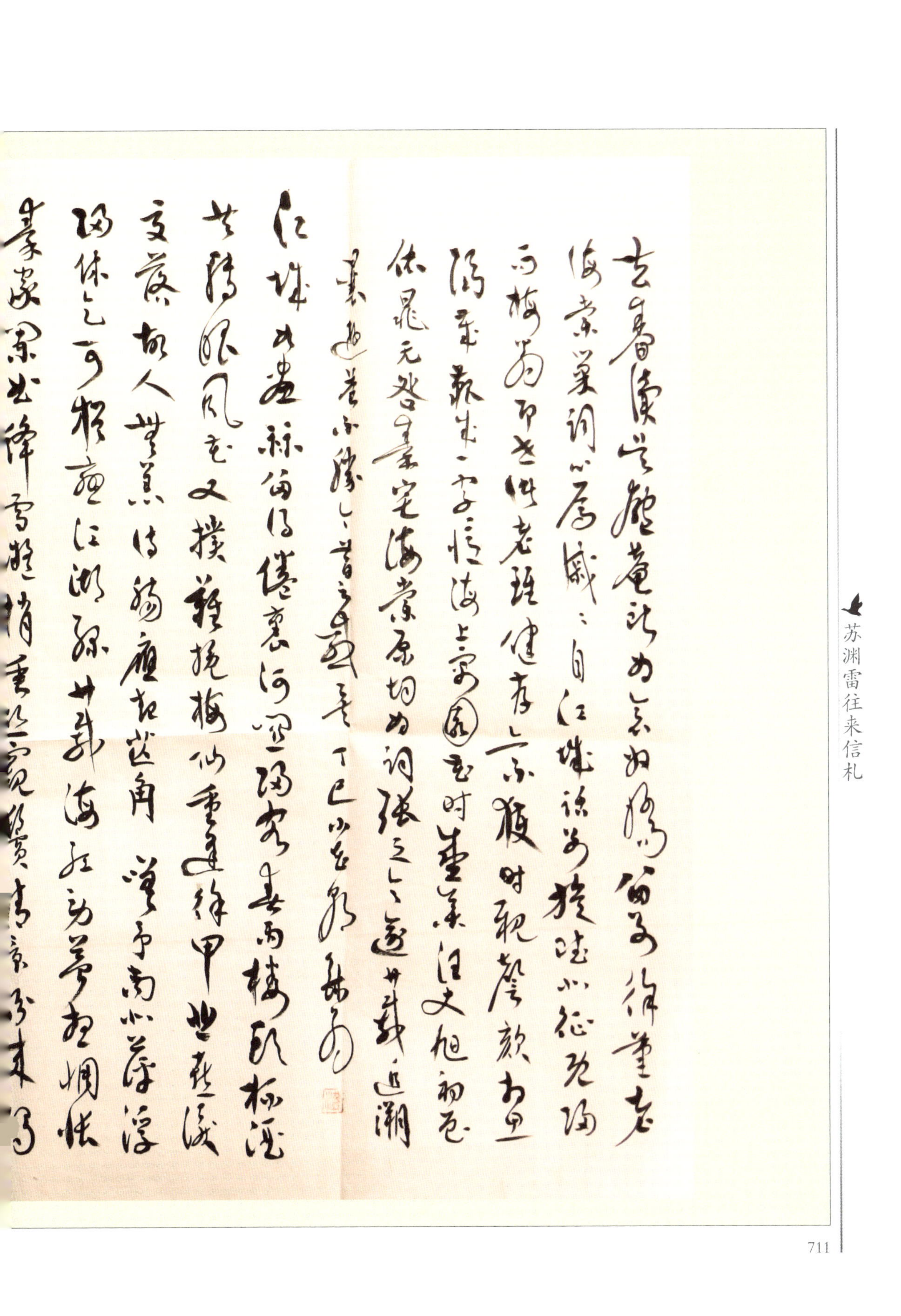

雁山公立书院及温州师范学校。同砚蔡雄画士，生平第一知己。）

白眉扬历最少年，飞刍革故一條鞭。同舟共济危能履，中道寒盟策岂全？演易牢门思往哲，傍书海上谢时贤。自怜桥上龙髯客，又续玄黄龙战篇。

（早岁参加大革命。蔡雄殉难。余入狱七年，著《易通》五万余言。诗有《玄黄》《龙战》两集。）

烽急芦沟海水飞，蹙蹙蜀道壮心违。猿哀不减杜陵馆，鹤隐还垂董相帏。市埠闻人成嘲谑，玄亭载酒接风徽。凭高望远差能遣，赋到芜城泪满衣！

20X25=500 华东师大

八十书怀

白雁黄花歲歲新，重陽再度拾遗辰。觀河未礙童心在，投鉢曾邀哲匠親。讀史見時伊有母，稱詩從日彼何人？陶甜居躍齋量函逃，故我依然八十春。

（余生於乙辰。波斯匿王觀河面皺，而見精不減。提婆問道于龍樹，樹示以鉢水，提婆默然，投針而入。）

六齋卑議宋平子，晚世高風林霽山。邑有前修申雅慕，才慚下士敢追攀。横經南雁詩新秀，負笈東甌憶舊班。氣誼干雲敦有道，傷哉卌日泪频潸。

（林霽山、宋平子同籍平陽，故為前哲。余早歲先後同

（抗战八年，最后桂林。全国解放，上海交游）

十年话逅真古今，卜宅城西花木深。一笑嫣红饶俊赏，三株倒绾已喜人。谈玄宁待松枝捉，问道端宜挂院临。此日空桑增别恋，画图刻与证禅心。

（陪上宾同孙秀合肥祠堂旧址。平泉花木亦无多有，海棠木樨尤盛。余录水南看花回诗，老巡冰壶遍历劫犹存。）

出国物色异风沙，行李真寥共一车。落日松江流远甚，朔云绝塞忆思家。子卿北海冰天立，和仲南荒雨笠行。相闻短歌容我老，等闲岁月不须嗟。

（五八年秋，被遣出关。出关重来，几二十年。）

20×25=500 六十五

（戰时间闽入蜀，创设钵水斋。市隐于林，从游者游。

敌机狂炸重庆几毁，一夕成《陪都赋》志感。）

戰何侵寻遍六洲，大去一九之寒秋。雄京百雉摧强虏，铁翼千群撼远陬。不战自焚终食果，止戈为武仗良谋。煌煌诗史还谁续，动魄惊心字字遒。

（二次大战，波澜壮阔，苏京屹立，英机远袭。写《大战杂诗》七律凡三十二首，与《陪都赋》合刻单行。）

终见降幡出海隅，九州雀躍说擒胡。八年兵燹还初定，一夕萧墙痛切肤。厥乱天人相扼腕，来苏刘项本殊途。江山实兀秋朔张，雪弟闲谈入壮图。

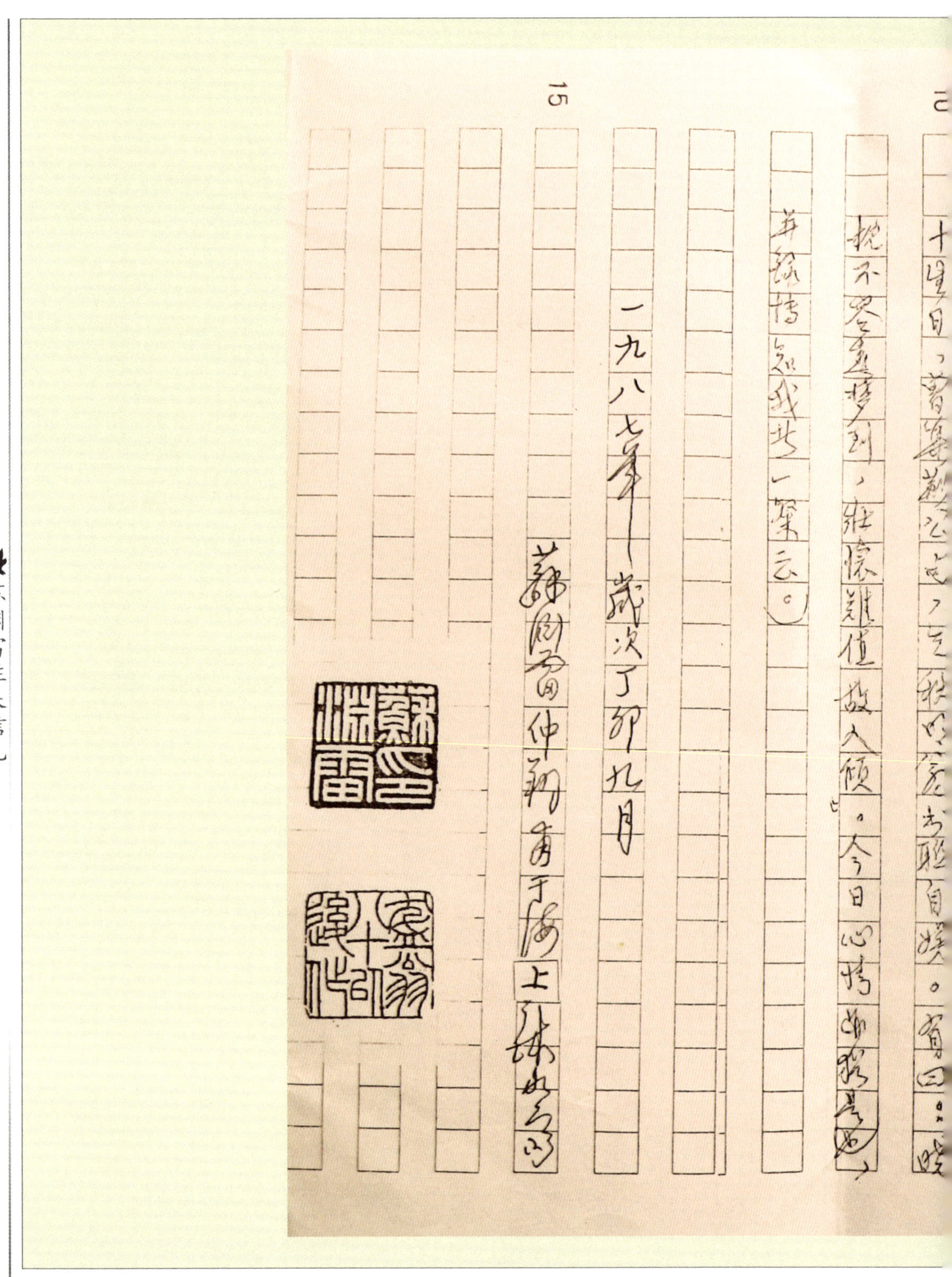

十[illegible]日，曾[illegible]公[illegible]之，[illegible]聊自娛。有[illegible]

恨不容多夢到，壯懷難值，故久傾。今日心情亦稍異也，

并錄博知我者一粲云。

一九八七年歲次丁卯九月

蘇淵雷仲翔甫于海上缽水齋

苏渊雷往来信札

许雪传窗剡蕺藉，交谁共与话诗藻。东风无赖真如翼，庄

李作哥僧奇思。一自学词流看起代，倾生心力肯全抛。白头

楚志君休问，今昔人殊隔一交。

（金荡泌波，芳园易主。借自风流，恶成陈迹。借辞

记楚志白首归乡，语其乡曰："吾殊昔人，非昔人也。"）

中材涉世谢功名，倚仰由人百感并。诗成今昔疑鹤退，暮

年学道任身横。青天阅月思无已，白昼持灯迹太明。怅惘

荆公诗句好，山川回首觉无情。

（荆公诗"回首山川觉有情"。将松窃易，翻为反义。意多

年来烟火恼怀抱。数室过眼名心淡，仙侣同舟都抱开。明发鄱阳诗节近，碧波鼓棹锦江回。

附：五十年前梦游诗

仙山翠拥定何如，遁客豪家各卜居。海水绿从人浴后，夕阳红到劫来初。百年兴废春谁主，一死艰难计已疎。极目南天歌舞地，几回垂泪听啼乌。

中匡兄：家家以书达，转寄港，谅已收也。转去是来港，已收萧集史要，问贤年

辛未夏初旅香江得句

（一）登太平山遥眺

雷车电缆快游山，山太平时心未闲。纵目楼台疑海现，撩人风月满斓斑。金迷纸醉今适昔，选色征歌念久删。信是天都通欲界，繁华历历适尘寰。

（二）偕游侣秀锦江轮返

依然海水接空绿，随分花枝抑映来，哆罗罗，江山灵气在，暗

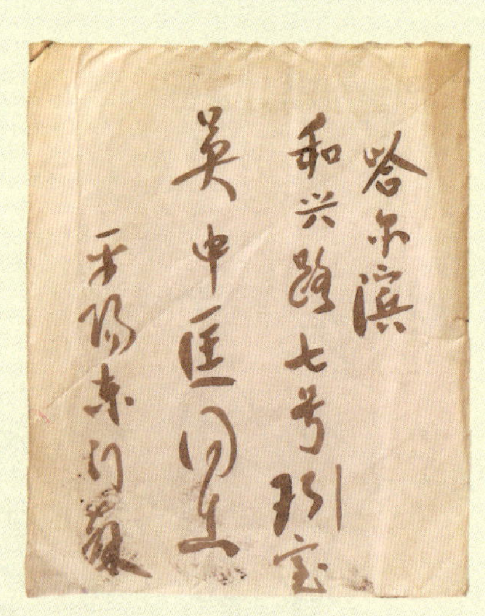
哈尔滨
和兴路七号
吴中匡同志
平阳东门苏缄

钵水斋

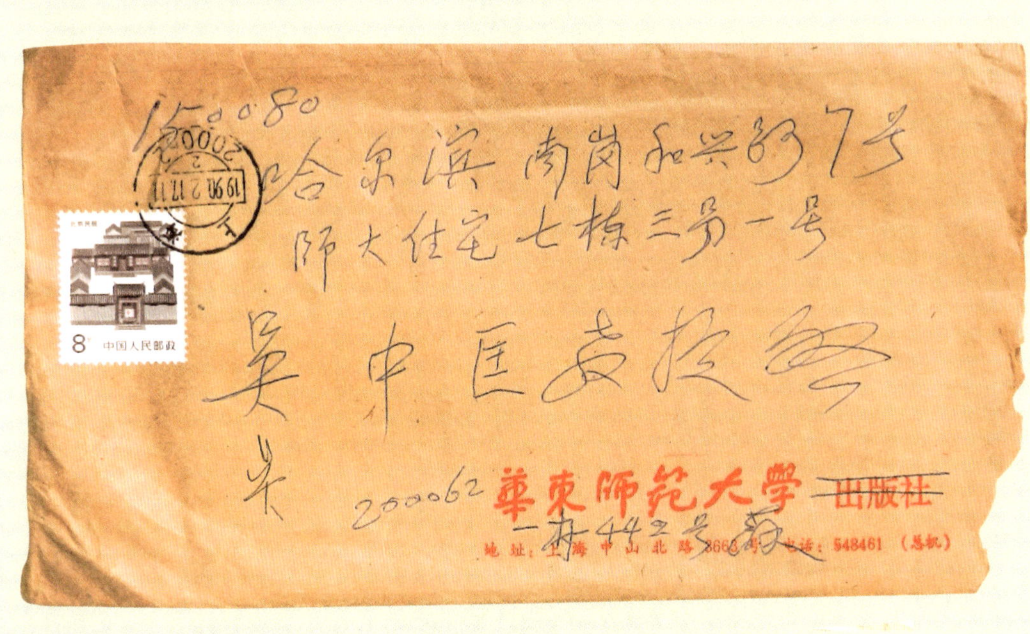
150080
哈尔滨 南岗和兴路7号
师大住宅七栋三单元一号
吴中匡 教授
收
200062
華東師範大學 出版社
地址：上海中山北路3663号 电话：548461（总机）
8 中国人民邮政
1990.2.17.11

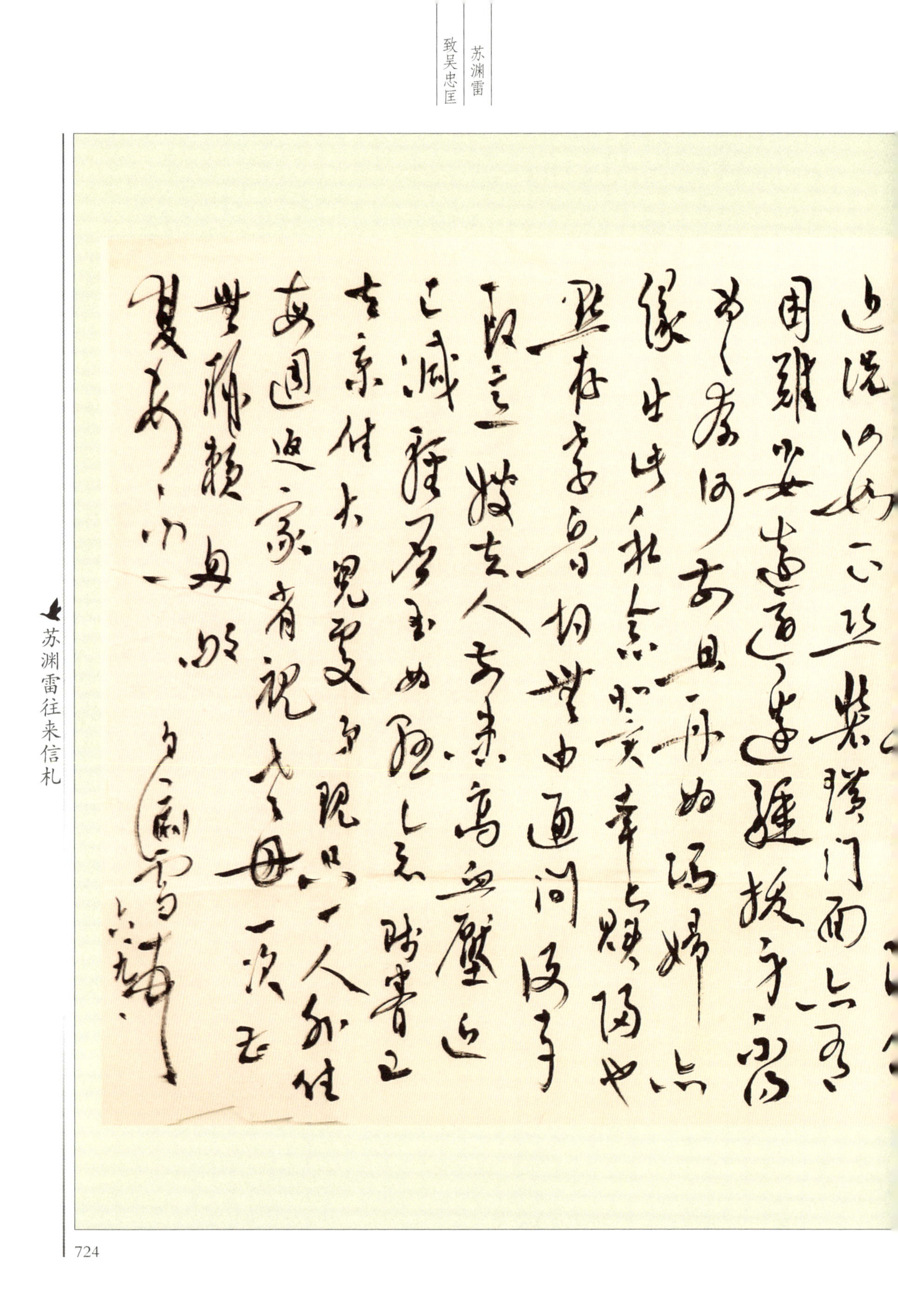

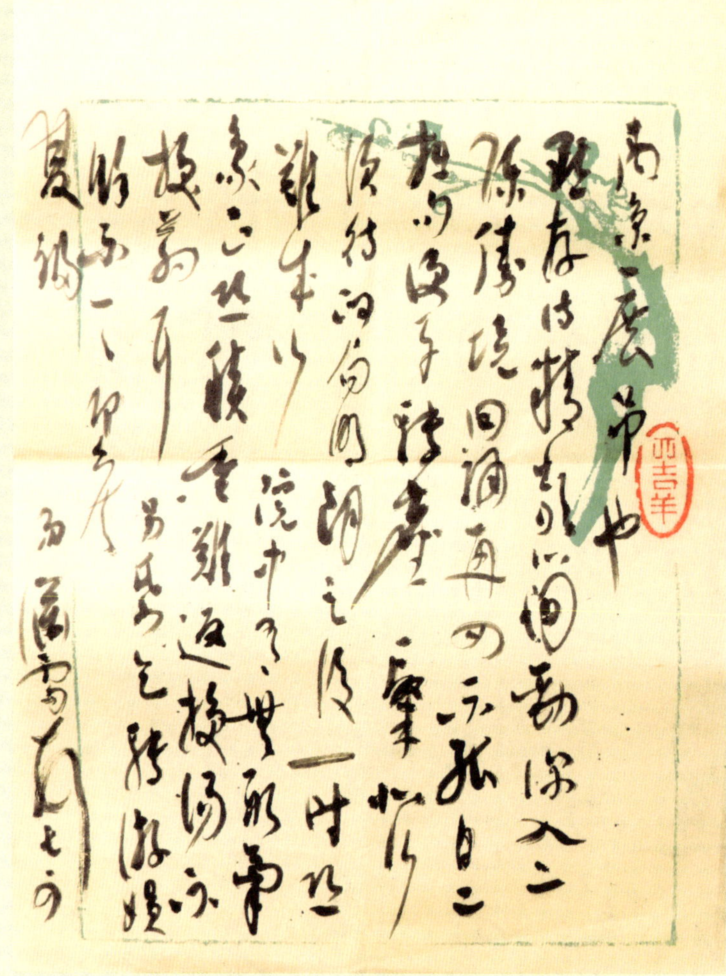

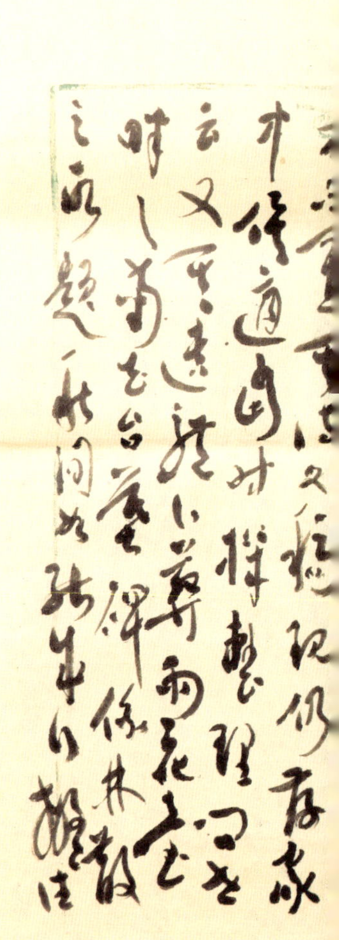

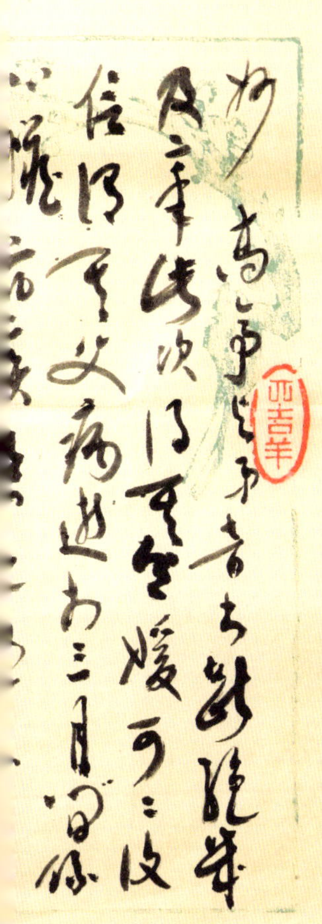

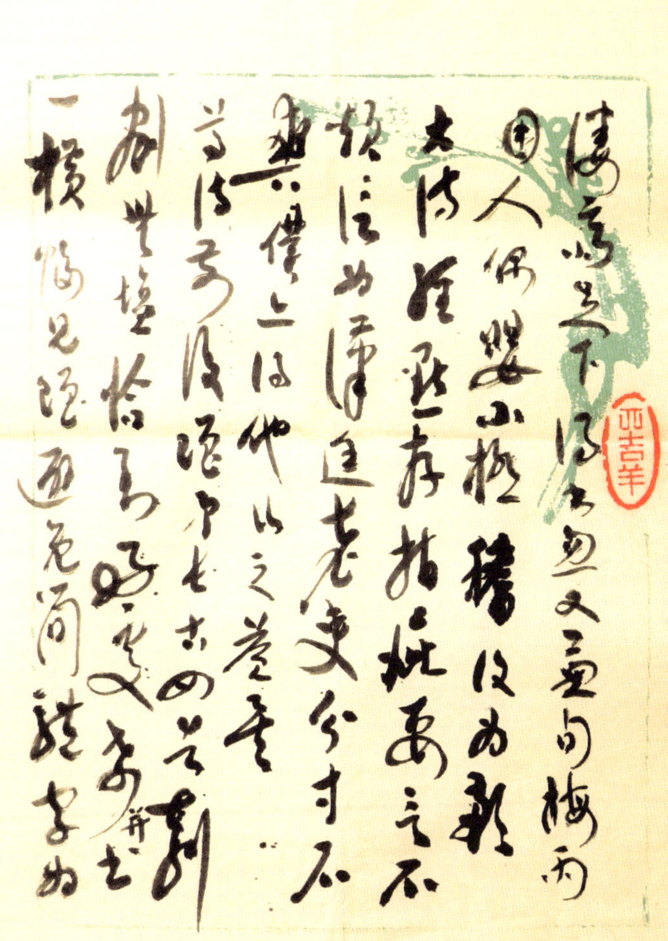

天台[illegible]

禅林最且数天台，旧旧曾传此大宗，久称一针极家妹，
敢将寸莛叩洪钟，诸佗和入庄严海，大白次琴峡觉峰。
明发石梁观瀑去，我回翘首望云松。寺抵太白半山，古名踏沙寺。
（国清寺至石梁观瀑望昙花亭）

天台四万八千丈，古寺一千三百年，智者止观义不二，
一行大衍历无愆。五峰双涧诗中画，缘谷桃源色界天。
笑忆丰干更饶舌，石梁游清莫经前。智者舍利塔院，一行禅师墓，及刘阮遇仙处，遗址皆在。
偶游宁波七塔寺留别
节辰名山取次收，标来不负是前游。迎人海水接云流，

满涛兄吟正

渊雷寄草

钵水斋近诗

东南古刹巡礼

普陀岩返登佛顶山

儿时梦想到而今，灵迹当前不待寻。普济寺通法雨寺，
梵天音接法明音。白华紫竹添诗料，万井梅花证道心。
谁信故时登峻坂，遥先佛顶接人襟。岩顶一名小白华山。

阿育王寺造于东晋

夹道松篁漫碧晖，殿东拂晓叩禅扉。育王建寺人称最，
舍利含光世所稀。碑碣尚传唐宋字，经藏差免劫灰飞。
归途一塔悬旋上，陡觉天低入翠微。寺前有世休德以像于刹

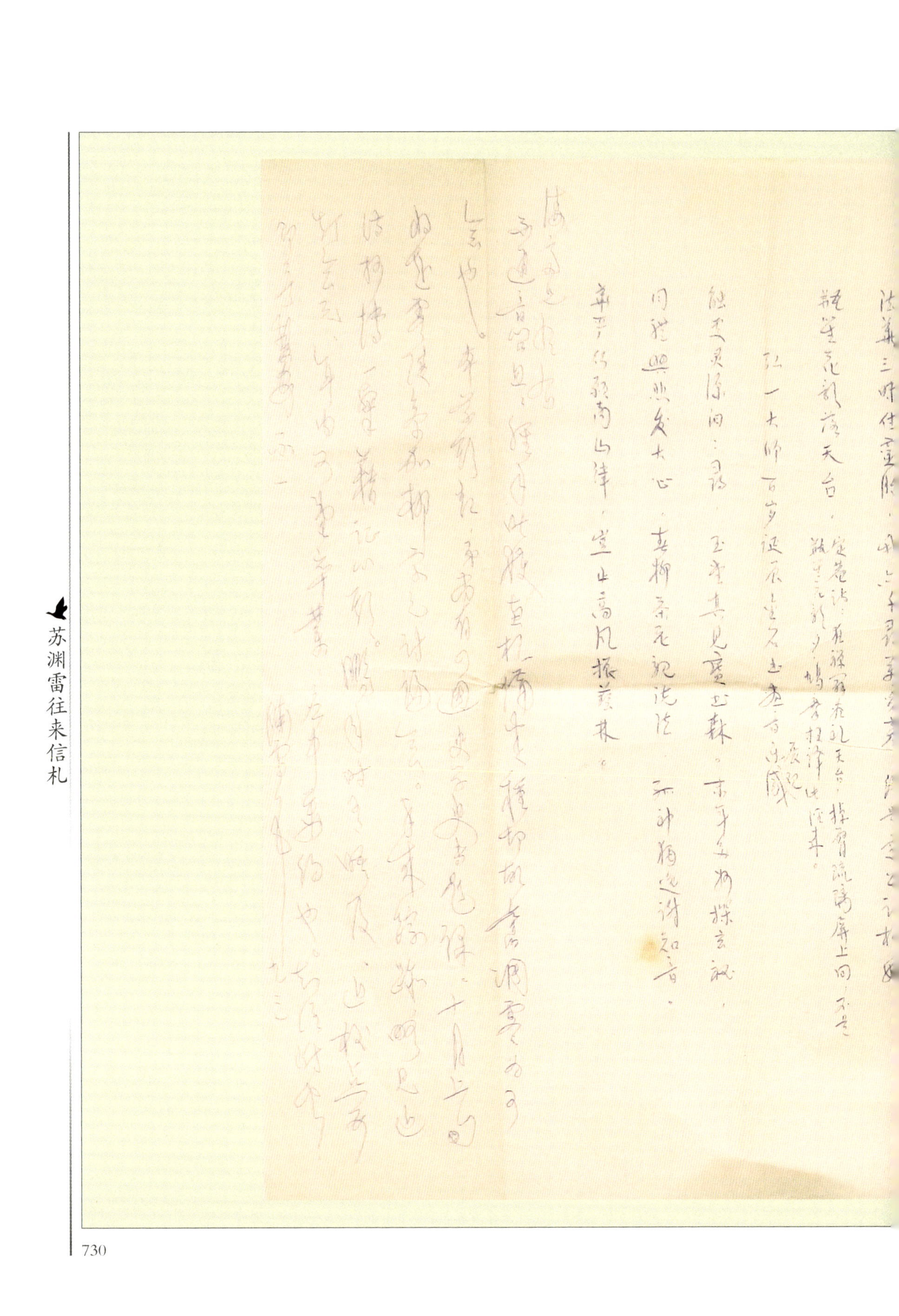

法华三昧仕重阴，[illegible]

莲华花藏蔽天台，[illegible]

证一大师百岁诞辰[illegible]

愿我灵源同一路，玉堂真见宝山林。求年子物探玄秘，

同登兴悲众大心。垂柳奈何观忧忆，不讨相逃识知音。

辛酉仲秋南山律，宣止高风振慈林。

[illegible]

[illegible]也。[illegible]

[illegible]

陶[illegible]

林壮天花似雨稠，霞起赤城标绣州，峰环太白涌琼楼。

堂堂七塔今仍在，说大伽蓝报两秋。

沿途杂诗

到此方知世虑轻，无风海浪涨声声；见时早识雁伽好，

今日真成竖背行。

梅萼独树寒菩提，鹿角分枝节节斜，珍重人间此孤本，

春风携影试新题。树下梅影此为人间珍本。

闻有晚香不肯去，自从梅影此为家，花花一角老亭在。

想见孙天赖力除。梅将解雨台旧时亭像一般，补待白梅图佳莽，但风与远屏不罪，远远不肯去说音说乎善记。

情情隋梅展动貌，远春枯木见精神，超山邻村皆梅看，

未不及花时亦可人。隋梅亲大明名植大千三月中，动后发意，记

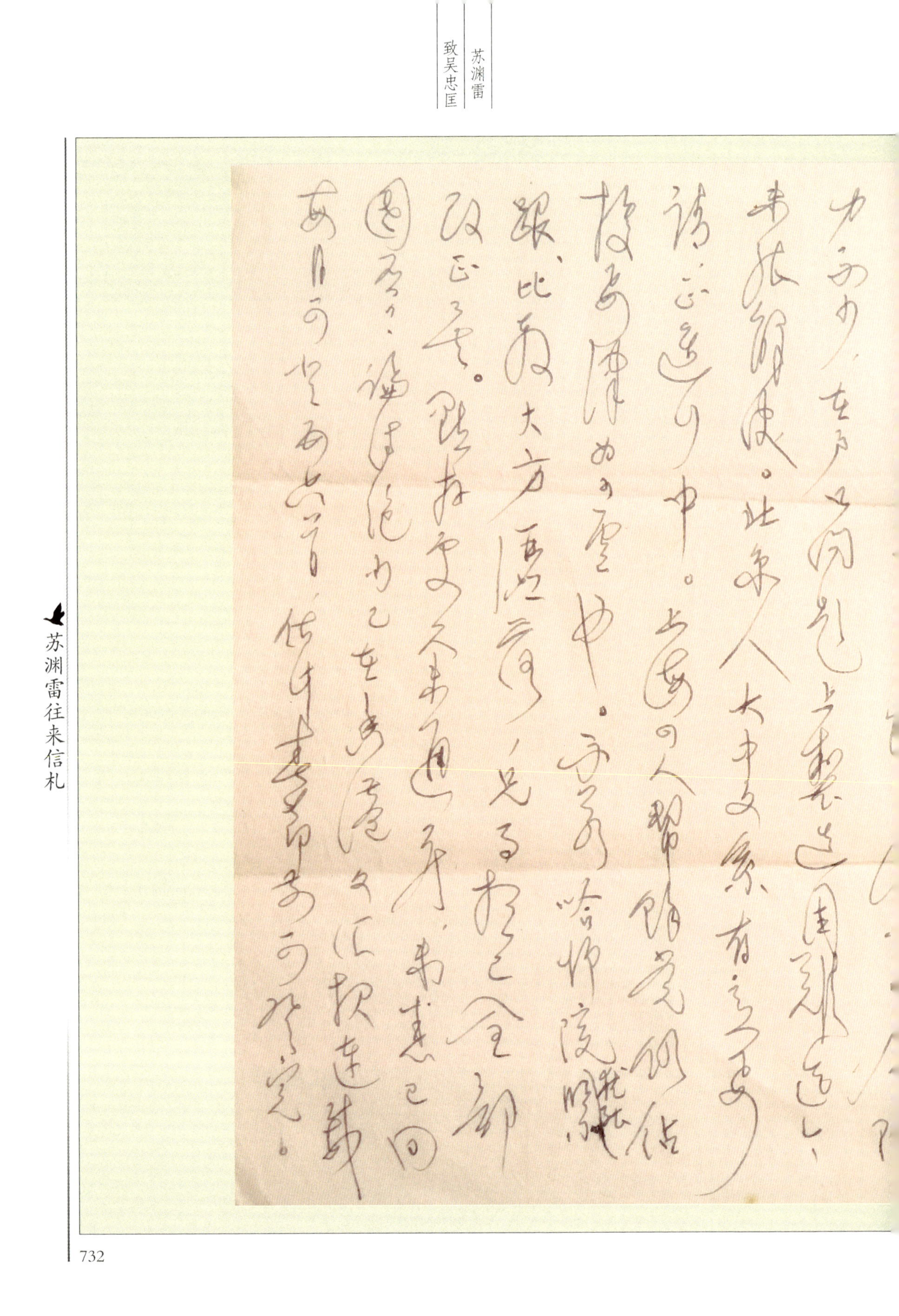

清常吾兄：

前承枉顧留字，未獲晤談，之為憾。翌日清早即赴上海師大門口傳達室探詢，亦未見，殊覺怏怏而回。三日后攜安遣返，勿見，使者自歸邸，過屆，以免兄兄跋勞頓也。 師大領導等負責，日校長、副校長第一並記念，至使閣下，寶貴友

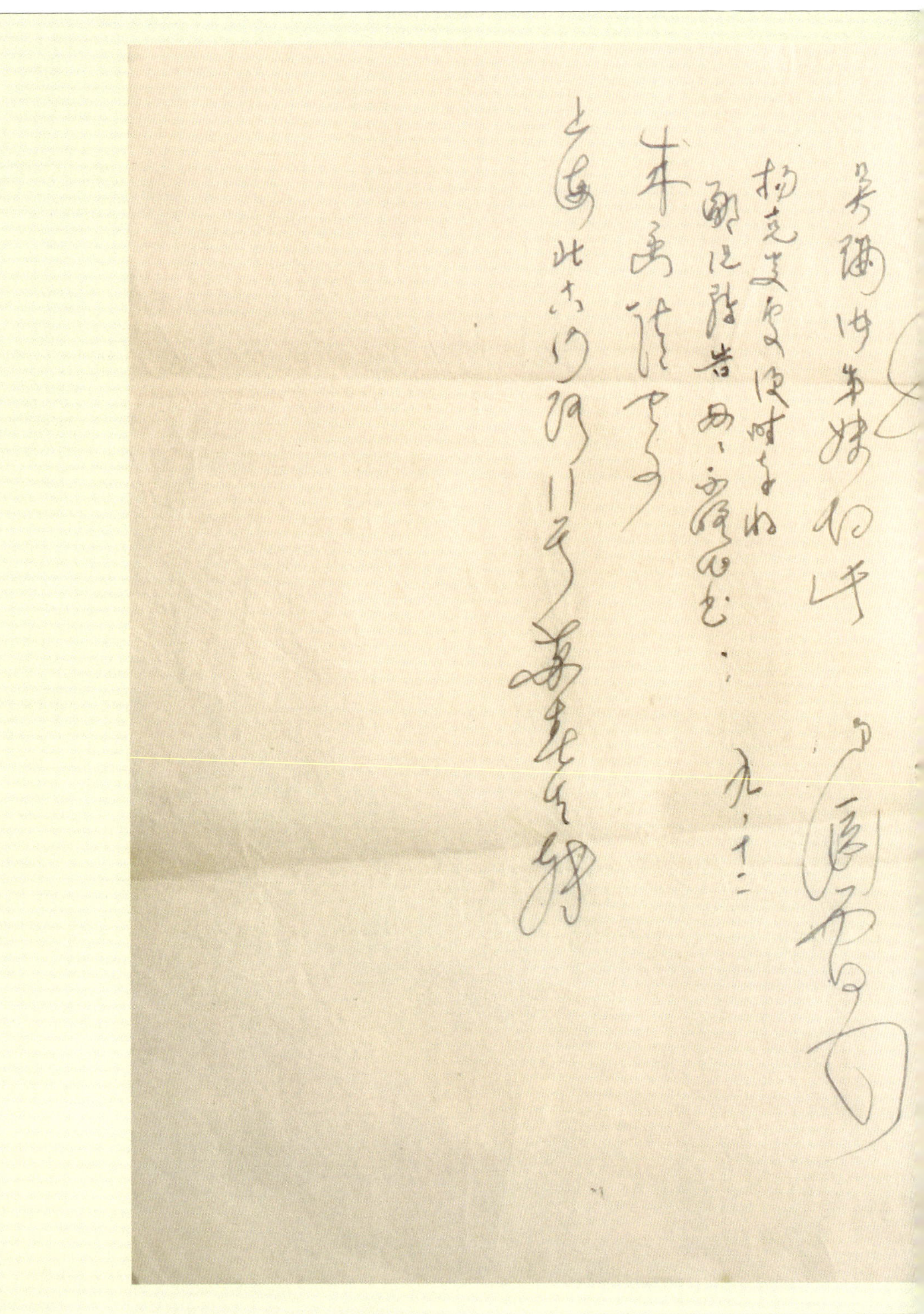

吴[illegible]出来嫁的诗　　[illegible]
杨克[illegible][illegible]便时寄给
[illegible]已将告知，不[illegible]了……　九、十二
本要请[illegible]……
上海此亦何[illegible][illegible]苏[illegible]先生转

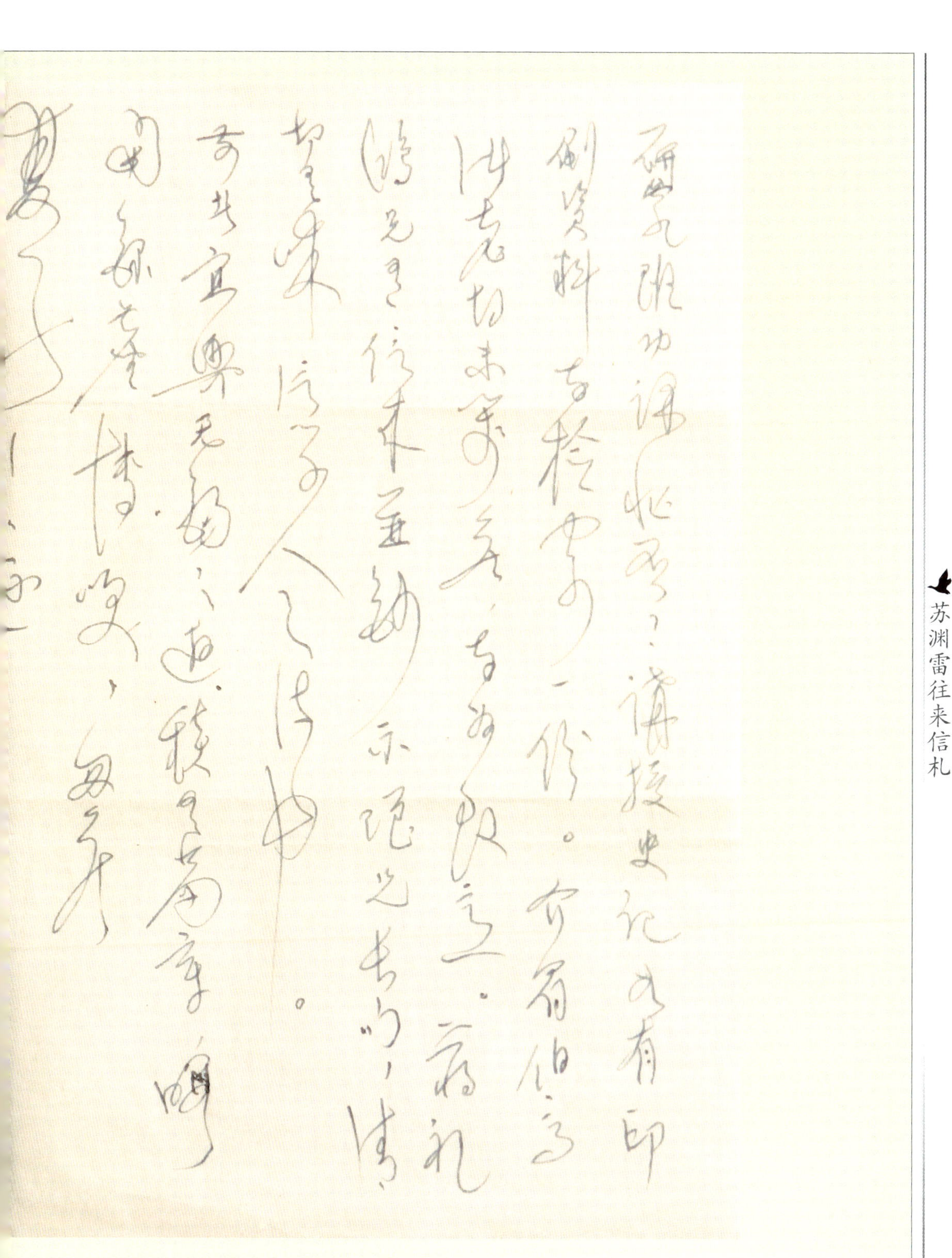

线

渌波回照不辞寒，分[illegible]龙[illegible]约客欢。
新月偏随足和[illegible]，轻车挥手两依依。
别[illegible]相[illegible]问一[illegible]
九日登临万木[illegible]，车箱深似闭门
居沿途秀色涤胸意[illegible]
上方胜古寺，滚滚流明月[illegible]
霜叶满清溪，人生萍旅如寄，
白首黄花得意物

13×18=234　第　页　共　页

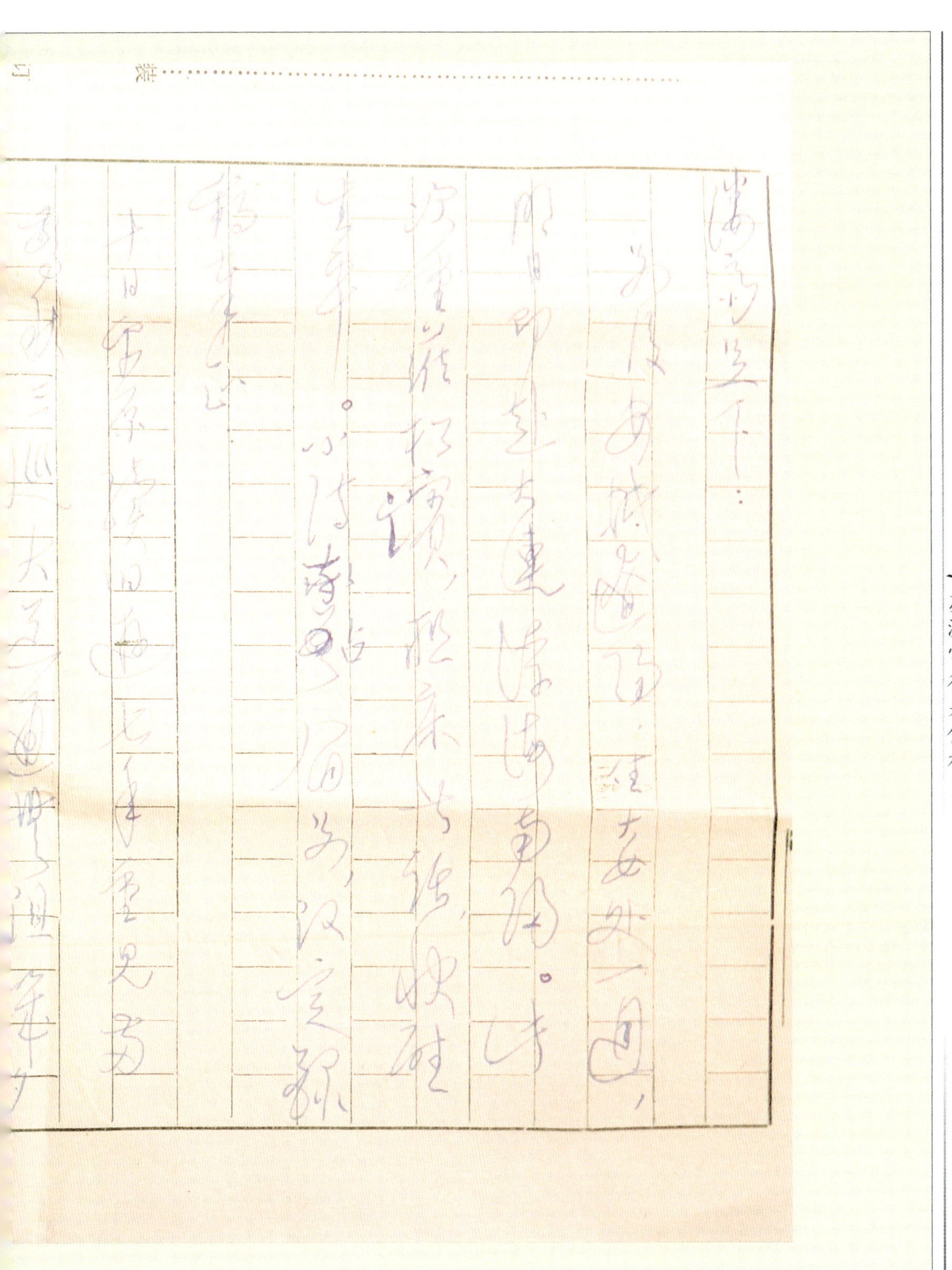

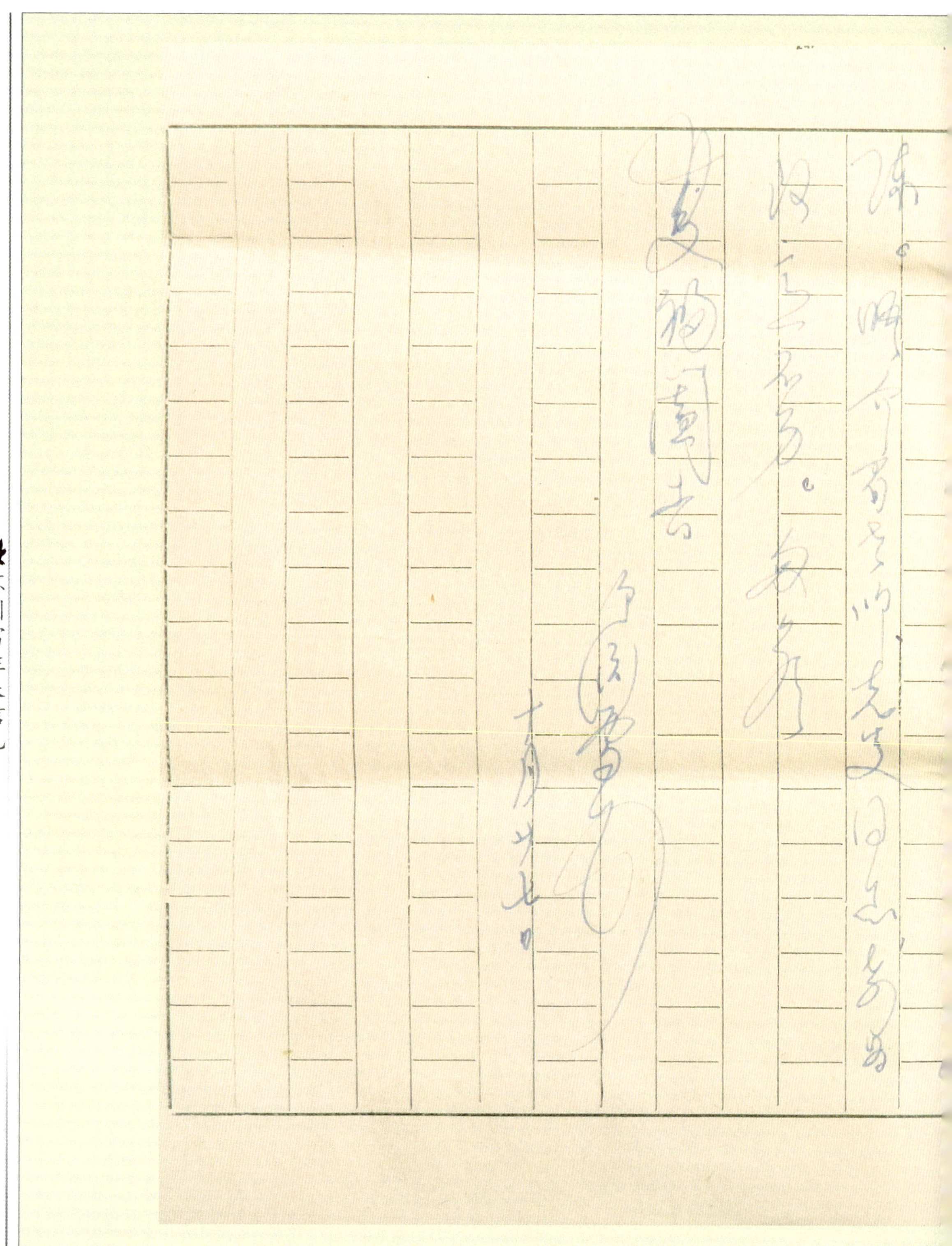

陈、晓、何、高二、川先生及同志家属均此致意。安康

并祝阖吉

渊雷

十月廿七日

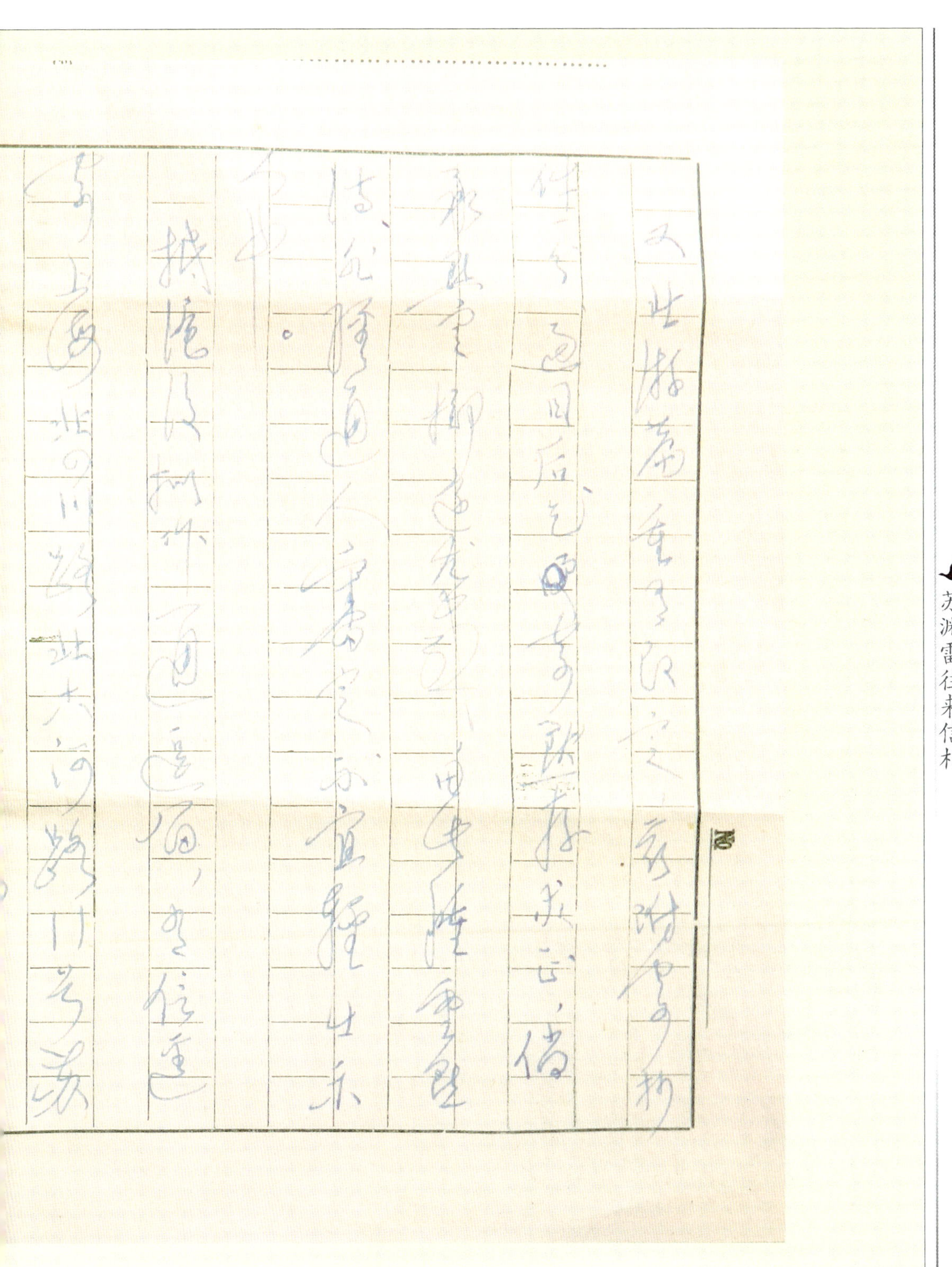

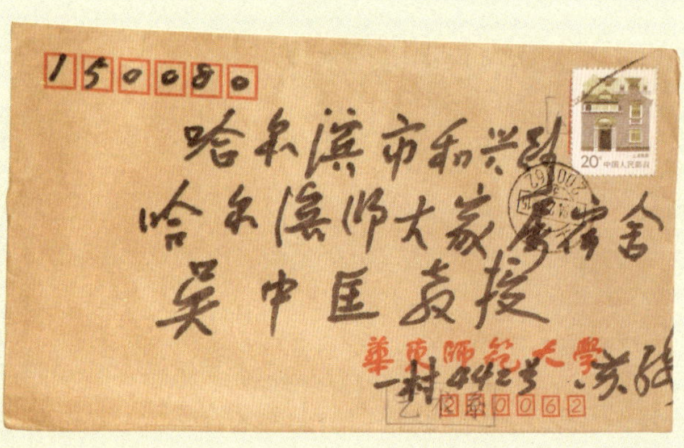

150080

哈尔滨市和兴路

哈尔滨师大家属宿舍

吴忠匡教授

华东师范大学

一村44号 苏缄

200062

甲戌人日寄怀吴淮海济、游介眉教授

人日题诗例寄诗，故人佳节倍相思。淮南鸡犬随仙去，海北冰霜独我知。屈指嘉游谁健者，放怀畴昊及芳时。衔杯共句差堪使，肯负春风鬓角丝。

怀人笺札也多多。

祝全家新年好！

渊雷叶

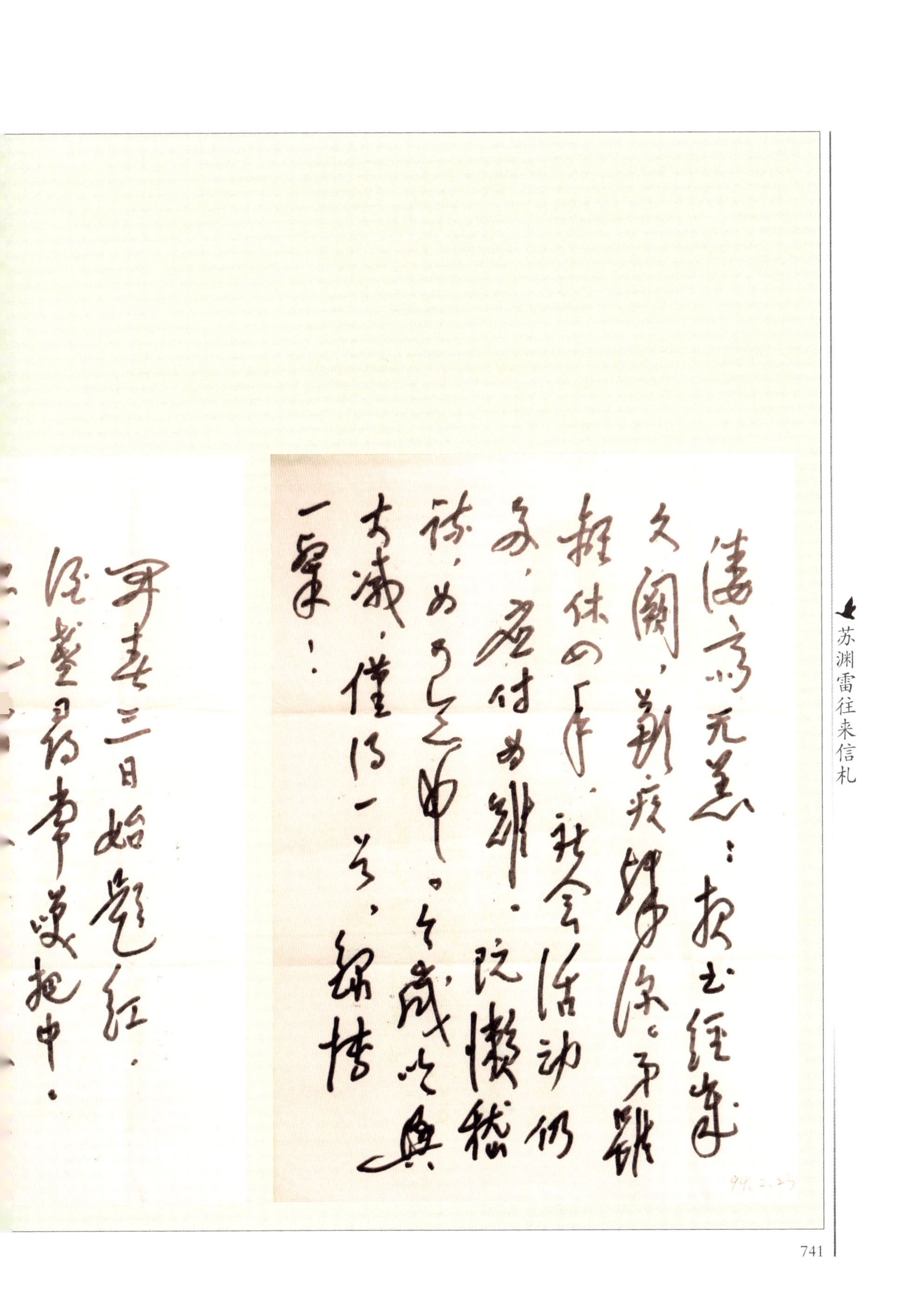

張。言語若勞動，天下文章歸韓蘇
播西方。伐山宗匠，包孕情韻，挑
拂越後塵。老來酒興速落已晚，蓋
西北望，吾見揚之！
本學期起授史學史，要通二部，弟亦甫
歷系指導留學生，精研古典文學，於月內
柳子厚論文、墓志、書牘等，亦甚忙也。
佳勝近將記得一卷，二月間寄呈，供要置參
覽。鄭堯二十六年於返，精晚矣。

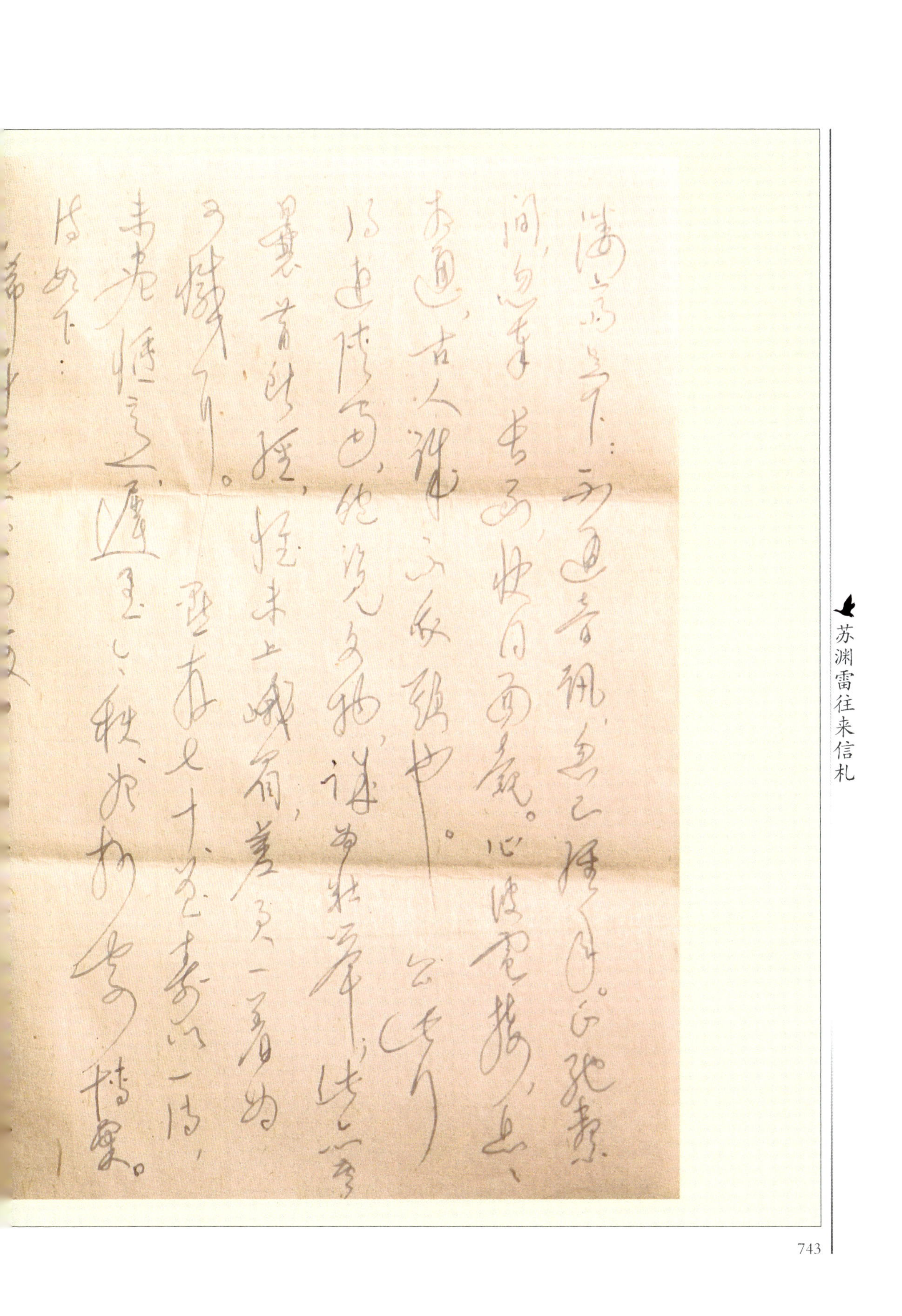

[illegible]

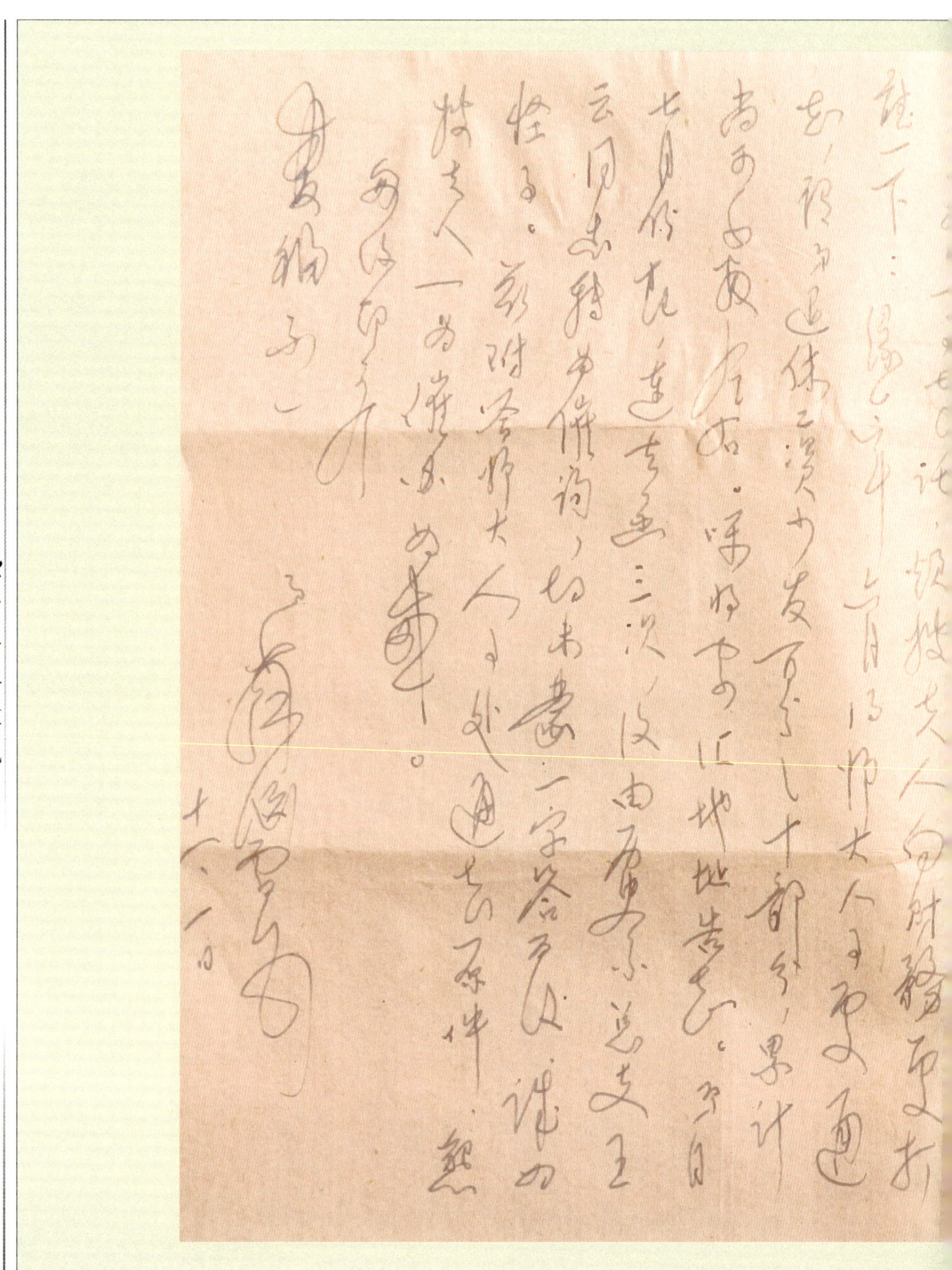

……七〇……许，收接丈人由[illegible]寄来之书

谈一下：[illegible]六月13即大人于平安通

知，[illegible]住汉人为友可以十部分，累计

为可安安居[illegible]。学师守的此地址告之。本月

七日仍托达去函三次，后由原于不[illegible]支王

云因未转为[illegible]，切未尽一字答及，请如

怜可。兹附写师大人于外通告原件，恕

接丈人一为准备奉。

[illegible]

[illegible]

[illegible]

十八、一日

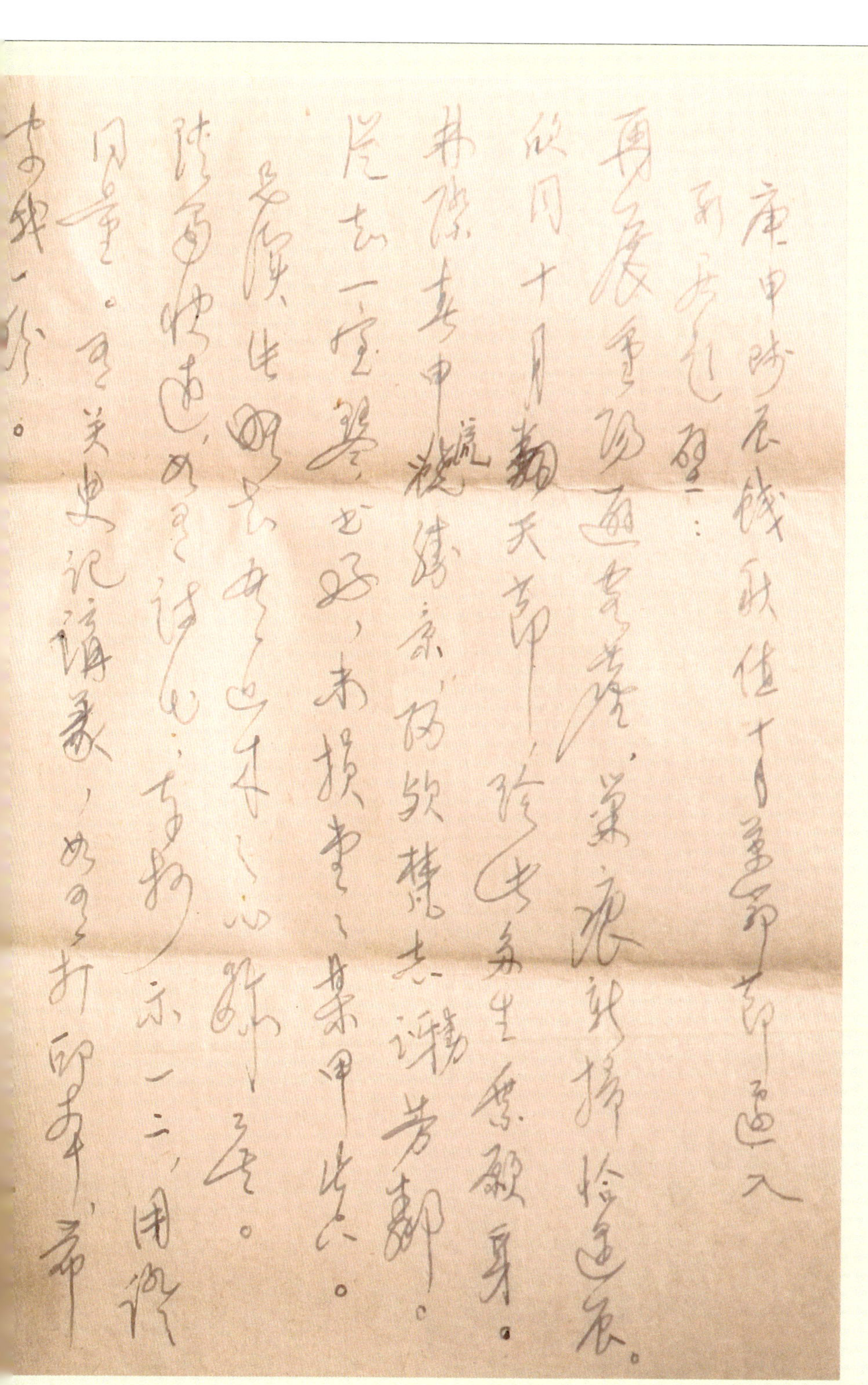

庚申中秋后钱秋佳十月革节后邀入
京，承君见望：
再度重游西湖景，落叶满山拾途衣。
欣同十月翻天节，珍惜余生乘顾身。
林陈寿中流续京，好欲续志谋芳邻。
岂知一变琴也好，未换书之集甲生。
无限生机去如此，本之心肝已足。
陈南快遇，如之诗也，专翰示一二，用识
同量。至关史记讲义，如可打印本，希
寄我一份。

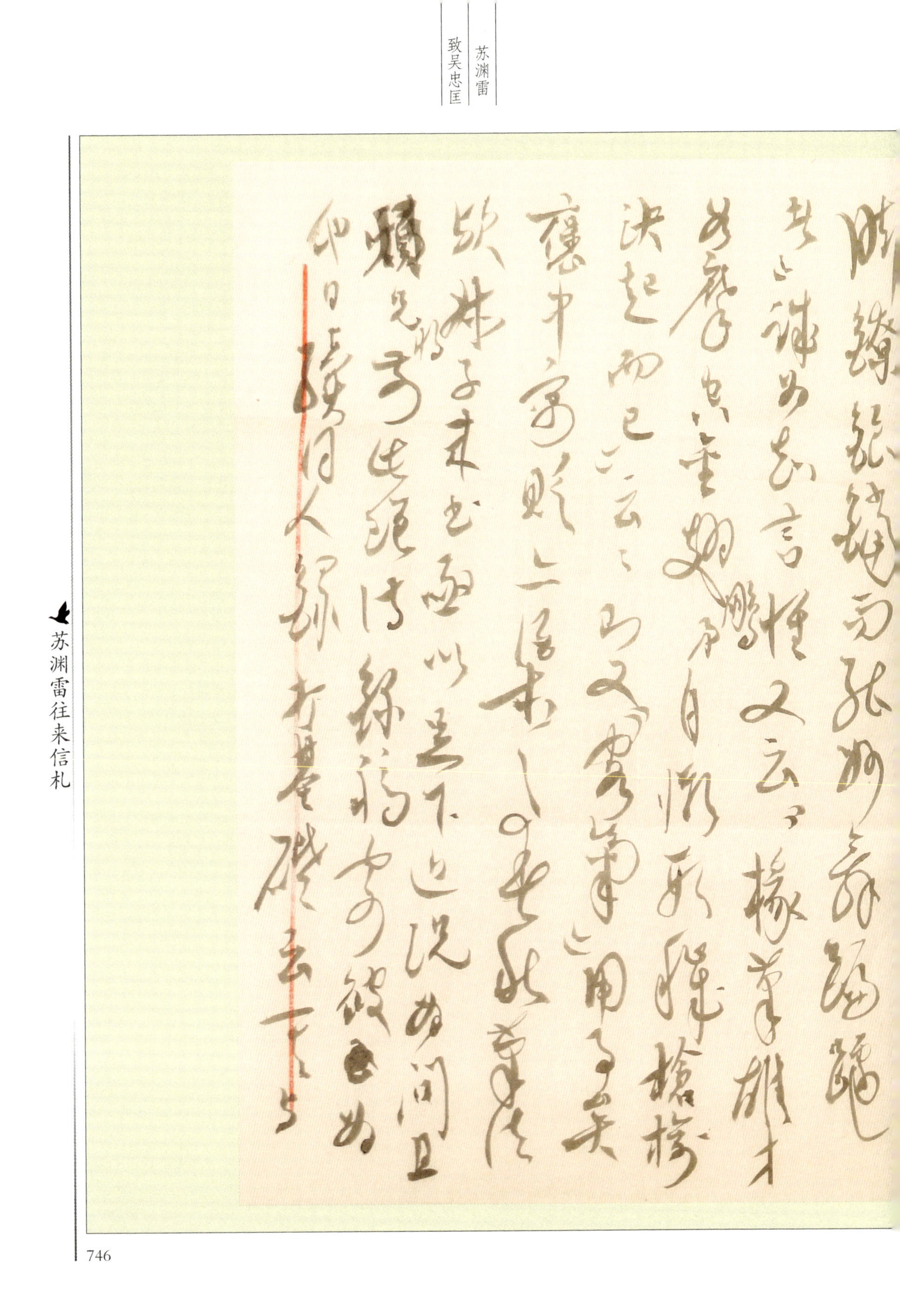

地方国营平阳酿造厂革命委员会

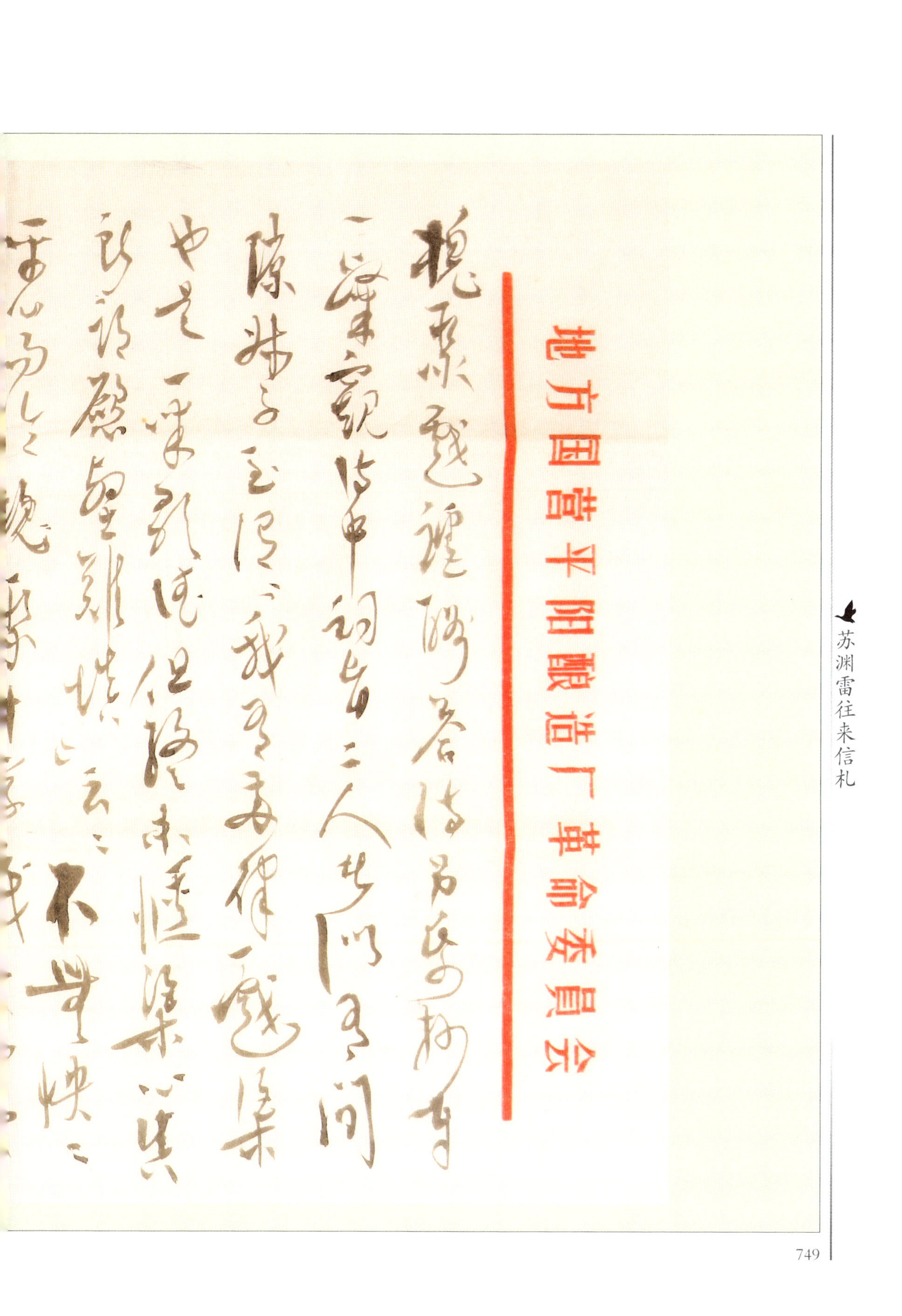

地方国营平阳酿造厂革命委員会

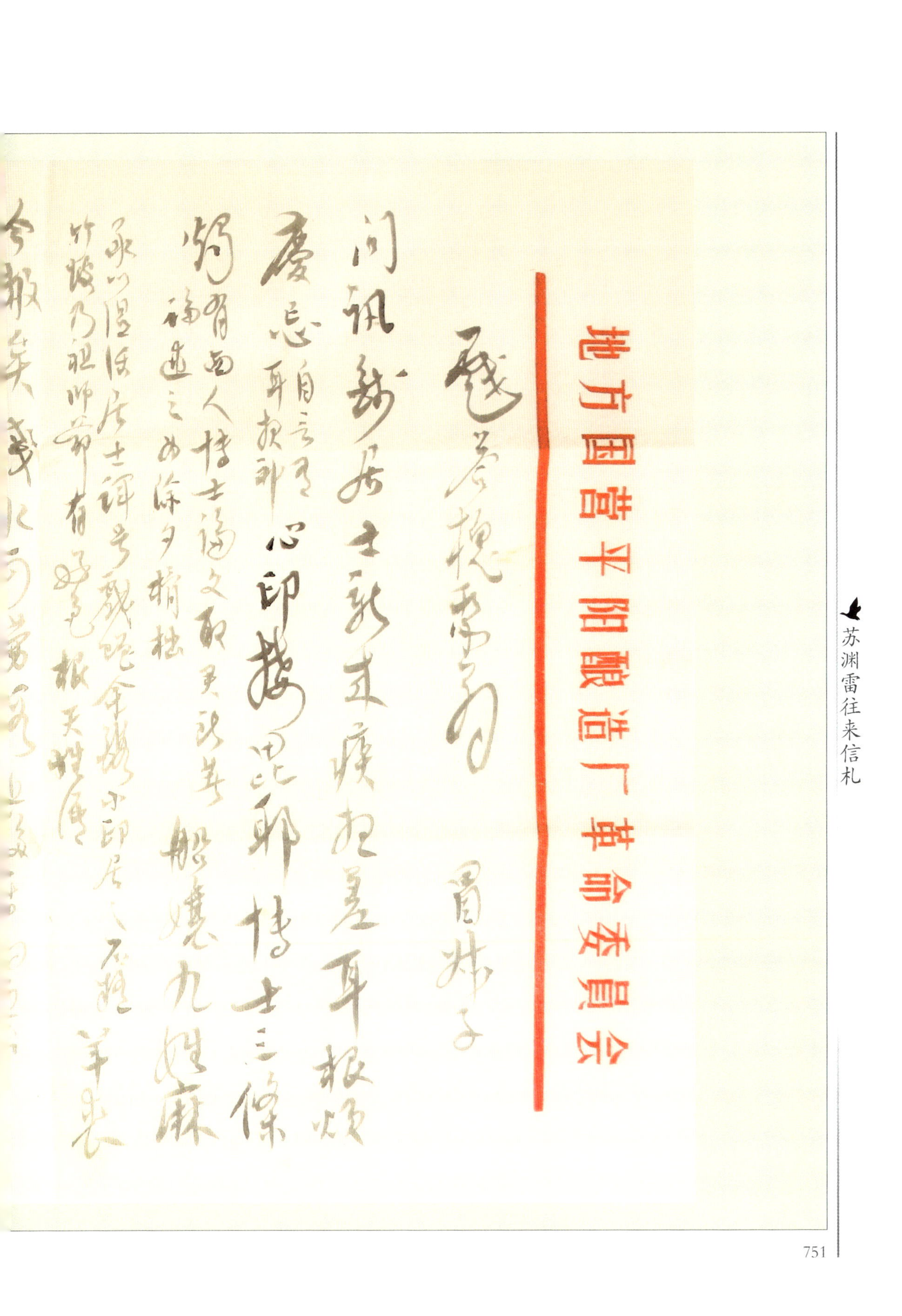

地方国营平阳酿造厂革命委员会

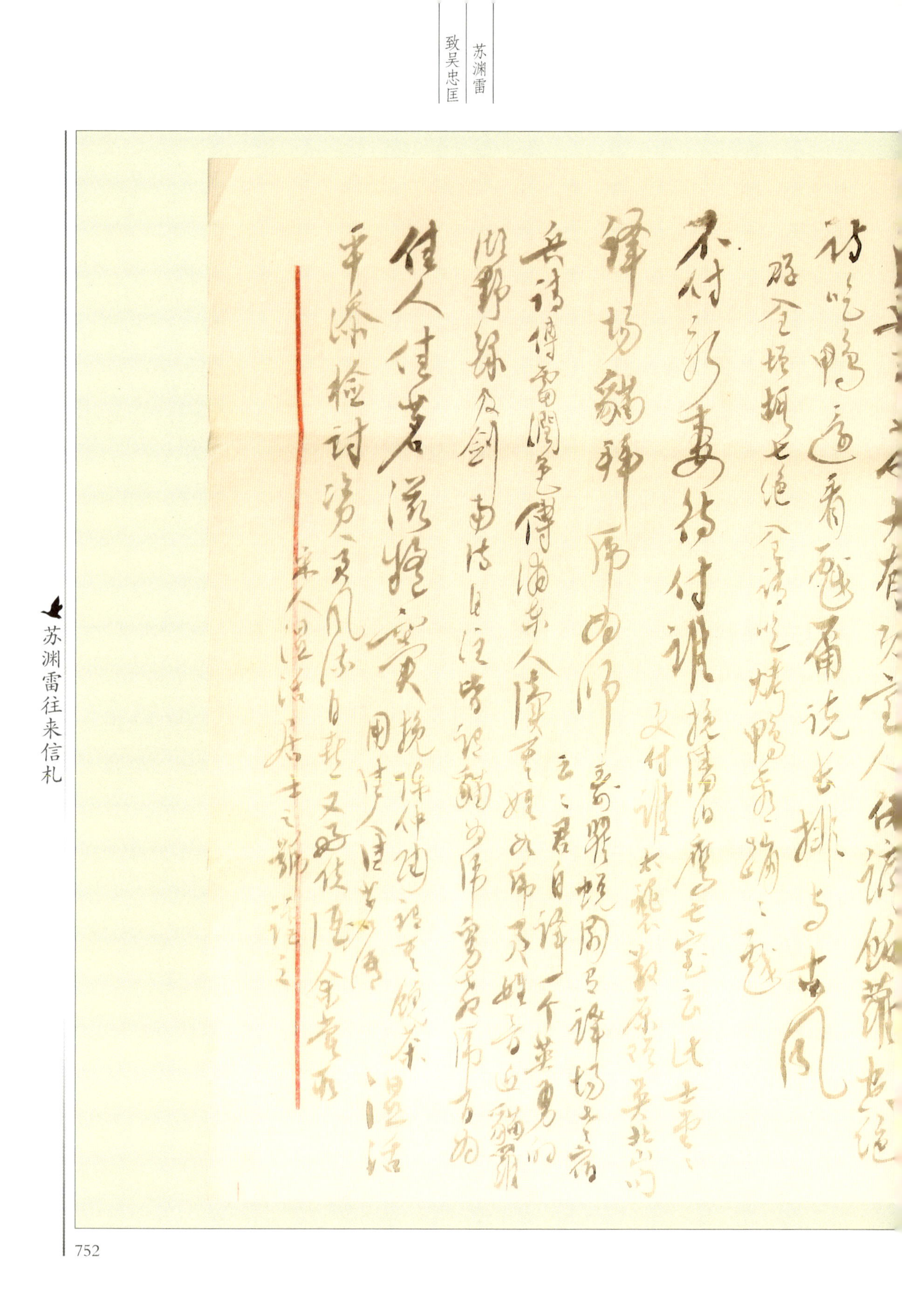

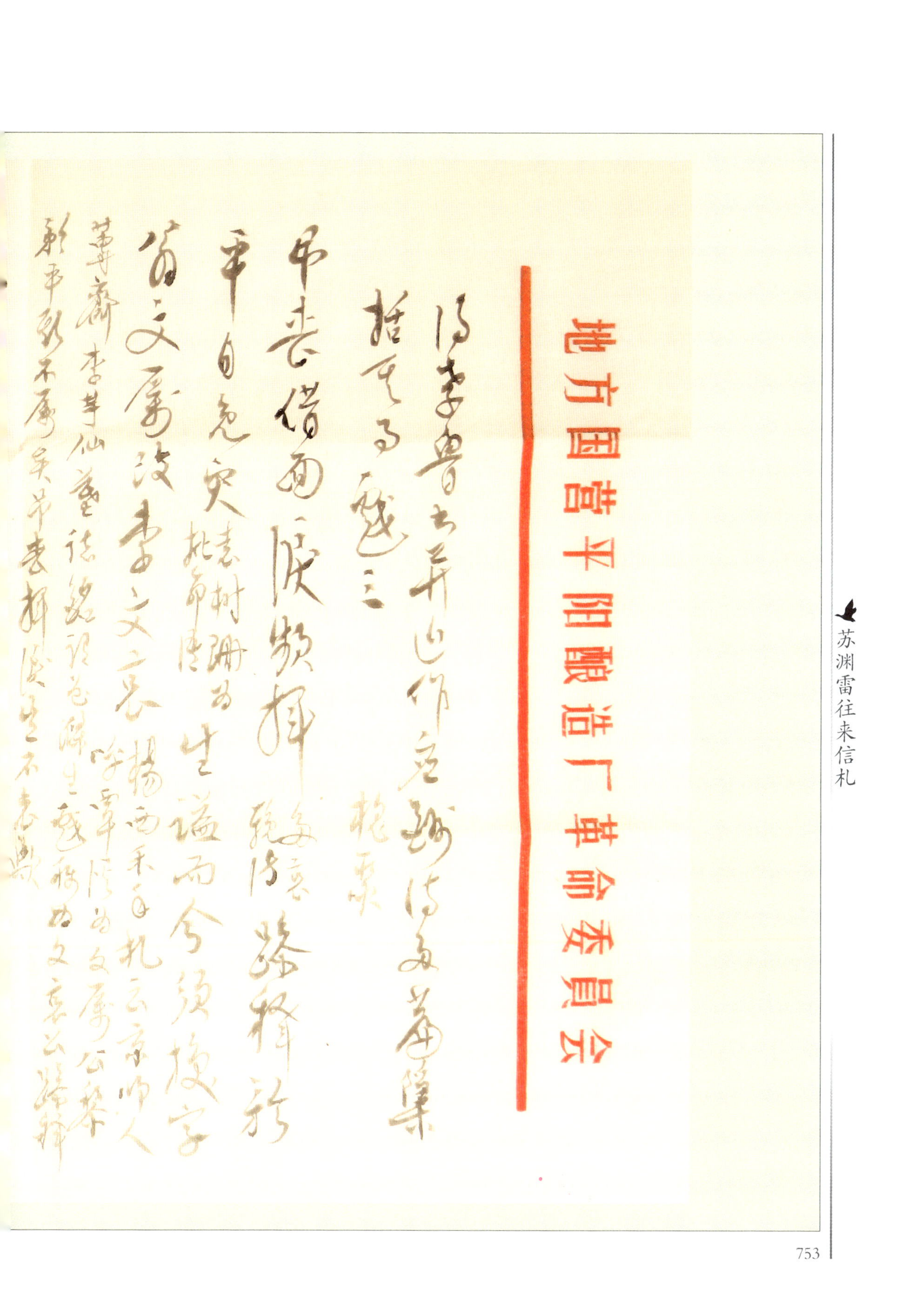

地方国营平阳酿造厂革命委员会

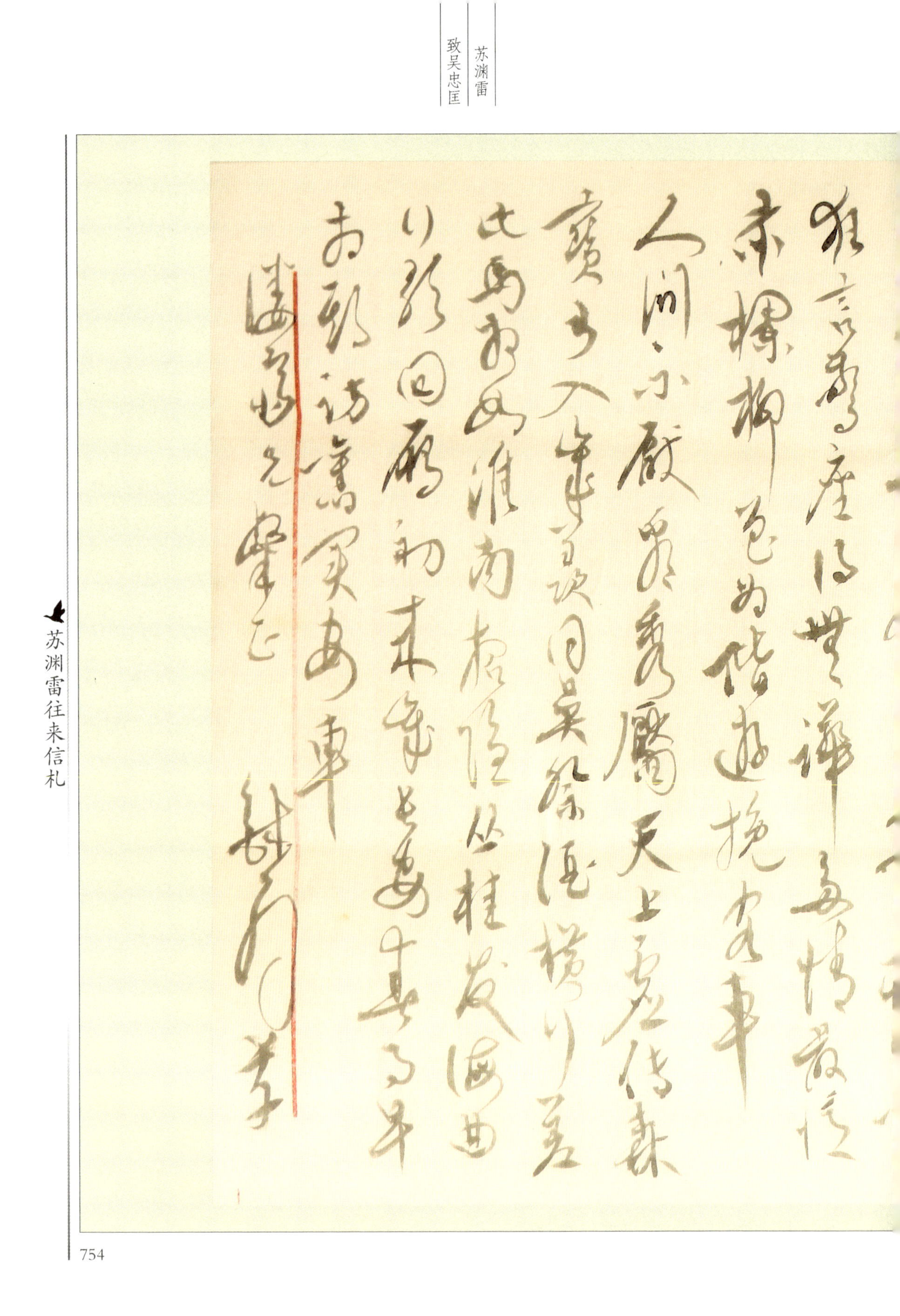

地方国营平阳酿造厂革命委员会

雪怀渭渊子预祝千[illegible]

七十万[illegible]

才调纵横渭渊子风流[illegible]自

[illegible]开万钦[illegible]

[illegible]

[illegible]

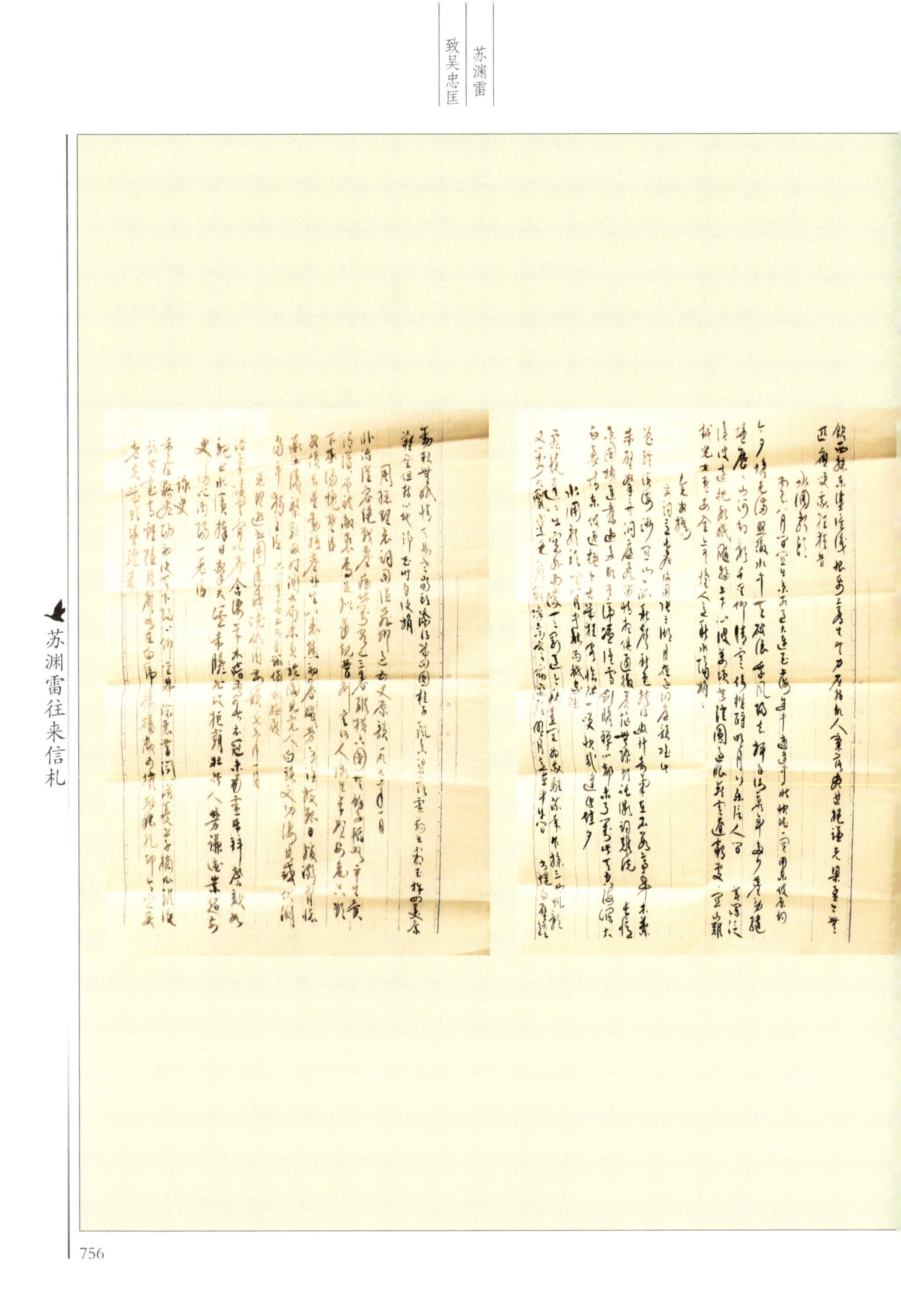

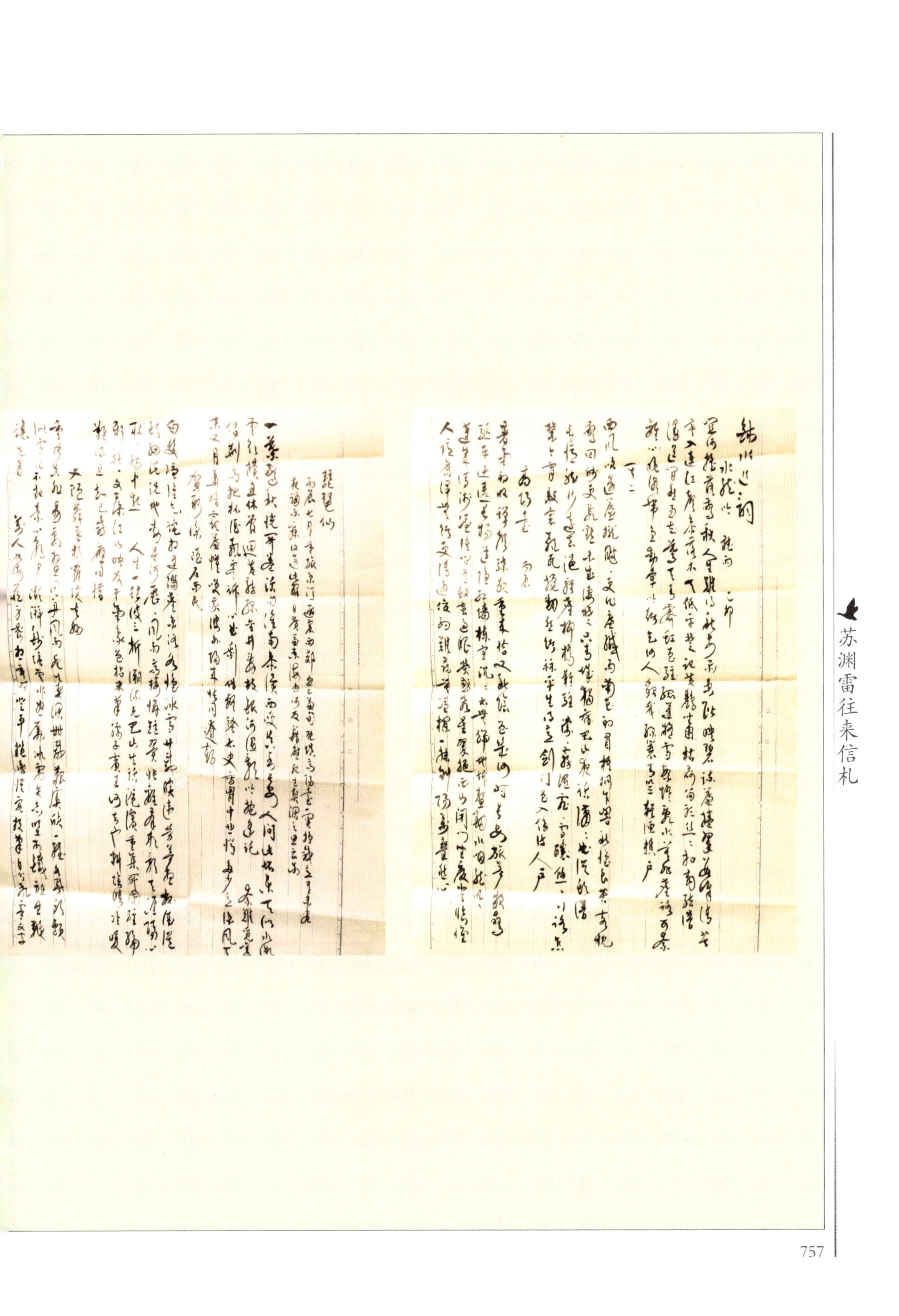

第 1 页

钵翁近句　苏仲翔

△《[illegible]挺诗词选》

浮云忽[illegible]起大风，戎衣盾鼻略从容。
苍生既济迎红旭，铜斗扬歌动远空。
词到苏辛能转语，句惟感慨漫称工。
一编甘苦无人喻，穷宠思贤倘见同。

△八十贱辰承诸友好宠锡华章珍既赋此答谢

林际春申客，太平偶得年。不材辞匠石，过爱愧时贤。珠玉贲佳贶，风骚拂逸弦。此心千载在，去意各欣然！

△赠包敬第、尹襄贤梁孟

一日途中邂逅包敬第，辄被挟赴高斋，夫人尹襄出旧藏琼液饮我。敬第复见示所辑陈（寅恪）、杨（树达）散稿，所藏包（世臣）、杨（昀谷）暨尹老（石公）遗墨共读，三复增叹。拟家李占三绝纪事，灯下书似共证之。

杯酌相邀忆卅年，风云儿女总堪怜。
喜今重进逡巡酒，诉尽余霞未散天。

再世交情把臂曾，人天小劫耿明灯。

20X25=500　华东师大

第 2 页

家珍秘笈从头读，全览风流老柴能。

丹铅师友兼精勤，片句随身抵一军。~~岂独兰舟举双~~

岂独兰舟举双桨，高楼风雨感斯文。

△题汪观清所作《百牛图》

戴嵩韩滉久不作，画坛寂寞谁称雄？

汪生活绘百觳觫，或寝或讹何其工？

李密曾闻书挂角，公孙好学将毋同。

秋潭浮鼻参活句，牧童横笛来春风。

犊卧夕阳红到背，叱耕声出烟蒙蒙。

禅家活妙超象外，白牯桃花一笑中。

杜陵诗史真堪诵："肯销金甲事春农"。

披图眼明三叹息，孺子可爱甘听从。

△《苏堂墨缘》一巨册，系墨巢从弟李释戡所藏。中多旧京名宿墨迹。辗转归陈从周，陈复慨赠王西野，因题三绝以归之，时客姑苏。

人物宣南盛一时，东京录梦足相思。

20X25=500　华东师大

苏堤岂去流风远，霜翼能教几度知。

满园风云文字海，天花着缺有谁忘。
故人宁止何曾在，闲留读琴总断肠。

过眼云烟去不回，明灯快读到深杯。
凭君一夕留佳话，许我清魂说偶来。

△题沈从文《太湖景三首》直幅墨迹，盖其下乡咸宁开湖辟田时作也。

籍出湘西沈，堂堂一老兵。文章播海外，标格矫恒情。
庄生称才士，卓哉墨香行。大湖诗三首，字字汗珠莹。
春秋有直笔，处士无浮荣。平生惺奉手，此意足峥嵘。
法书亦俊异，章草晚尤精。阅之同一笑，少壁何足倾。

△石湖初游

入蜀吴船远屡经，归来一角乞渔汀。美塘莎岸无他处，
始信石湖万古灵。
青山倒影柳丝摇，绿浪红栏四百桥。到底诗人工造语，
吴娘一曲雨潇潇。

△漫题遨园

日涉园成趣，西郊志卜居。乞栽吟杜句，绕树爱陶庐。木笔争春发，腊梅待岁除。一园生意足，俯仰乐何如？

△谢灵运诞生千六百周年

玄言山水始开宗，成佛生天论不同。一事难能临命日，遗鬚割舍净名翁。

谢灵运诗，玄言为体，山水设色，实开新派。尝谓孟顗："得道应须慧业。文人生天当在灵运前，成佛必在灵运后。"谢遂被嫉。流徙广州时，以谋反罪被杀。临刑自割长鬚，施舍广孝寺，为维摩诘造象植鬚。

△屈大均诞生三百三十五周年

翁山身世溯三闾，爱国情深命与俱。顾怪归奇同节概，诗文以外见真吾。

翁山（岭南诗派巨子）自称屈原后裔，有《怀子亭诗》。节概风义，与顾炎武、归元恭齐名。著有《翁山诗外》、《翁山文外》。

△张太雷逝世六十周年常州市成立纪念馆

五纪羊城历劫春，当年一吼震群伦。苍头拔帜英风烈，白毛扬幡正义伸。曾绝雄姿临广座，每怀楚辛凛孤神。只今重过长堤路，澎湃西江作证人。

20X25=500 华东师大

第5页

六十年前，全国八届学代会在粤召开。张太雷主持党团活动，余得亲聆教益。今春重过海珠桥，凭吊有作

△[illegible]上海诗词学会与纽约四海诗社同日宣告结盟

好在诗人节，蒲觞泛绿霞。良情连四海，结社爱中华。物色丁同运，骚魂异代誇。滔滔遍夏土，陶写乐无涯。

△翁国嘱和范社《一线》诗

庭有宋莫搁，录花秀可餐。陶酣谋公拙，屈强卜居难。倚杖柴门迥，临江草阁寒。一线天下重，饥溺得同看。

△增寄苏局仙兼似苏步青二丈

隔江相望剧相思，霭霭停云故故迟。何日扁舟同泛棹，三人成世足襟期。

吾家玉局老词仙，寿逾期颐不计年。长为穷人知世守，肯分一脉到吟边。

△仲子将赴日本讲学展览近作书传勖之

云山墨戏米家风，竹石寒林坡老同。合有天真来腕底，不劳域外送飞鸿。

觅儿扛鼎力能充，得意斜川短簿中。此去扶桑宽眼界，殷情好寄海云东。

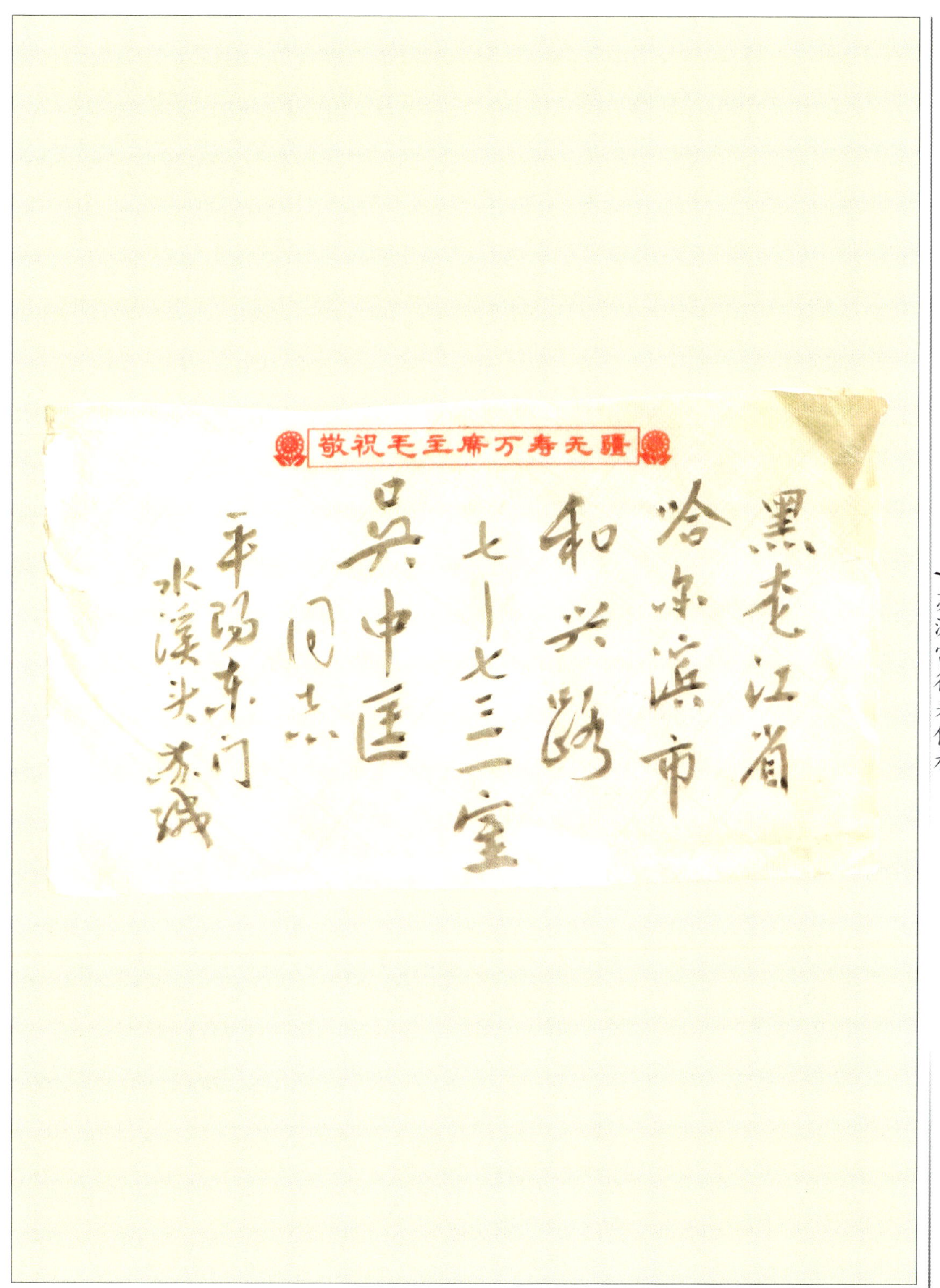

敬祝毛主席万寿无疆

黑龙江省
哈尔滨市
和兴路
七一七三一室
吴中匡
同志

平阳东门
水溪头 苏缄

天涯思〻满谁能遣　万古常新[illegible][illegible]

次答之适见怀兼说书法原韵

学坛清〻豪世并谙　世兴文学复东南　敢教新结札通千里　浩荡秋

怀许共探　书法若同敏析两识　新诗似月初三剑　书露新何

飘逸不减长天　秋水稿

人日饮天受斋获读二适诗札再次诸韵〻奉答

人日题诗最可谙　诗来重雨又江南　从书名世居士洗　值花前话

书探莲教书谈讲　六〻设心书字师三〻换年　我亦重弃云那候傍

和从尾庵

廿年从来多自谙　设法写北共花南　施言词可传感秋　世字谁

能真已探此言事　难常八九寄设人可无二三　晨且今念诗中大英间

闽庵秋水稿

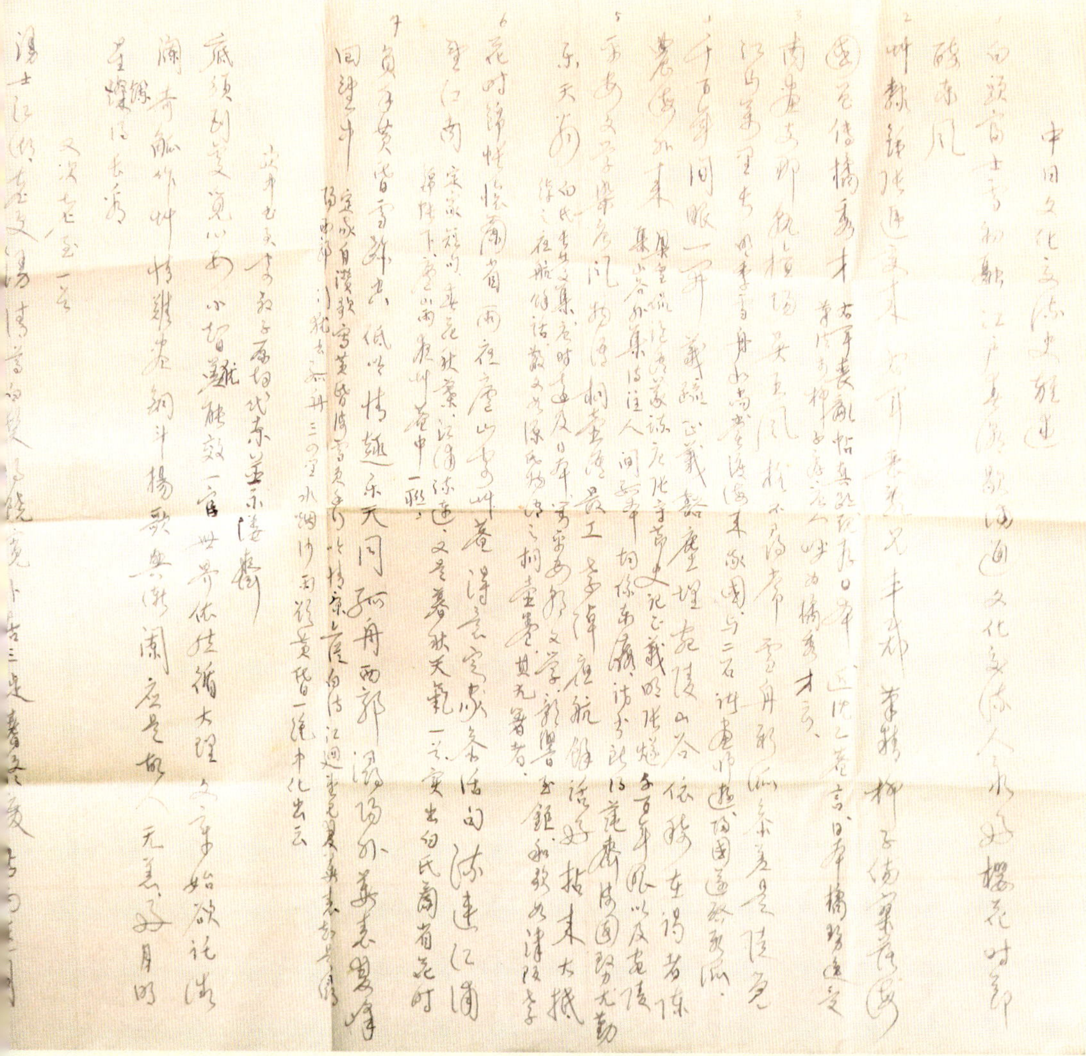

中日文化交流史缀述

1 白头富士雪初融，江户春深歌满湖(?)。回溯文化交流人不少，好樱花时节
醉东风。

2 竹韵钟张递(?)墨来，右军书(?)东(?)乎(?)栽(?)。兼精柳子傍窗安。
右军丧乱帖真迹现存日本。近代之书言，日本桥(?)协(?)逸(?)受
草书柳子厚书法(?)为世(?)所(?)珍(?)。

唐宫(?)传橘豪才。（嵯峨天皇、橘逸势为三笔(?)[illegible]）

3 南画(?)文(?)邨(?)执牛耳(?)，雪舟彩(?)笔未(?)差(?)是隆兔(?)。
江户(?)墨宝(?)入(?)尚存(?)海(?)，本(?)国(?)与二石(?)许(?)画(?)师(?)，逸(?)得(?)国(?)画(?)[illegible]。

4 千百年间眼一开，义疏正义盛唐埋(?)，危陵山谷依稀在，谓(?)岩(?)依(?)
崇(?)安(?)外来。

皇侃论语义疏、五经正义、杜诗、宋(?)人(?)集、山谷外集、诗注，人间已(?)失(?)，均(?)系(?)东瀛访(?)得(?)，以(?)故(?)日(?)本(?)已(?)[illegible]，以及危陵(?)[illegible]。

5 平安文学(?)乐(?)天(?)风(?)，抄(?)得(?)桐(?)壶(?)最工(?)。文学(?)卓(?)庭(?)航(?)续(?)谐(?)好(?)，拈(?)来(?)大(?)抵(?)
乐天诗。

白氏长庆集，在(?)时(?)已(?)及(?)日(?)本(?)，平安文学，新(?)潮(?)谱(?)，和(?)歌(?)如(?)诗(?)院(?)等(?)。
源氏物语之桐壶，即其(?)著(?)者(?)。

6 花时归性(?)怅(?)庐(?)山(?)，雨夜(?)庐山雾(?)如(?)烟(?)。苍(?)崖(?)诗(?)意(?)成(?)，各(?)结(?)句(?)，流连江浦(?)
望江南。

定家(?)、寂(?)、莲(?)等花秋叶，流(?)连(?)江(?)浦(?)，文(?)者(?)春秋天气一年(?)实(?)出(?)白(?)氏(?)庐(?)山(?)草(?)堂(?)花(?)时(?)、绵(?)绣(?)下(?)夜(?)雨(?)、庐(?)山(?)草(?)堂(?)中(?)一(?)联(?)。

7 负(?)手(?)黄昏雪(?)飞(?)去(?)，低吟情趣乐天同(?)。孤(?)舟(?)西(?)郊(?)[illegible]，暮(?)色(?)[illegible]
回望中(?)。

定家(?)自(?)谓(?)歌(?)写(?)黄(?)昏(?)情(?)景(?)，[illegible]情(?)京(?)[illegible]白(?)诗(?)江(?)回(?)[illegible]
[illegible]三(?)の(?)堂(?)水(?)烟(?)沙(?)雨(?)欲(?)黄(?)昏(?)一(?)诗(?)中(?)化(?)出(?)云(?)。

汉(?)和(?)七(?)文(?)[illegible]代(?)东(?)坐(?)不(?)[illegible]
底(?)须(?)刻(?)意(?)觅(?)心(?)魂(?)，小智(?)难(?)能(?)效(?)一(?)窝(?)。世(?)界(?)依(?)然(?)循(?)大(?)理(?)，文(?)章(?)始(?)欲(?)托(?)浩(?)
澜(?)。寄(?)舰(?)竹(?)草(?)情(?)难(?)[illegible]，纲(?)斗(?)扬(?)歌(?)[illegible]闹(?)。应(?)是(?)故(?)人(?)无(?)恙(?)好(?)，月(?)明(?)
星(?)际(?)[illegible]长(?)安(?)。

又(?)次(?)[illegible]一(?)首(?)

[illegible]士(?)[illegible]文(?)[illegible]

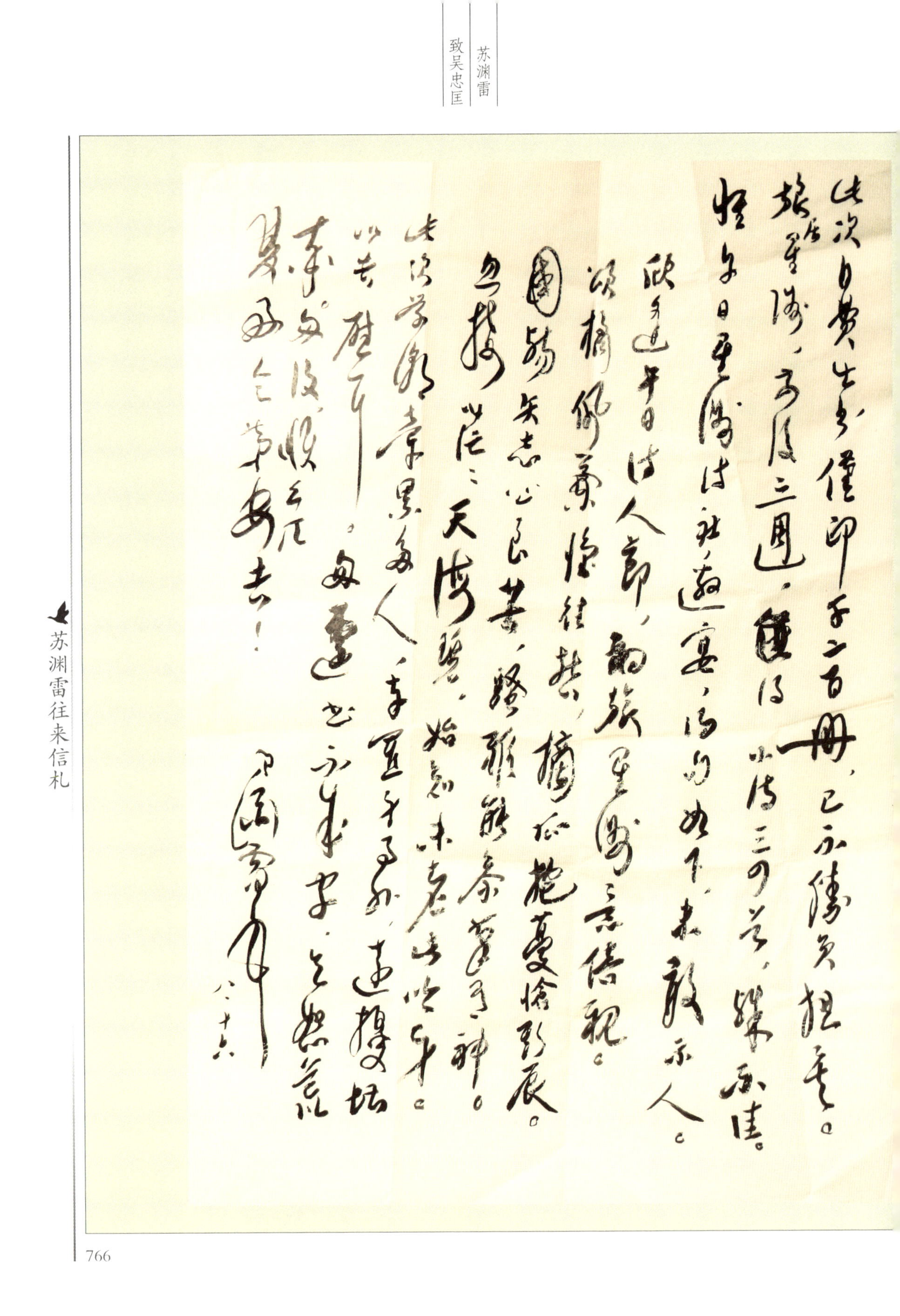

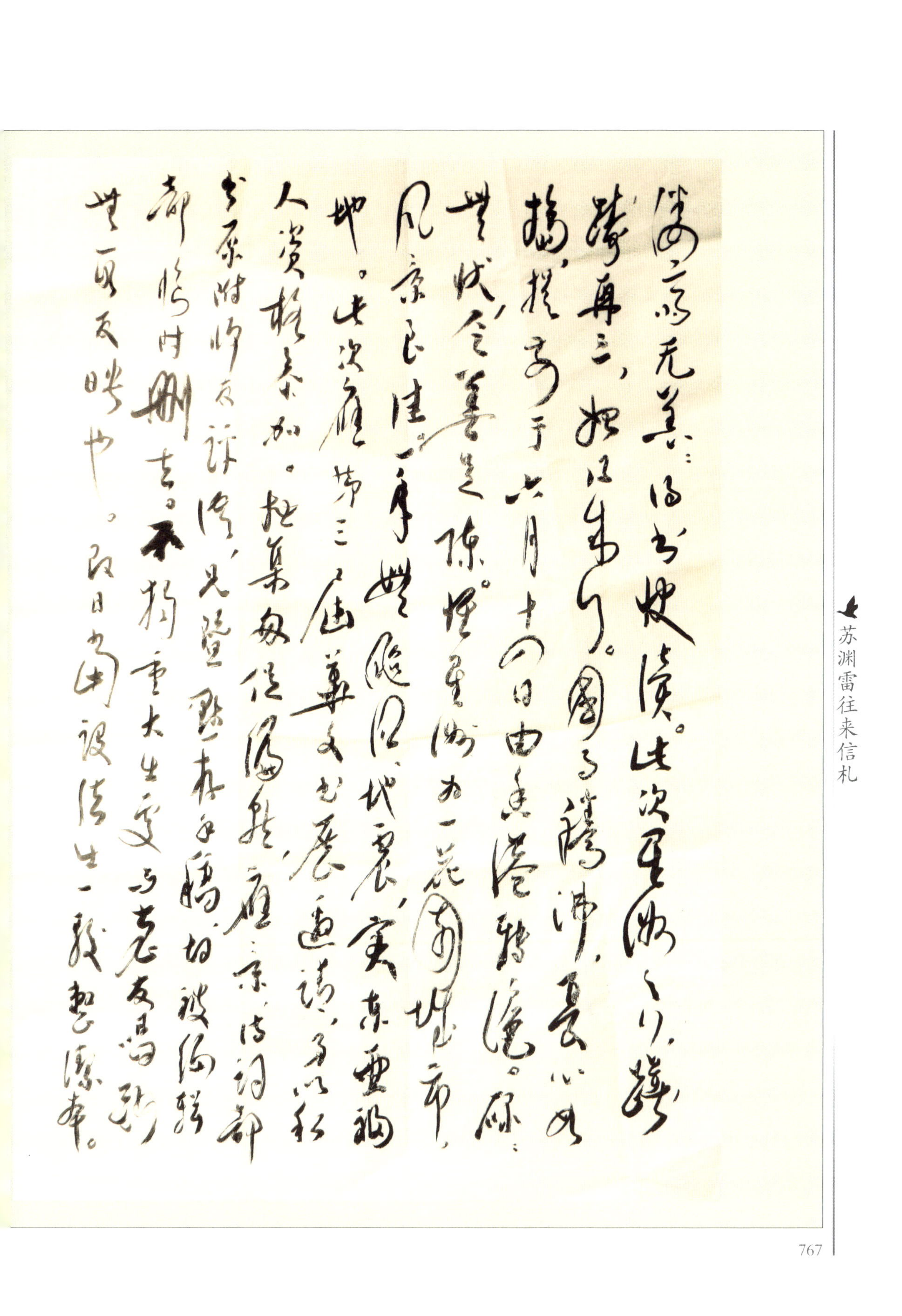

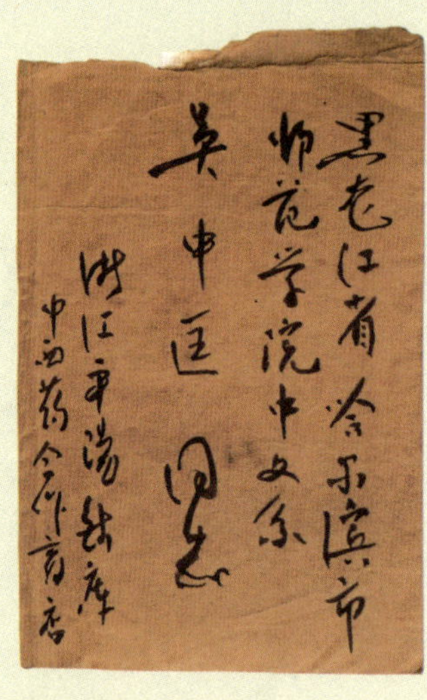

黑龙江省齐齐哈尔市
师范学院中文系
吴中匡 同志
浙江平阳钵庵
中西药合作商店

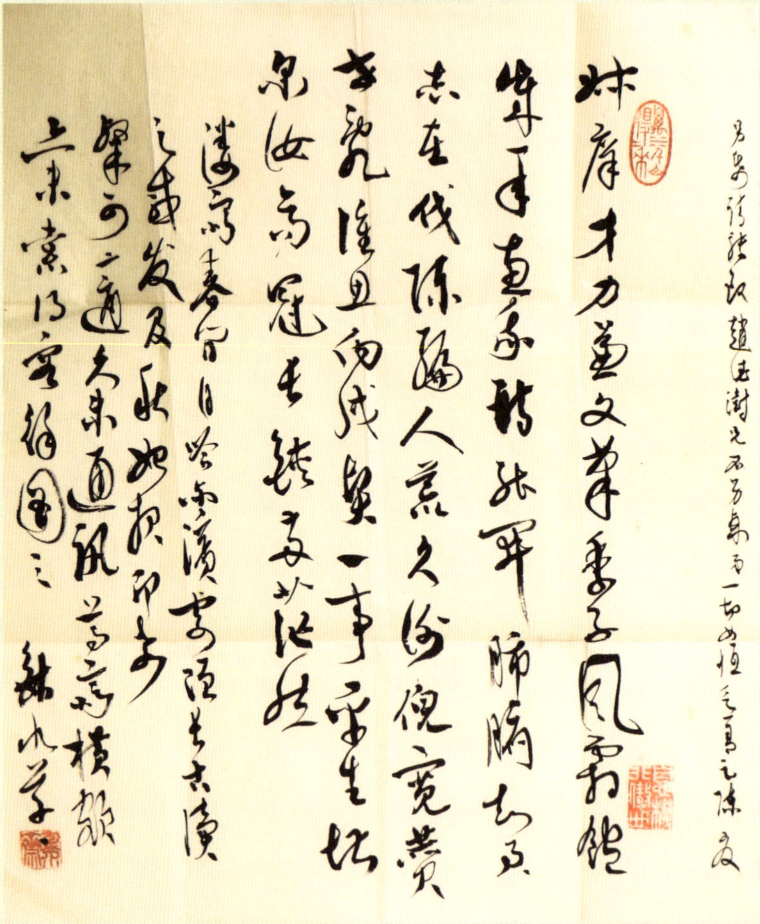

绝塞生还梦里[illegible]十年人事非
同磨驰以何能投钵果腹敢负
芸欲河帅友飘零春文君风光淩
[illegible][illegible]难该松花江水[illegible]翻望一种
绸缪款更多
七年不见[illegible]得
克炎弟寄远诗大进步印次原韵答之
壬子立夏前一日 钵水草草

克炎老弟：七年不见，得书快慰。诗文写作均有进境，可喜。我尚闲适宽[illegible]，善自寻状。老母八十高龄，来俊过从，共乐晨夕，寄远图。去青仍留北京，大儿在[illegible]，小女在黑龙江嫩江[illegible]，今年夏回来探视一次。吾家庭际境如此，已成家属，切在念中。不必来信了，及。老陪多致，及时努力为说。

钵水又及

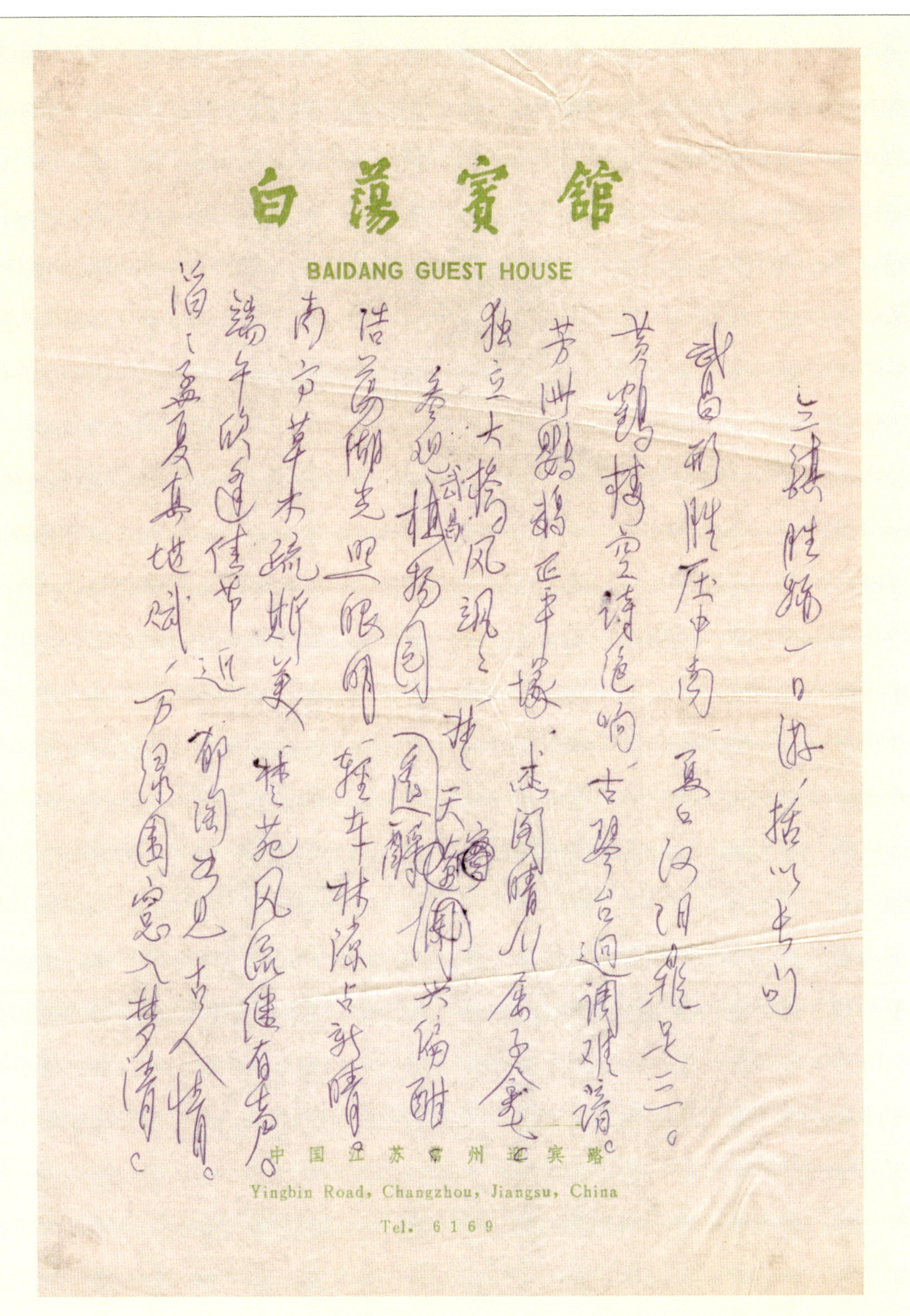

白蕩賓館

BAIDANG GUEST HOUSE

三镇胜游一日游，括以长句

武昌形胜压中南，夏口汉阳鼎足三。

黄鹤楼空诗绝响，古琴台迥调难谐。

芳洲鹦鹉惜正平掾，述阅晴川属子龛。

独立大桥风飒飒，挂天[illegible]共偏酣。

参观武昌植物园

浩荡湖光照眼明，轻车林深占新晴。

南方草木疏姘美，楚苑风流继有声。

端午欣逢佳节近，郁陶出见古人情。

滔滔无夏真堪赋，万绿围窗入梦清。

中国江苏常州迎宾路

Yingbin Road, Changzhou, Jiangsu, China

Tel. 6169

稍借清光照远人，[illegible]头小月意难伸。

而今无复同明夜，但觉清光逐浪新。

海碧天青秋有恨，停杯何处[illegible][illegible][illegible]。

花旗[illegible][illegible][illegible][illegible][illegible]，多[illegible][illegible][illegible][illegible][illegible][illegible]

（[illegible][illegible][illegible][illegible][illegible]月[illegible][illegible][illegible]）

中秋[illegible]又重阳，白雁黄花秋不远。

[illegible]

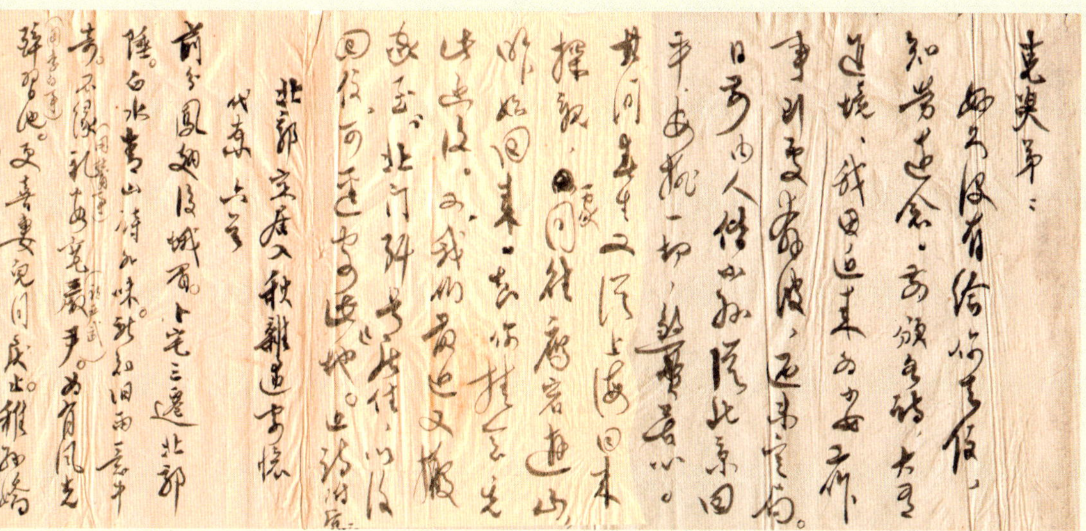

克渊弟：
好久没有给你写信了，知劳远念。前领手诗，大是进境。我因近来不少应酬事，以及贫病，遂未写函。日前内人偕小孩返北京，回平，安抵一切，颇觉放心。我何来年之后上海回日本探亲，同往历宫游山，昨始回来。当你捷足先告安返。又我们当选文檄逸甚，北门拜专居住，以后回信可寄此地为要。此诗附寄

北郊寓居入秋杂书寄怀
代东 六首

前年凤翔波城看。卜宅三迁北郊陲。白水青山诗不味。新知旧雨意中青。不缘乱世竟丧尹。为有风光解我愁池。更喜妻儿同在止。稚子娇

晚近[illegible]方面如先生[illegible]学勤，[illegible]

[illegible]每[illegible]经[illegible]课，[illegible]

决定。别[illegible]

即颂

[illegible]

渊雷 六月廿[illegible]日

附[illegible]八十[illegible]

泰和有业笔为用、天下同心世莫违、[illegible]

安危[illegible]纪、坚[illegible]马列重光操、[illegible]相[illegible]

斯大[illegible]重名[illegible]八十[illegible]

思翊[illegible]

20×15=300

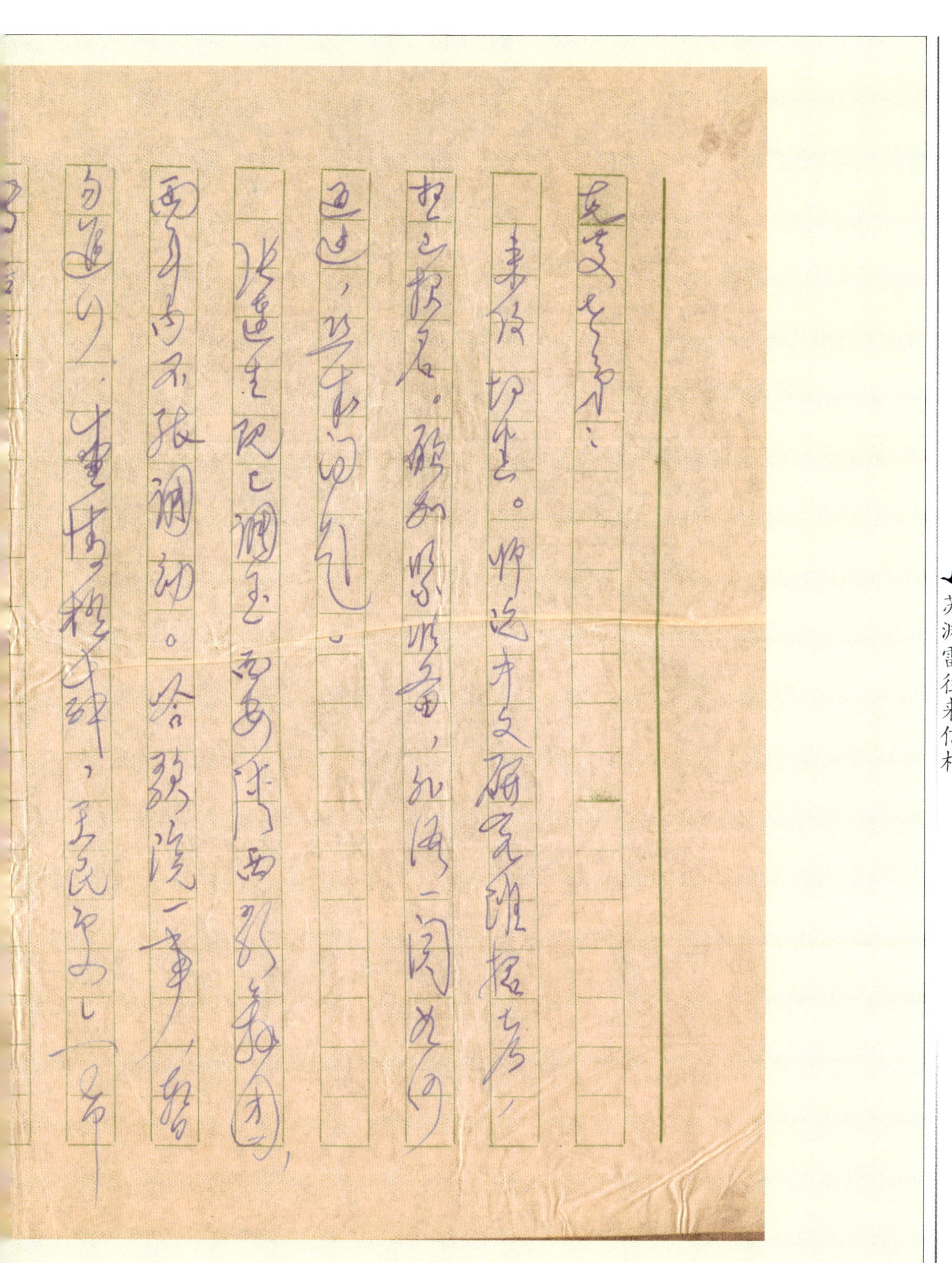

克文先生：

来信均悉。师范大学研究班招考，

想已报名。[illegible]，[illegible]一同[illegible]

过过，[illegible]

张达生现已调至西安陕西师[illegible]，

西北大学不能调动。今[illegible]一事，[illegible]

[illegible]

我有期上载的抄稿一份，在吴中区文物志，你有便时去照抄抄了。附去去年写稿数页，给你参考。近况如何，未得告知。我本学期你在平阳过。来信可向那边中学一转，户口情形问题解决，即搬上海住，估计情况可能后可实现。

安祝

春节好！！

渊雷

一月廿日夜自上海

温州新华印刷厂　64克书写纸400格稿纸　(76.6)

20×20＝400

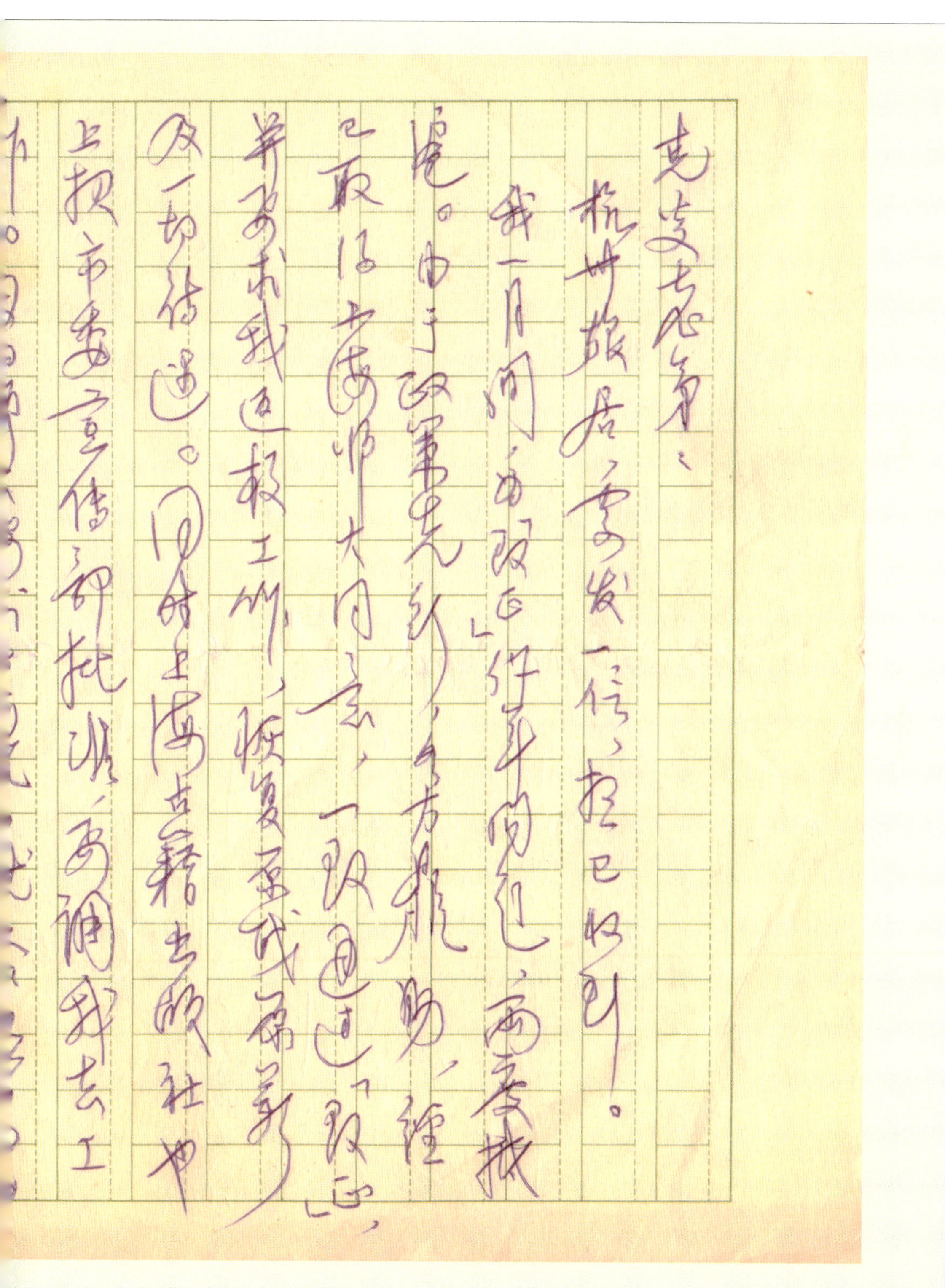

芝生老兄：

杭州旅居，曾发一信，想已收到。

我一月间，由「改正」[illegible]问题，西安[illegible]提。由于政策落实，各方推动，经已取得安徽师大同意，一致通过「改正」，并要求我返校工作，恢复原职原薪，及一切待遇。同时上海古籍出版社也上报市委宣传部批准，要调我去工作。[illegible]

并录诗知我者一粲云。

一九八七年岁次丁卯九月

苏渊雷仲翔甫于海上钵水斋

克炎吾弟：

承寄示气功新词，敬谢。

出访后读之境界，也为[illegible]

日本讲学回来，详情见

八十书怀及宾朋酬和，容上[illegible]博

粲。

渊雷手[illegible] 十一月廿三

肄雪傳窓剩叢稿，文雅共与諸詩纂。东风無賴春如夢，樵

子作歸僧寺邑。百無學詞流看起代，僑生心力肯全抛。白頭

楚志君休問，今昔人猶隔一交。

《金剪淞波》，芳園易主。從自風流，患成陳迹。僧靡

記楚志白首歸鄉，語其鄰曰："吾猶昔人，非昔人也。"

中材涉世謝功名，俯仰隨人百感并。讀史參贤疑鶴退，委

年學道任身模。書天道自愚无足，自書持燈過太明。搖曉

荊公詩句好，山川回首覺無情。

《荊公詩》："回首山川覺有情。"此如竊鼠易，用為參雅。梧西

十生日，曾集荊公句，乞秋明窗书聪自娱。首曰："晓

俗生贵：[illegible]书一生，世之友谊生欢迎

者显也。爰占二绝，并手书录之：

东坡[illegible]横文可也，杜苏为

[illegible]其心胸。[illegible]陈素风[illegible]

达贵貌通神笔意家师。

下笔[illegible]云坡龙鹤，[illegible]诗收雪

如[illegible]亦。继以胜概传孤读，[illegible]

好[illegible]行得之矣。

辛未初冬 苏渊雷仲翔甫敬

于海上钵水斋

丁亥秋，余获时谈画道，画通粟来。一日，应哈尔滨书法研究社邀请，讲授画道。见一俊少年，下座谛听，潜心受之。询其姓氏，则杨子克定也。嗣即从余游，忽忽二十年矣。学既日进，未见其已。不意去冬，一时寄示所编《历代论画诗选》一帙，索序。取材广博，注解详明，所加按语，深中肯綮，知其用力勤矣。兹彼历年从事画法，潜修之余，续累所得。理论实践，相得益彰。初学者门，难

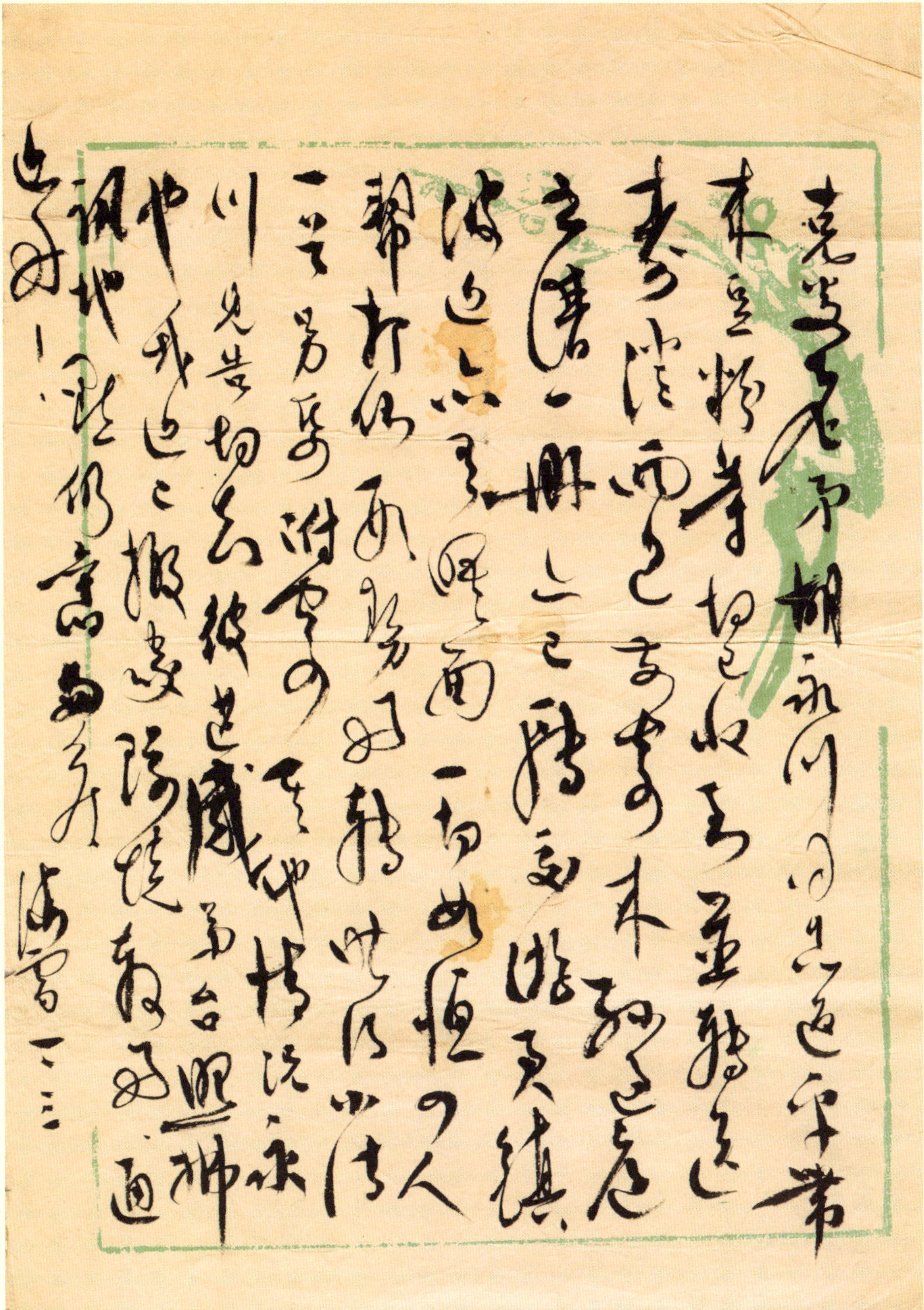

鞍钢弓长岭铁矿

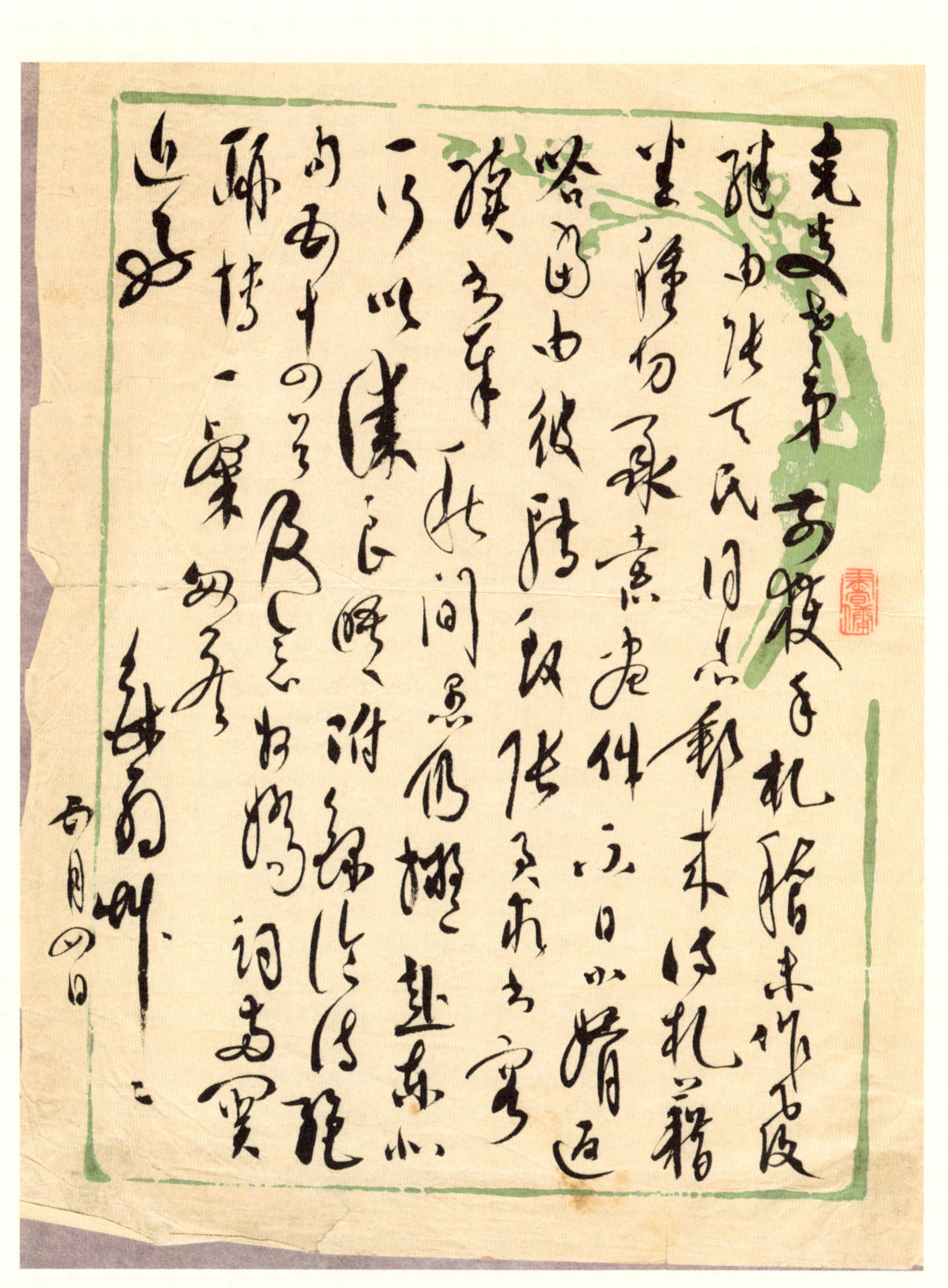

克炎老弟：奉读手札，稽未作复。继由张万民同志邮来诗札、书籍，坐读一切。承嘱书件，六日以[illegible][illegible]。[illegible]由彼转致张[illegible][illegible][illegible][illegible]，[illegible][illegible][illegible]。一、此间[illegible][illegible][illegible][illegible][illegible][illegible]，一行以[illegible][illegible][illegible]。附[illegible][illegible][illegible][illegible]。[illegible][illegible][illegible][illegible][illegible]及[illegible][illegible][illegible][illegible][illegible][illegible][illegible][illegible]，[illegible][illegible]一[illegible][illegible][illegible][illegible]。[illegible]近好

[illegible][illegible][illegible]
五月四日

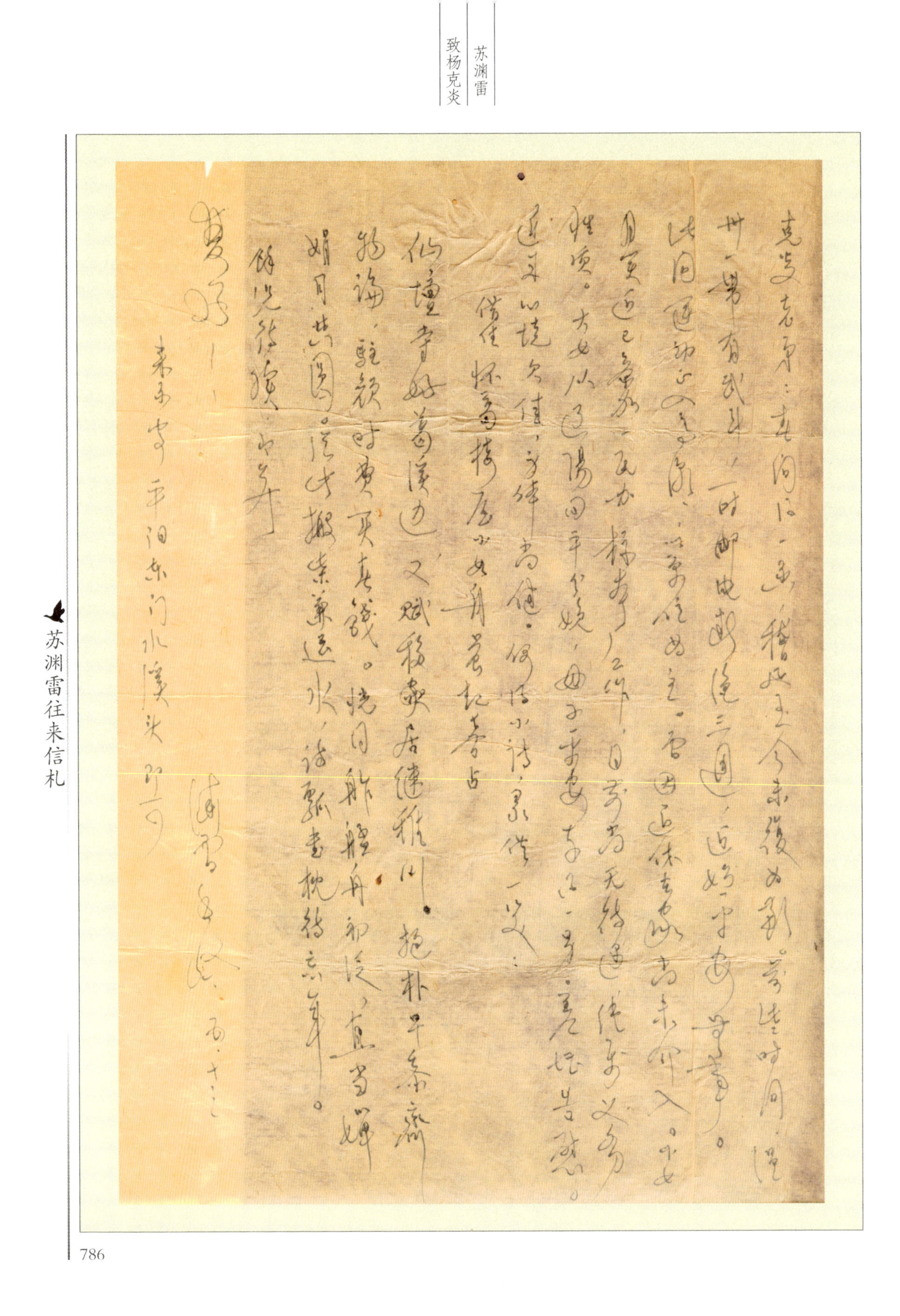

克炎同志：

兹有友人孙铁陵同志因公出差，顺道哈尔滨，特介绍到你处一转。我的情况可问他。他爱好古典文学、诗词，你有什么问题可向他请教。

另外，张绍年同志送有十多斤大豆要送给我，因为不好托运，所以我叫他送到你处，方便的话，就交给铁陵同志带回可也。此致

夏安！

渊雷手

5.19

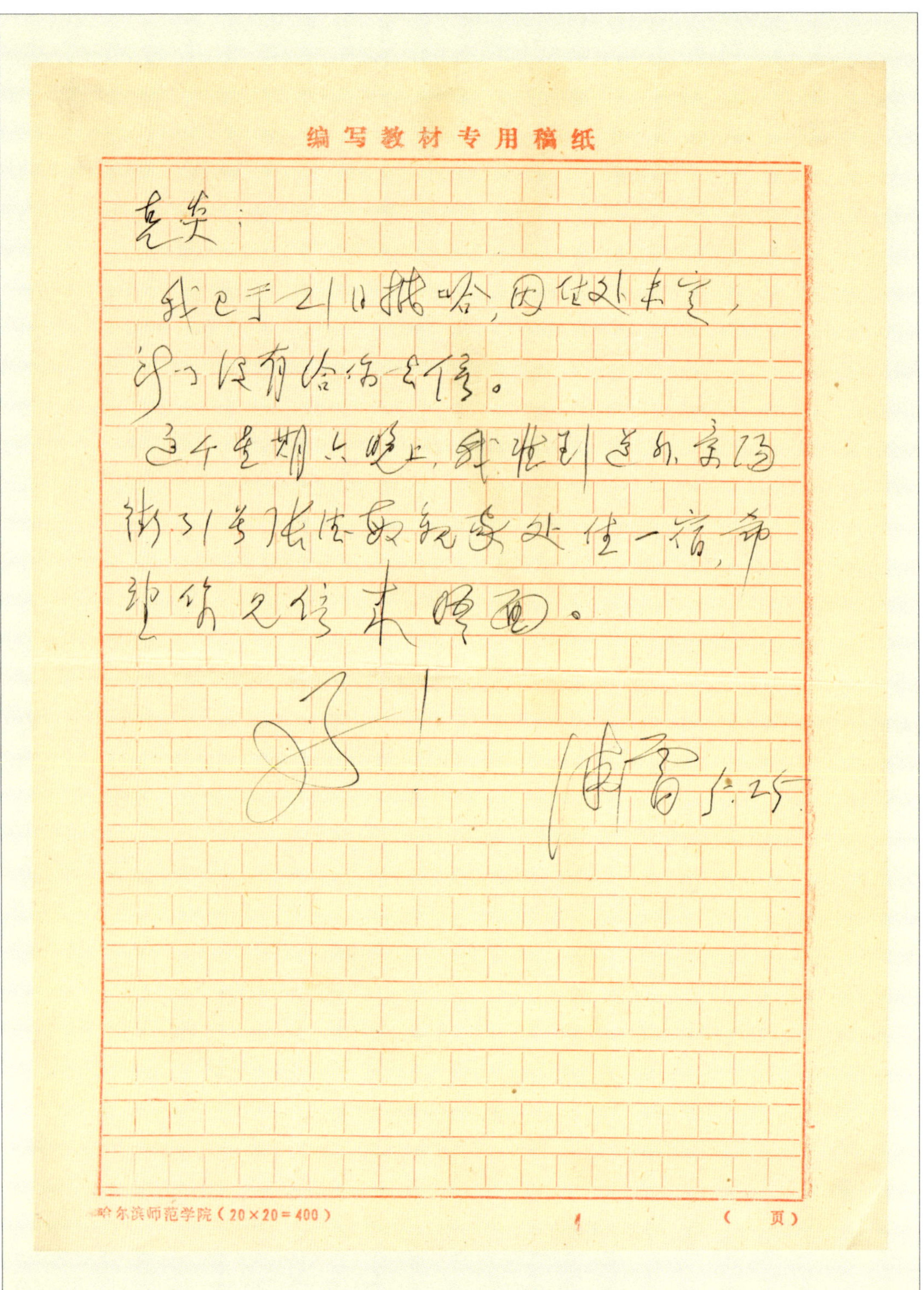

编写教材专用稿纸

克炎：

我已于21日抵哈，因住处未定，所以没有给你去信。

这个星期六晚上，我准到道外安阳街31号张德钧家处住一宿，希望你见信来晤面。

好！

渊雷 6.25

哈尔滨师范学院（20×20=400）　　（　页）

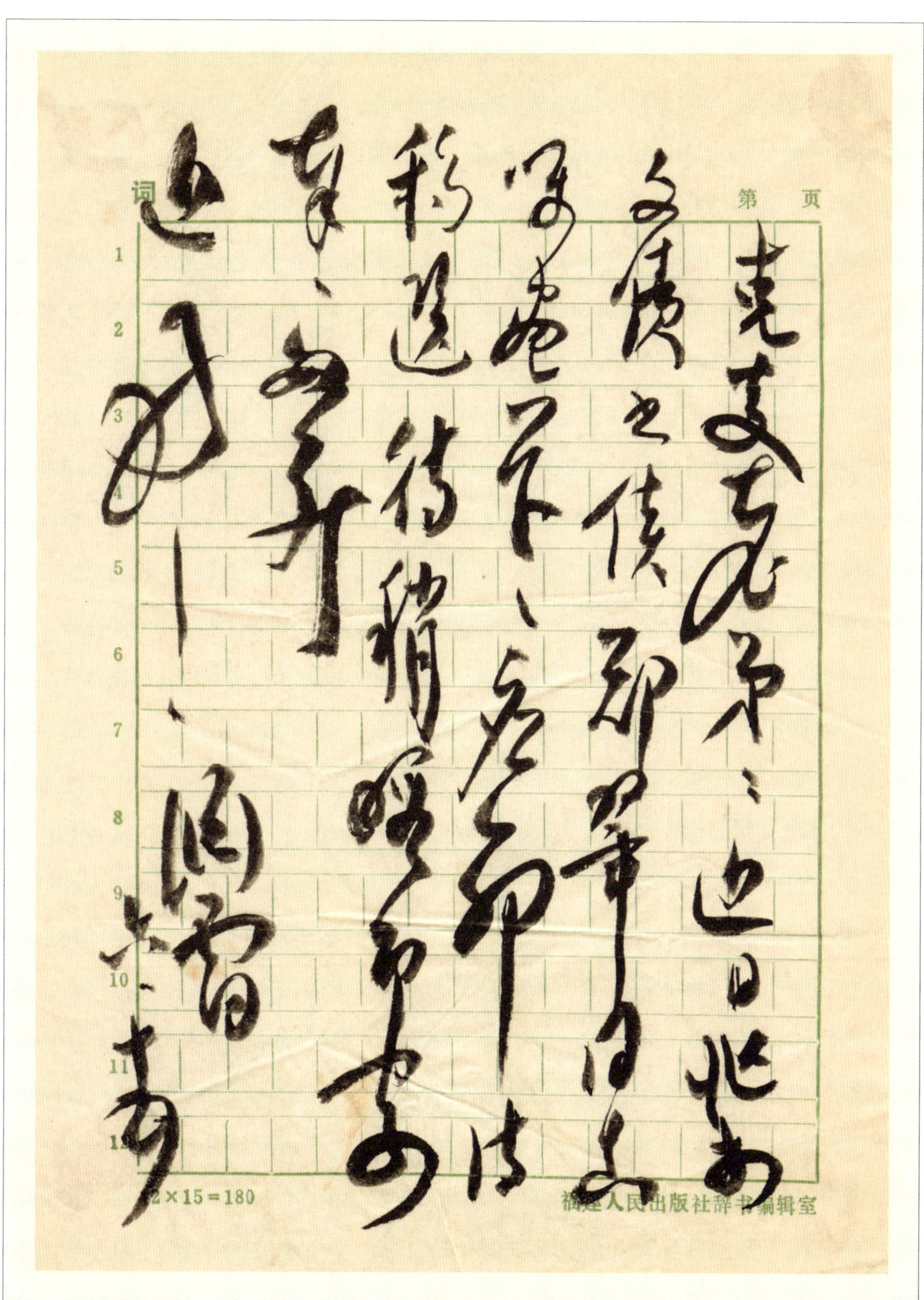
词
第 页
12×15＝180
福建人民出版社辞书编辑室

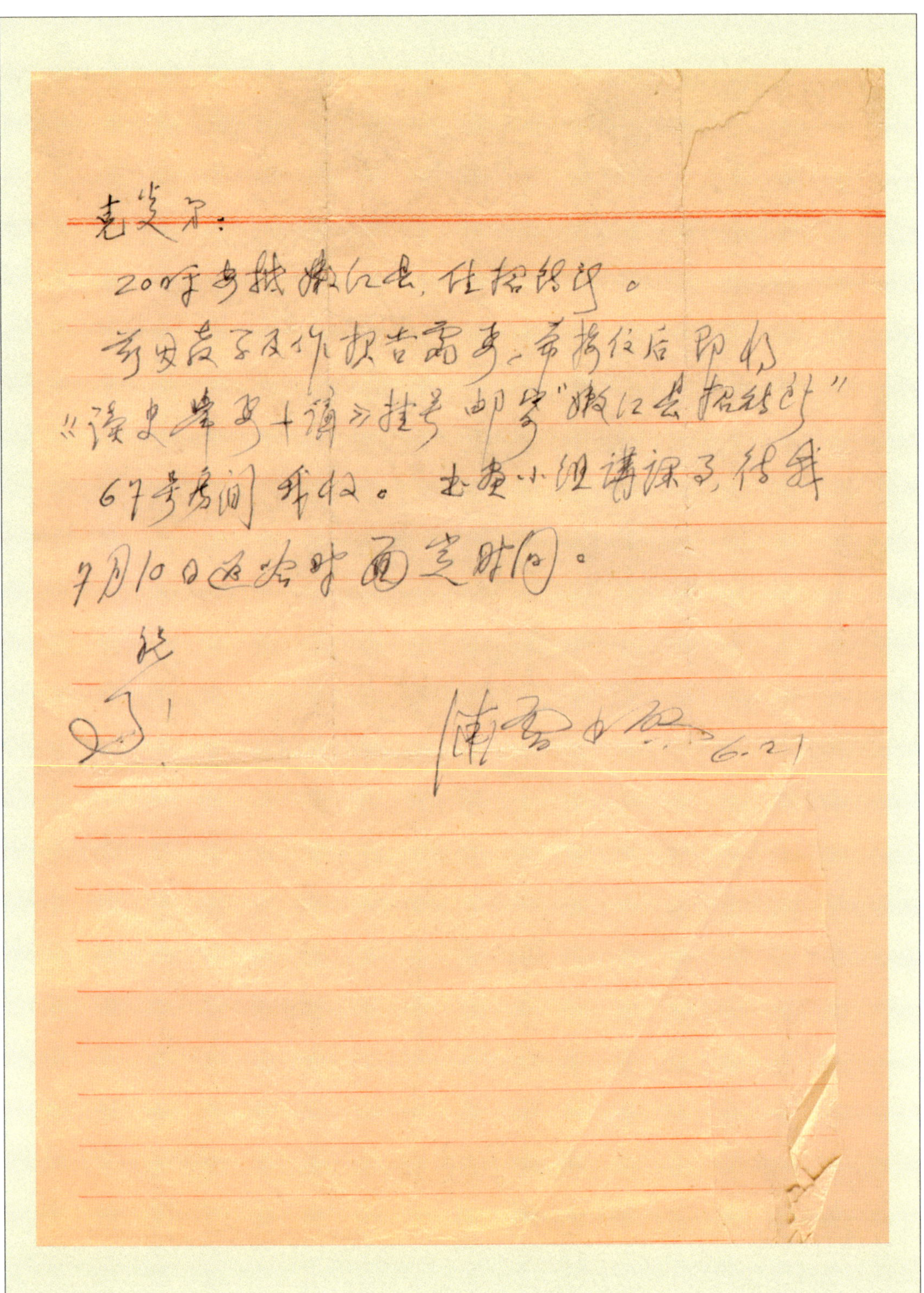

克炎兄：

20号函悉，抵嫩江县，住招待所。

前因发了工作提前离京，希将校后印稿《读史举要十讲》挂号邮寄"嫩江县招待所"67号房间我收。如要小组讲课，可待我7月10日返沪时再定时间。

祝

好！

渊雷手启 6.21

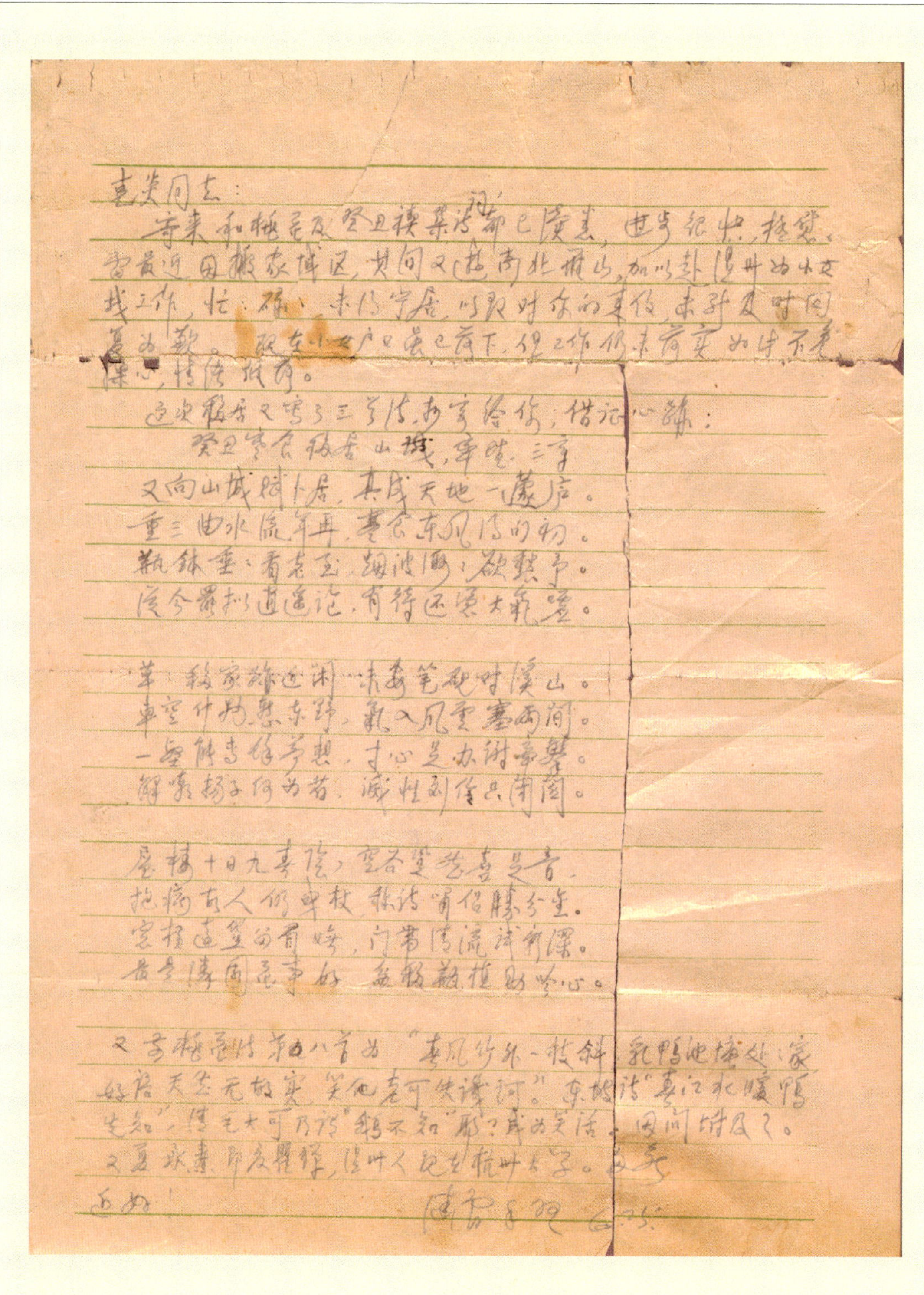

克炎同志：

寄来和梅花及癸丑横渠诗词，都已读悉，过蒙记忆，推奖。雷最近因搬家择区，其间又赴南北雁山，加以赴温州为小女找工作，忙忙碌碌，未得宁居，以致对你的来信，未能及时回复为歉。现在小女户口虽已落下，但工作仍未落实，如此不免操心，特请报知。

这次雁荡又写了三首诗，抄寄给你，借记心踪：

癸丑寒食雁荡山践，草堂三章

又向山城结小居，再成天地一蘧庐。
重三曲水流年再，寒食东风信所初。
瓶钵垂垂看老至，烟波渺渺欲无予。
从今罢却逍遥论，有待还须大觉墟。

草草移家避迹闲，未妨笔砚对溪山。
卓空什物悉东归，气入风云塞两间。
一壑能专修梦想，寸心是亦附舜禹。
解嘲扬子何为者，灭性刻传只闭関。

展转十日九春阴，空谷叠翠喜足音。
抱病古人仍曳杖，狂诗佣侣胜分金。
宗程适望留看好，门第清流诗有深。
最是陈周亲事好，无缘颠扑助吾心。

又寄梅花诗第八首为"春风竹外一枝斜，乱鸭池塘处处家。好落天然无故实，笑他老可失讥诃。"东坡诗"春江水暖鸭先知"，儒毛大可乃说"鹅不知"耶？成为笑话。因附及之。

又夏承焘、邓广铭、徐伟人现在杭州大学。

近好！

渊雷手复 4.25

冷斋读人叫啥名字，在何单位，请你告诉我，等伊来时，我自有办法对付也。

别的下次再谈。

好

渊雷 六廿二

近照二页附呈

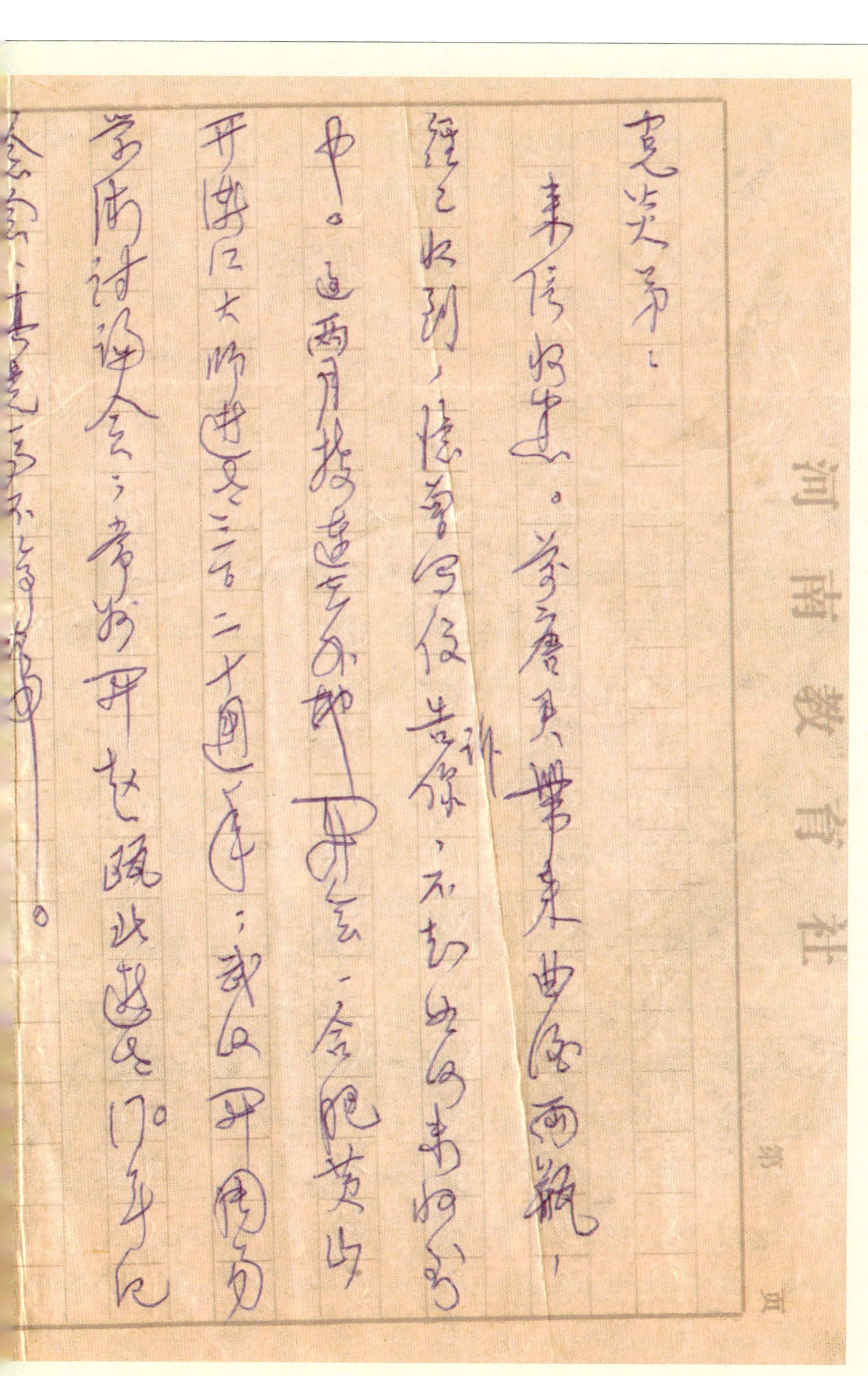

河南教育社

克炎弟：

来信收悉。菊唐兄带来《曲园画藏》，经已收到，《怀萱》写役告竣（许），不敢出示来稿否中。近两月接连不断开会，合肥黄山开渐江大师逝世三百二十周年；我又开周易学术讨论会，苏将开曼殊诞生百年纪念会，真是忙不过来了。

第　页

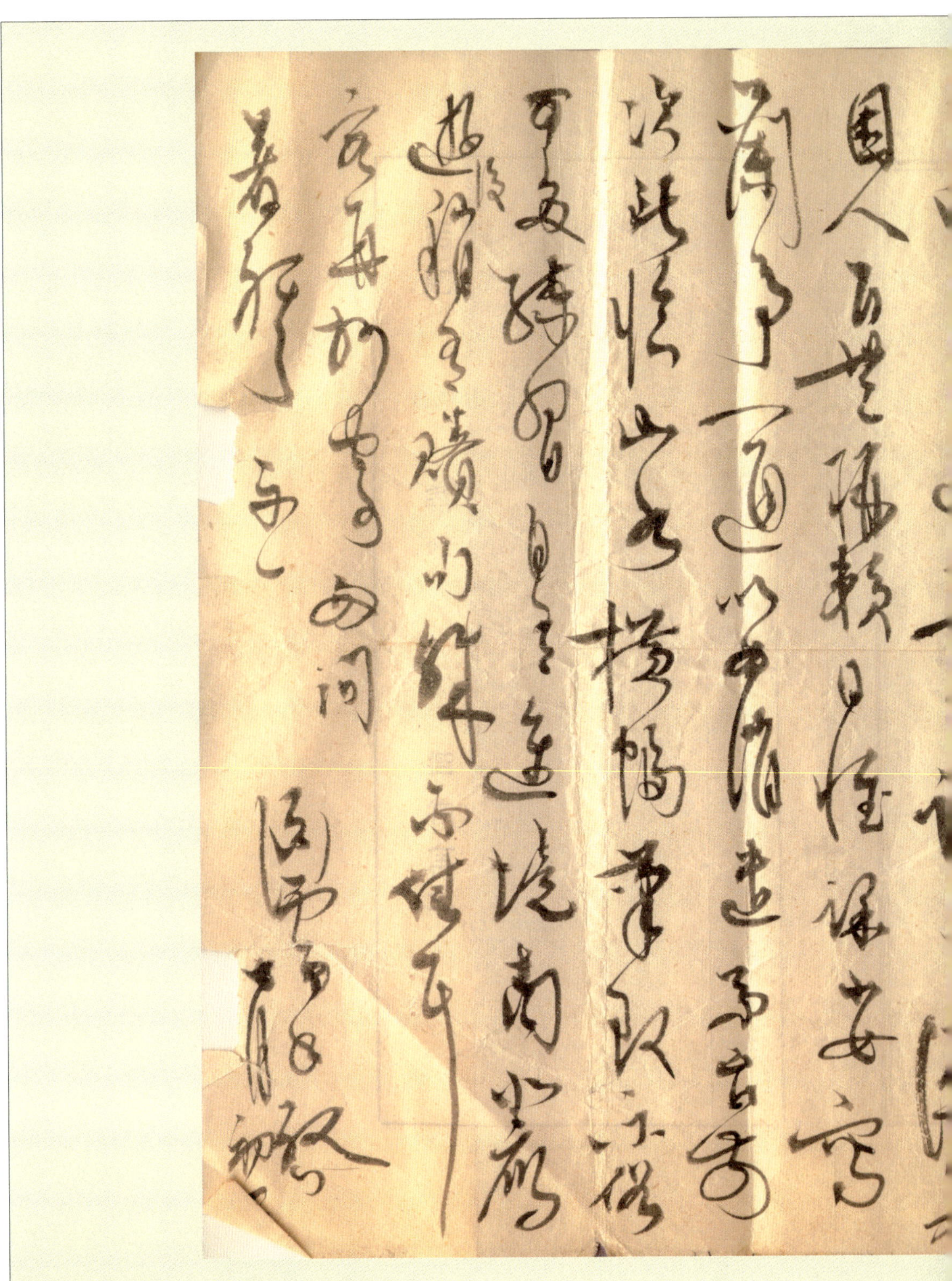

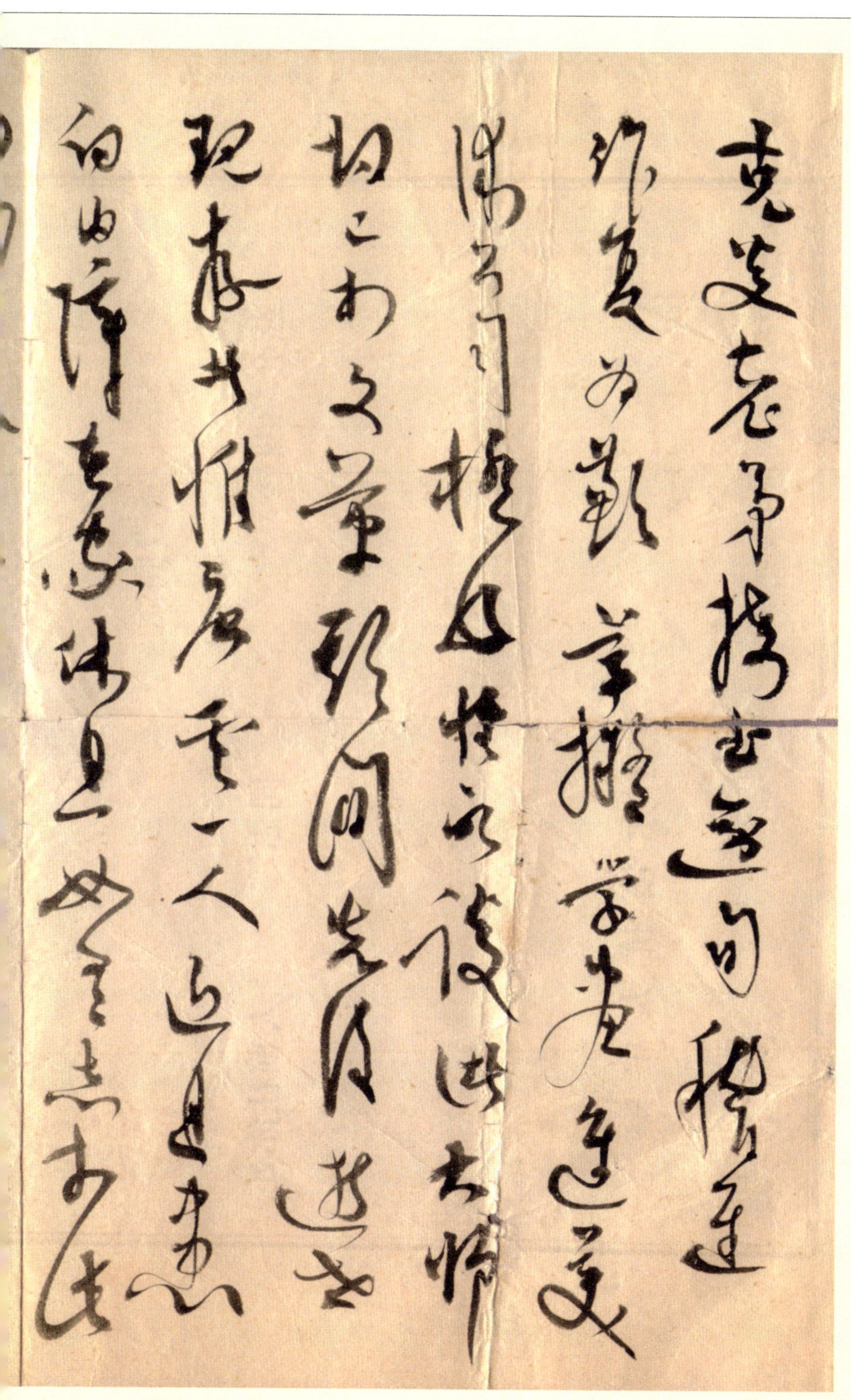

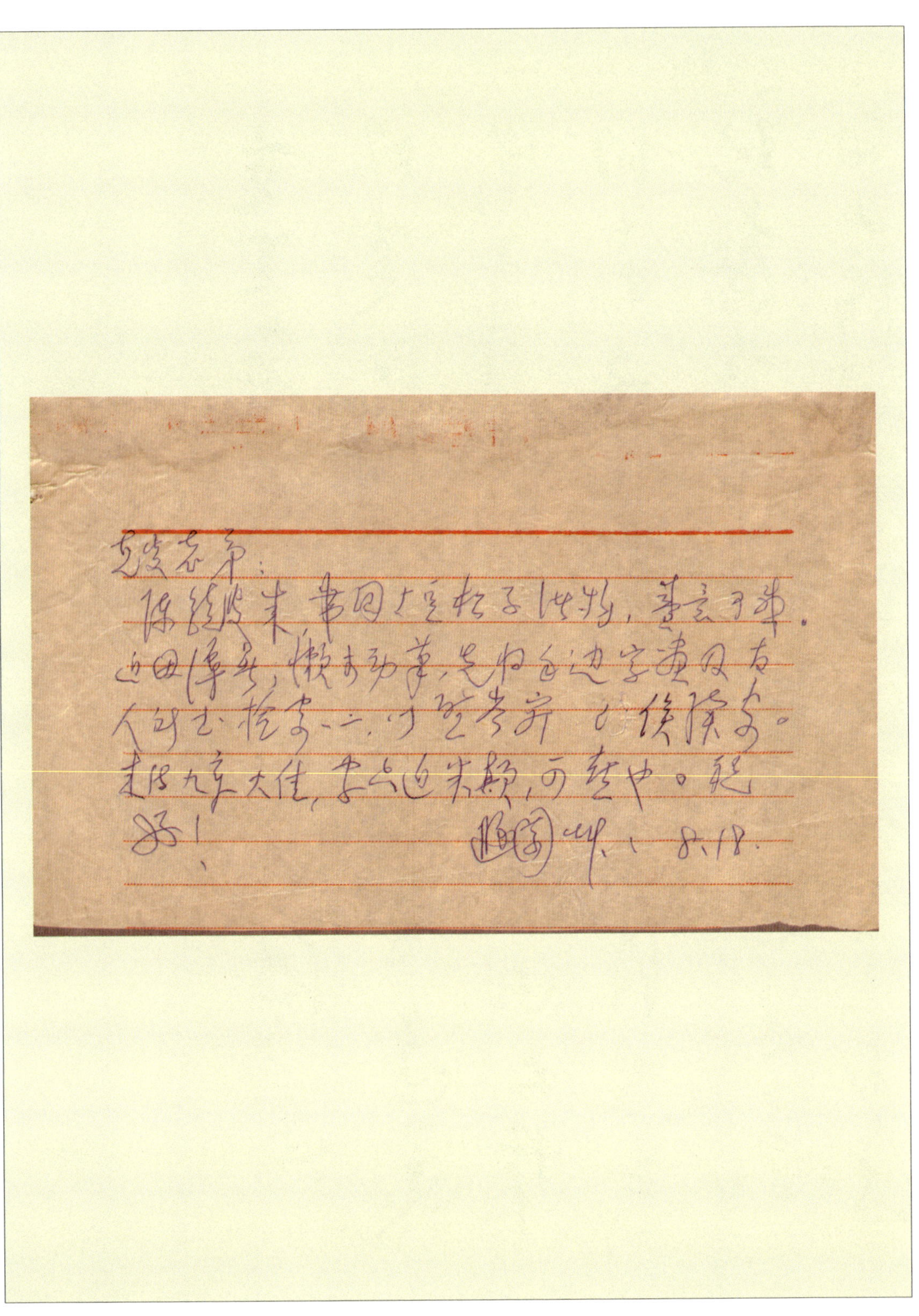

克炎吾弟：

陈[illegible]来，带回大[illegible]松子[illegible]，甚感于弟。近因俗冗，懒于动笔，先[illegible]过字画及友人[illegible]楷字一二，[illegible]以后续寄。来件九章大佳，[illegible]，可喜也。祝

好！

渊雷 八一、8.18.

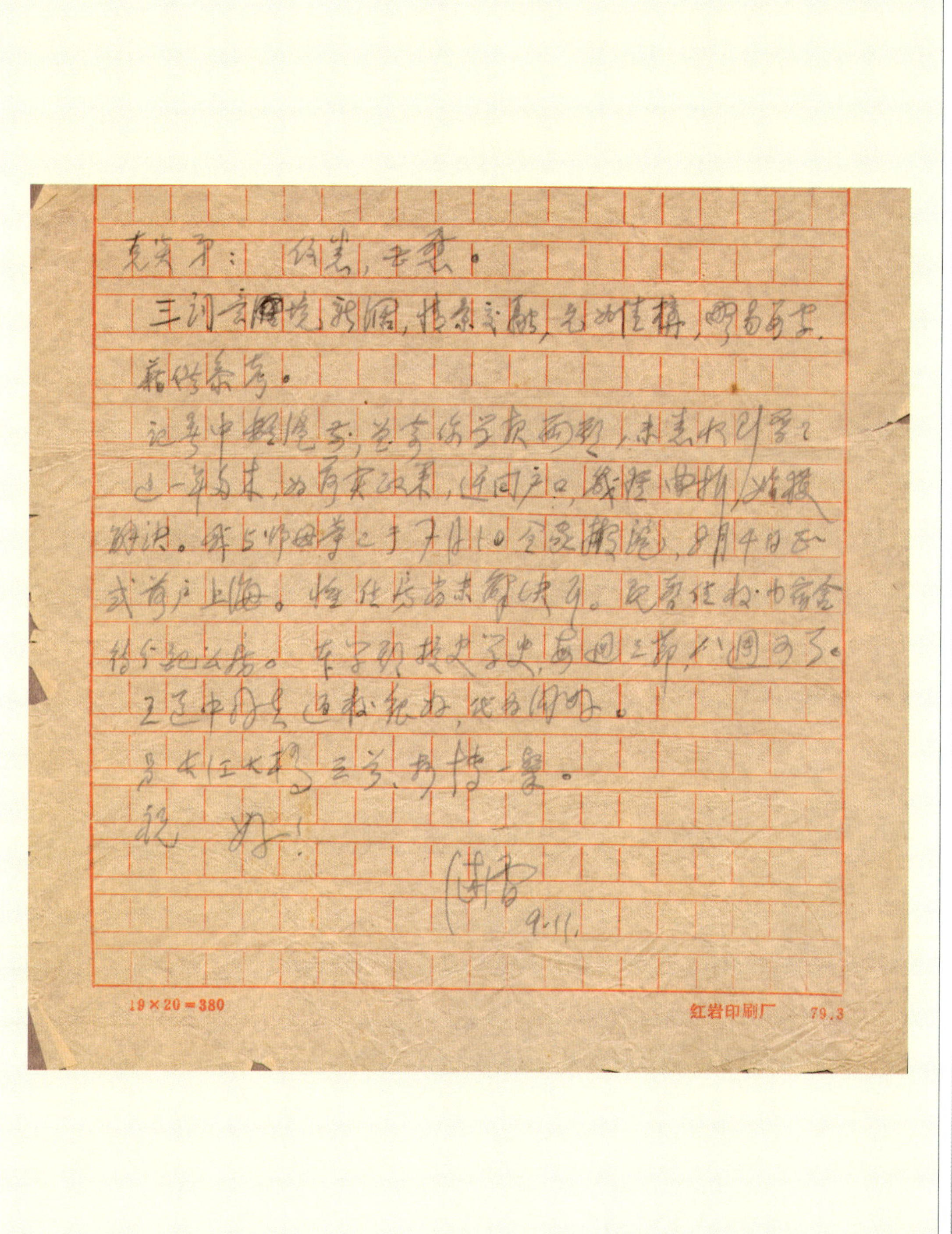

克炎兄：　得书，甚慰。

三词意境高远、新颖，情景交融，允为佳构，所当再写，藉供参考。

记得中秋后节，曾寄你学校函邀，未悉收到否？这一年多来，均有实效果，迁回户口，几经曲折，始获解决。我与师母等已于7月10日全家离皖，8月4日正式落户上海。惟住房尚未解决耳。现暂往在·市宾舍(?)招待所公寓。本学期授文学史，每周三节，[illegible]可了。

王[illegible]中同志过杭稍叙，代为问好。

另《长江大桥》三首，书博一粲。

祝　好！

渊雷

9.11

19×20=380　　红岩印刷厂　79.3

匆草
安好。
渊雷上
十月九日
明年赴穗时再

15×14=210

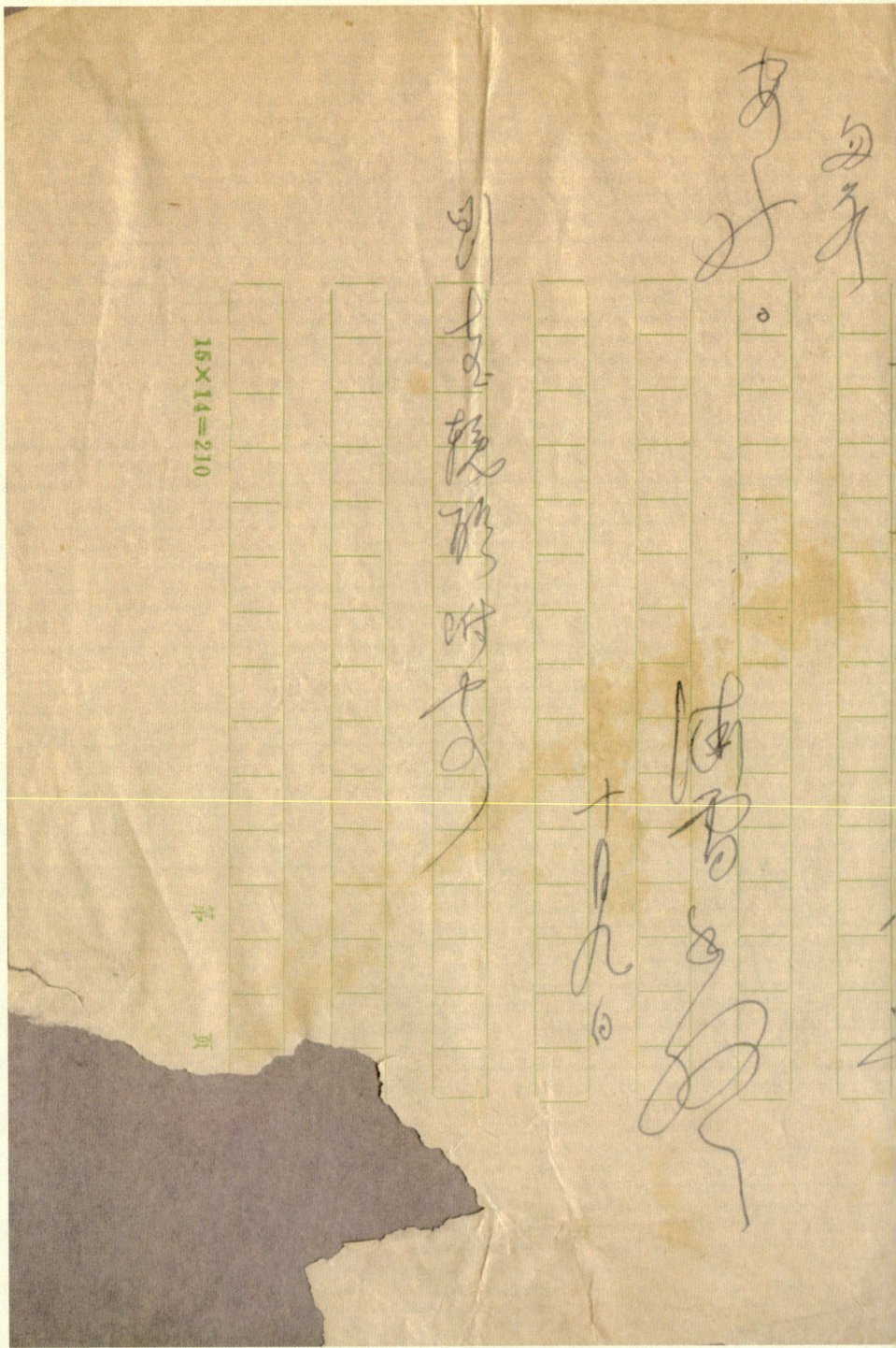

第　页

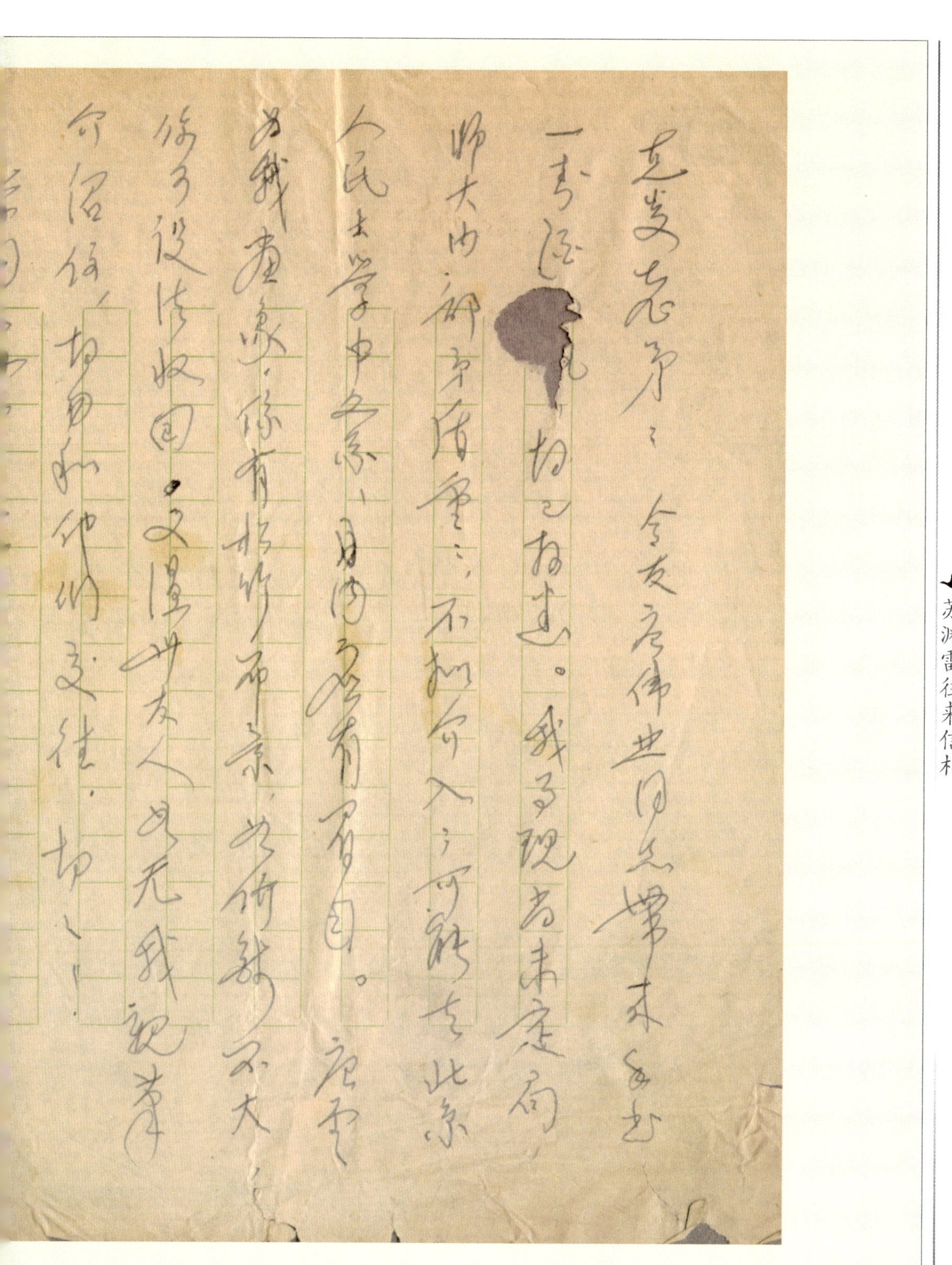

克炎同志：

你父来[illegible]致。近来眼睛、心情亦好。小女还[illegible]教[illegible]任，

[illegible]不得：[illegible]偕游，重新工作，亦感心力不济。[illegible]已远，

[illegible]一份，转作纪念。

安！

渊雷　十月廿五

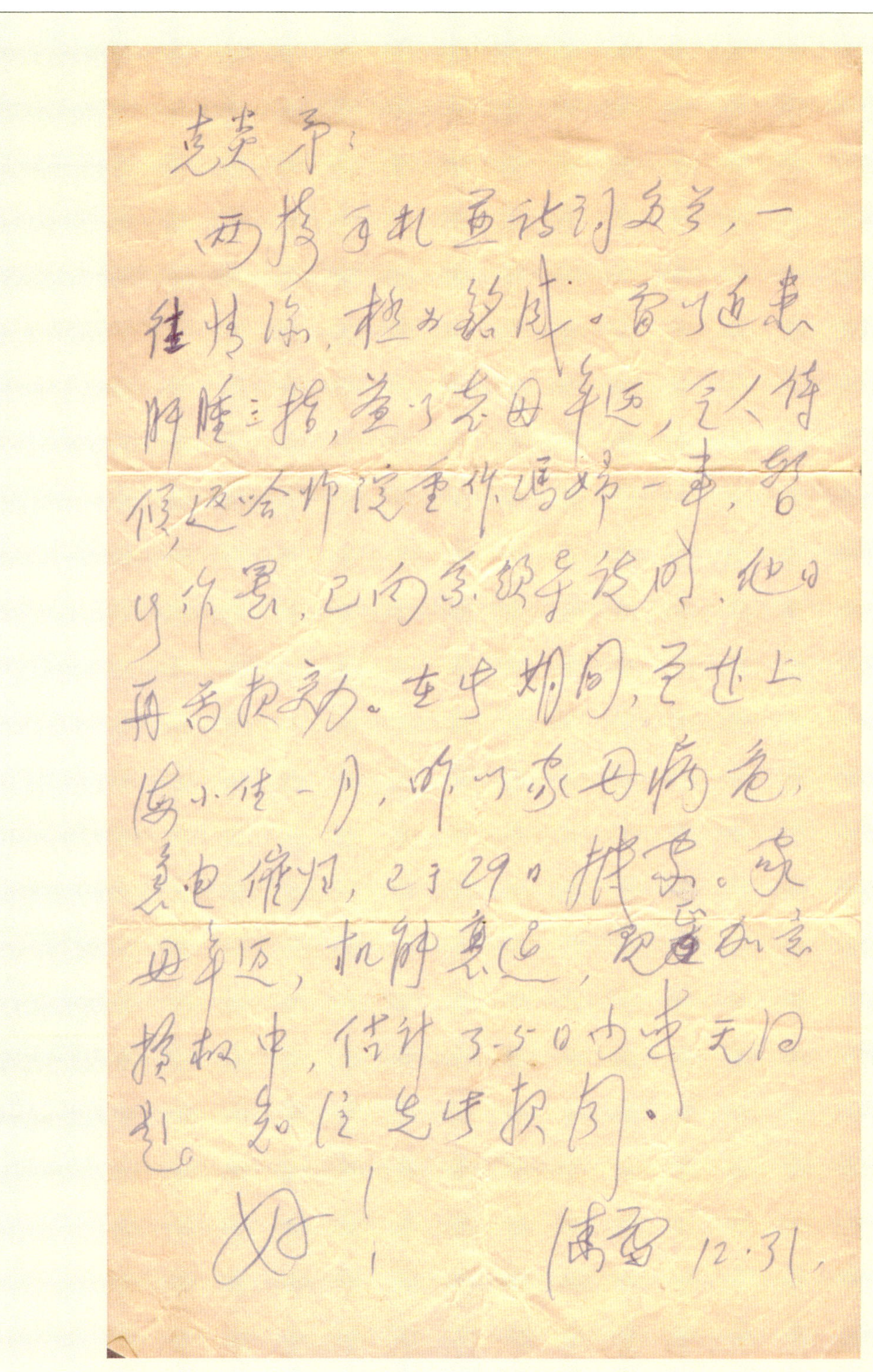

克炎弟：

两接手札并诗词多首，一往情深，极为铭感。雷以近患肝肿三指，兼以家母年迈，乏人侍候，返哈师院重作冯妇一事，暂以作罢，已向系领导说明，他日再图报效。在此期间，曾赴上海小住一月，昨以家母病危，急电催归，已于29日抵家。家母年迈，机能衰退，现在加意抢救中，估计3-5日内当无问题。知注先此报闻。

好！

渊雷 12.31.

北门不少乐子了，吴鹭山老师和你兄，今天才写信。11月2日起，我定遂来杭州参加全省汉语大词典编辑会议，开一个月。开完我做专题报告，昨天已做过了，发挥了一下。

现住宾西湖新新饭店202室，来信可12月初才离开，转道回温州。能得接谈，欲来必以天日时复先一信。

渊雷 十一·十六

又及

地　址：温州市胜昔桥温师专内　电　话：2053

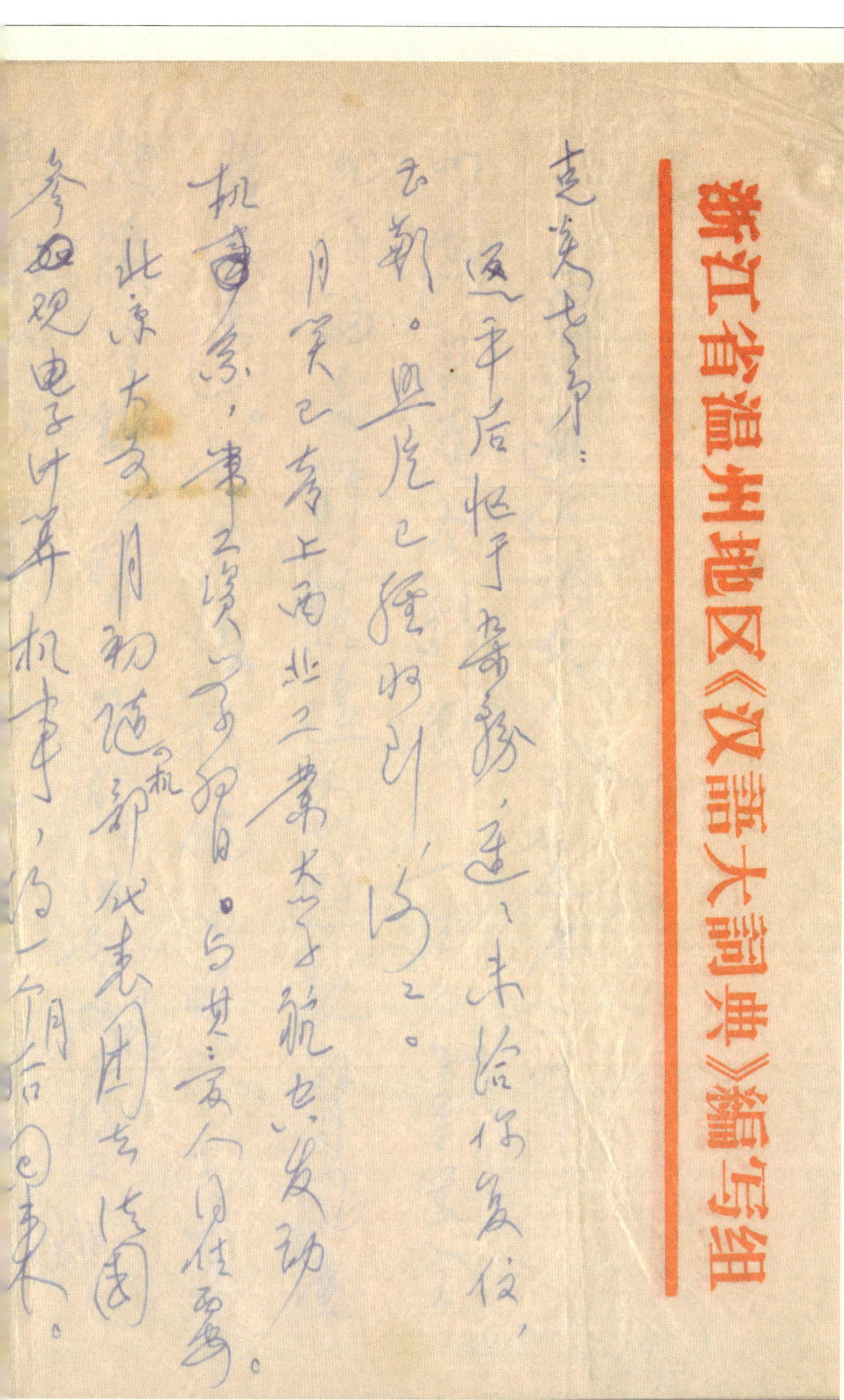

浙江省温州地区《汉語大詞典》編写组

克英老师：

返平后忙于杂务，迟迟未给你复信，至歉。照片已经收到，谢谢。

月笑已考上西北工业大学航天发动机专业系，来之读了十多日。与其父母同住西安。北京大学，月初随四机部代表团去德国参观电子计算机事，约一个月后回来。

三隐眺

万里长江水截断，夔门一出不知远。记从武汉满兵地，西上巴渝设险阔。三楼城几来讽其，立汉云服退环斑。只今横目看苍狭，依旧中原气似山！

重逢书由抵友师大示友人

重为淞波越廿年，几叶张针掃梦况痕。填衔东岛吾犹昔，奕年功名道属迁。声志无常参静寺，花还解护认红薛。相逢一笑又三月，不信君[illegible]去已惘然！

渊雷手稿

长江大桥三首

一 夜步

繁星万点夜明灯，身过虹桥最上层；千古英雄何处找，万方来乐入[illegible]。每生乘风心斯缕，七发激情々楼未能。一笑人天真似客，瑶池燕瘦不须憎！

二 晓登

高堡桥头一级升，玉梯自转快初登。晓空日射旋旋动，长[illegible]潮回云气蒸。十代江山分壮丽，二陵风雨带峻嶒。纵横天堑成飞

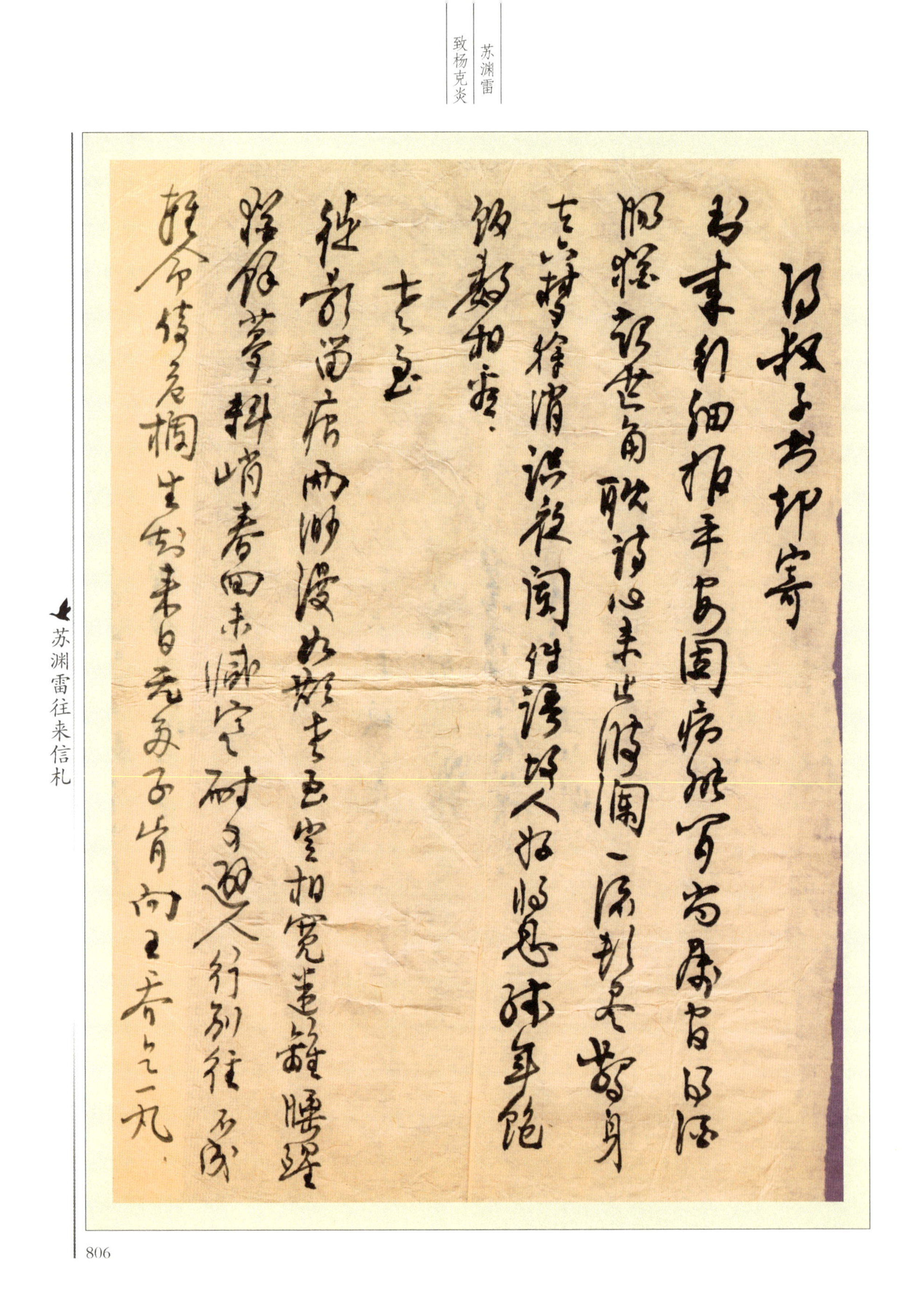

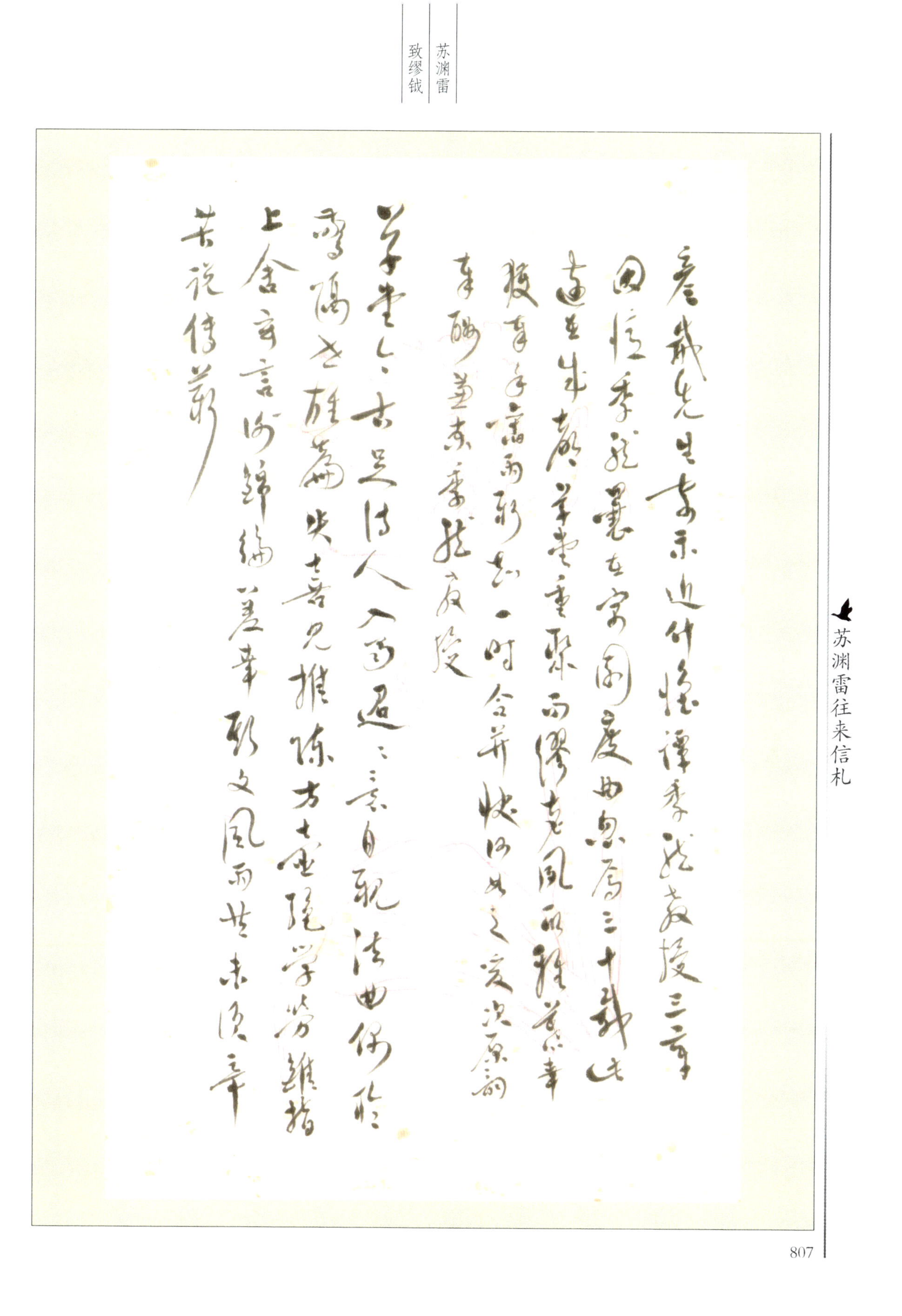

重阳寄得诗一首 录博 莞尔

百年已过三分各(?) 万里真同一鹤翩

两接芳踪常李杜 独抒襟抱寄山

川 萧关云读(?)白九(?)妙(?)想蜀新(?)茶果摆(?)

是禅(?)今日钱秋过白(?)寿 仰怀先哲

得天全

另附拙作两帧（顷作新版李杜诗选插页）一为李杜论文图 刘旦

宅兄、一为仇英所作春夜宴桃李园

图 聊供寄赏 幸希(?) [illegible] 人为我已已印版(?)

撰(?)安不一

弟 苏渊雷再上 [illegible]二日

彦威先生吟几：前承惠大著

《诗词散论》一册，[illegible]纷披，敬读

欣悦。然书中论[illegible]一则[illegible]

[illegible]水一则，以[illegible]作[illegible]其[illegible]手段

[illegible]此[illegible]及宋诗相发之人[illegible]

未发[illegible]之资读助[illegible]雨夜

入川[illegible]

书林市隐成追忆，锦里花稠是旧游。风月
杖藜疑可接，江山[illegible][illegible]许[illegible]。诗称李杜
情[illegible]小，群逐[illegible][illegible]杨[illegible][illegible]孤留惆怅表中
同作[illegible][illegible]倾盖[illegible]扬秋
彦威诗家[illegible]可 壬戌七月 渊雷[illegible]正

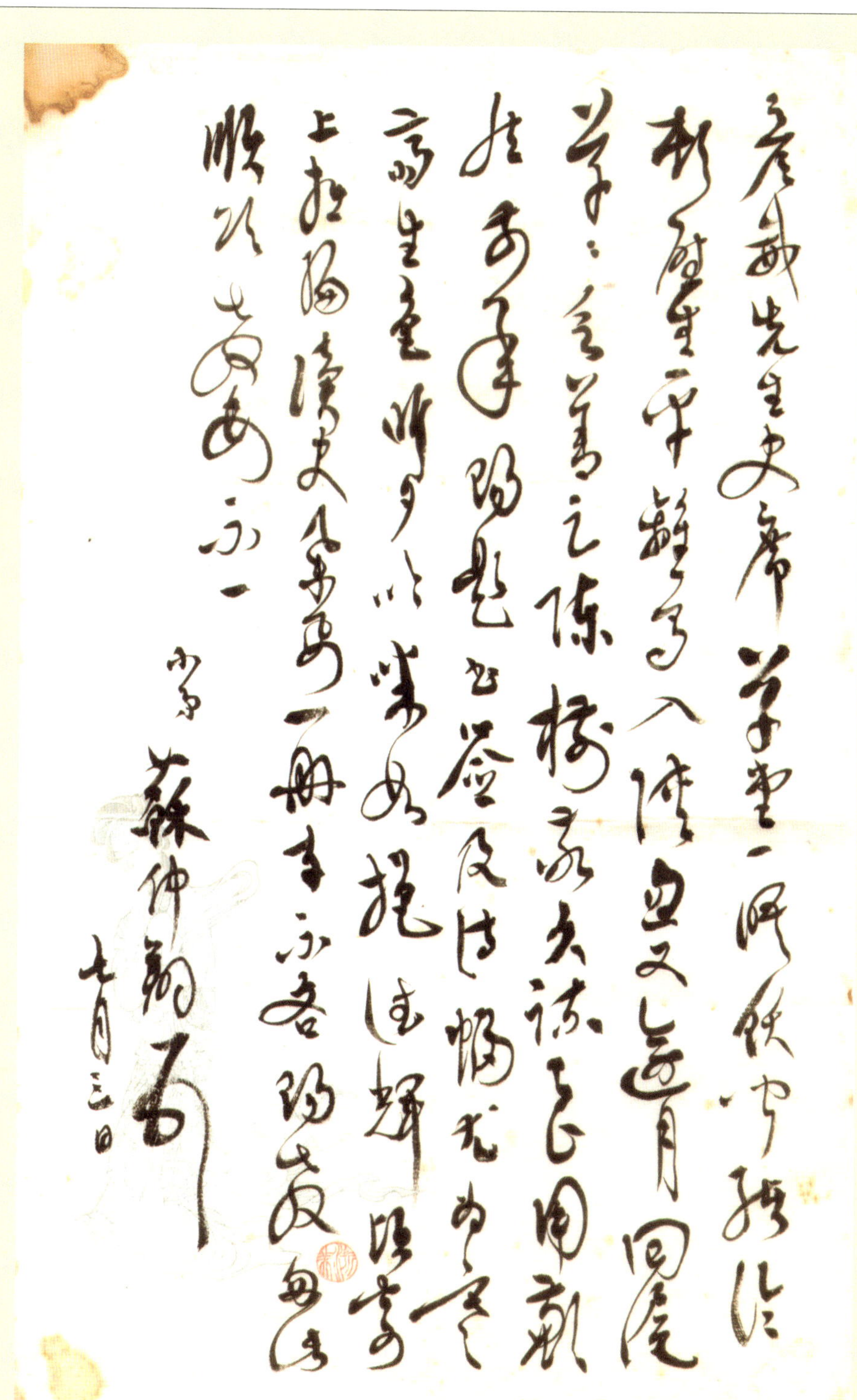

彦威先生史席：[illegible]

顺颂
著安

小弟 苏仲翔 [illegible]

七月三日

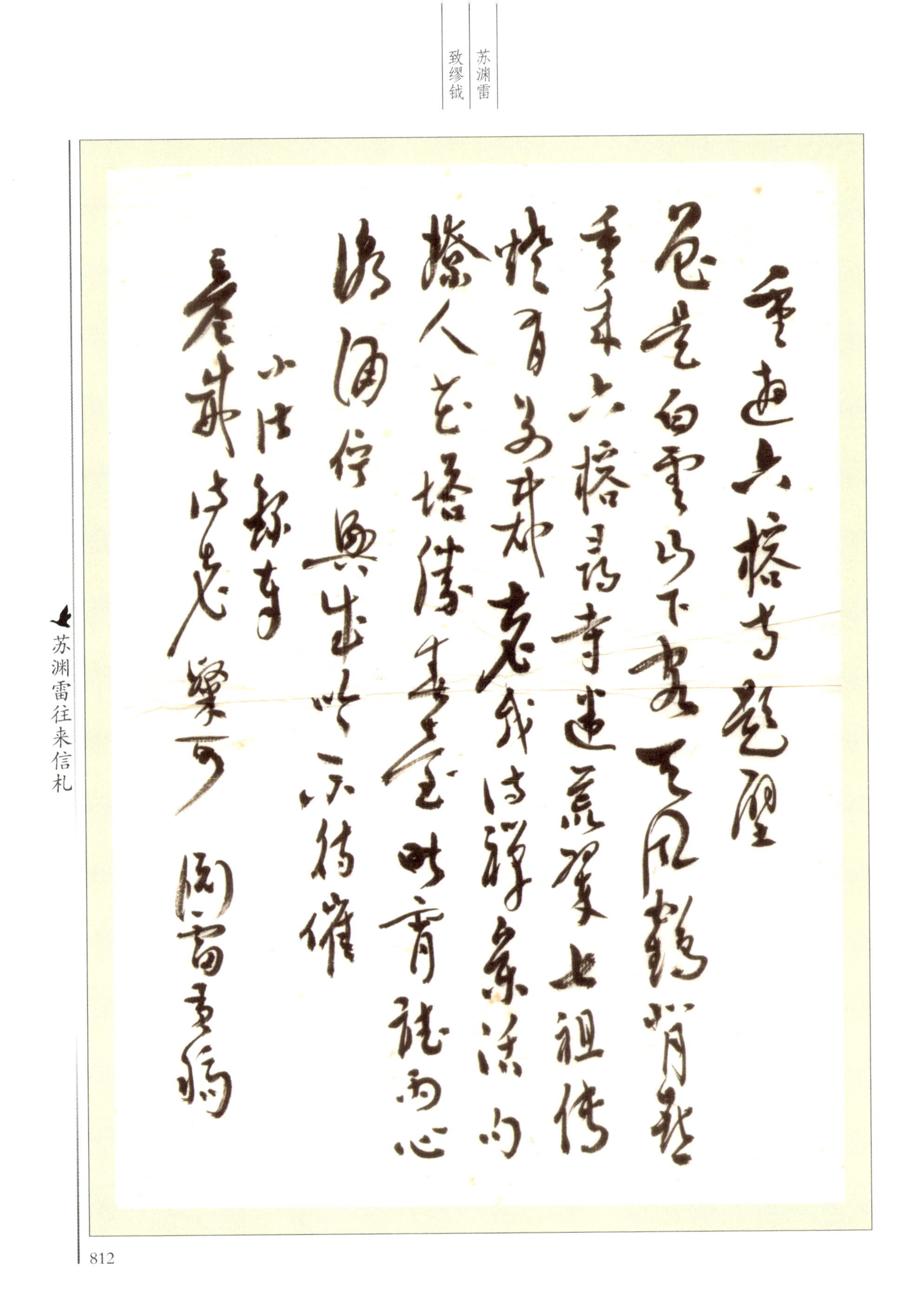

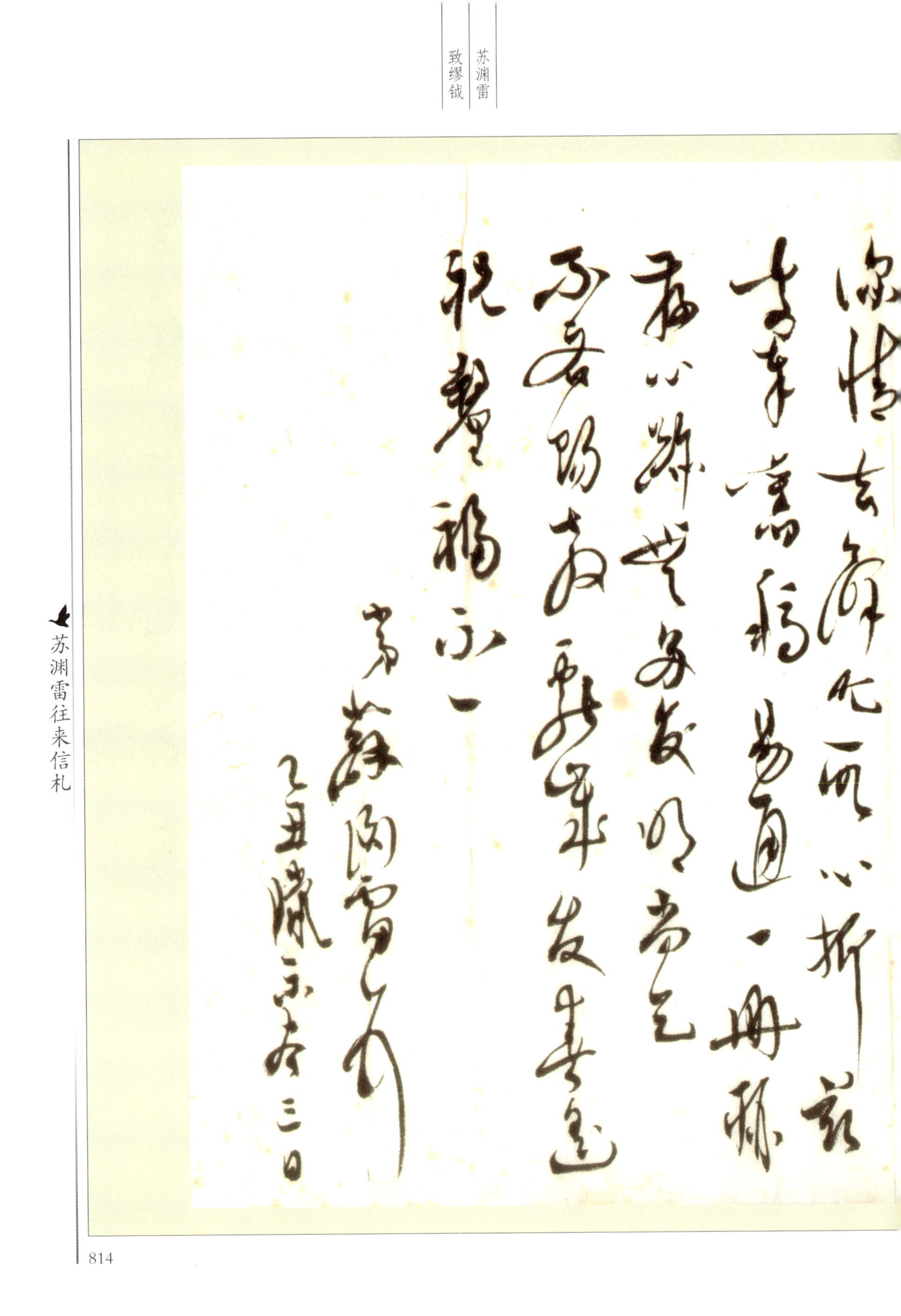

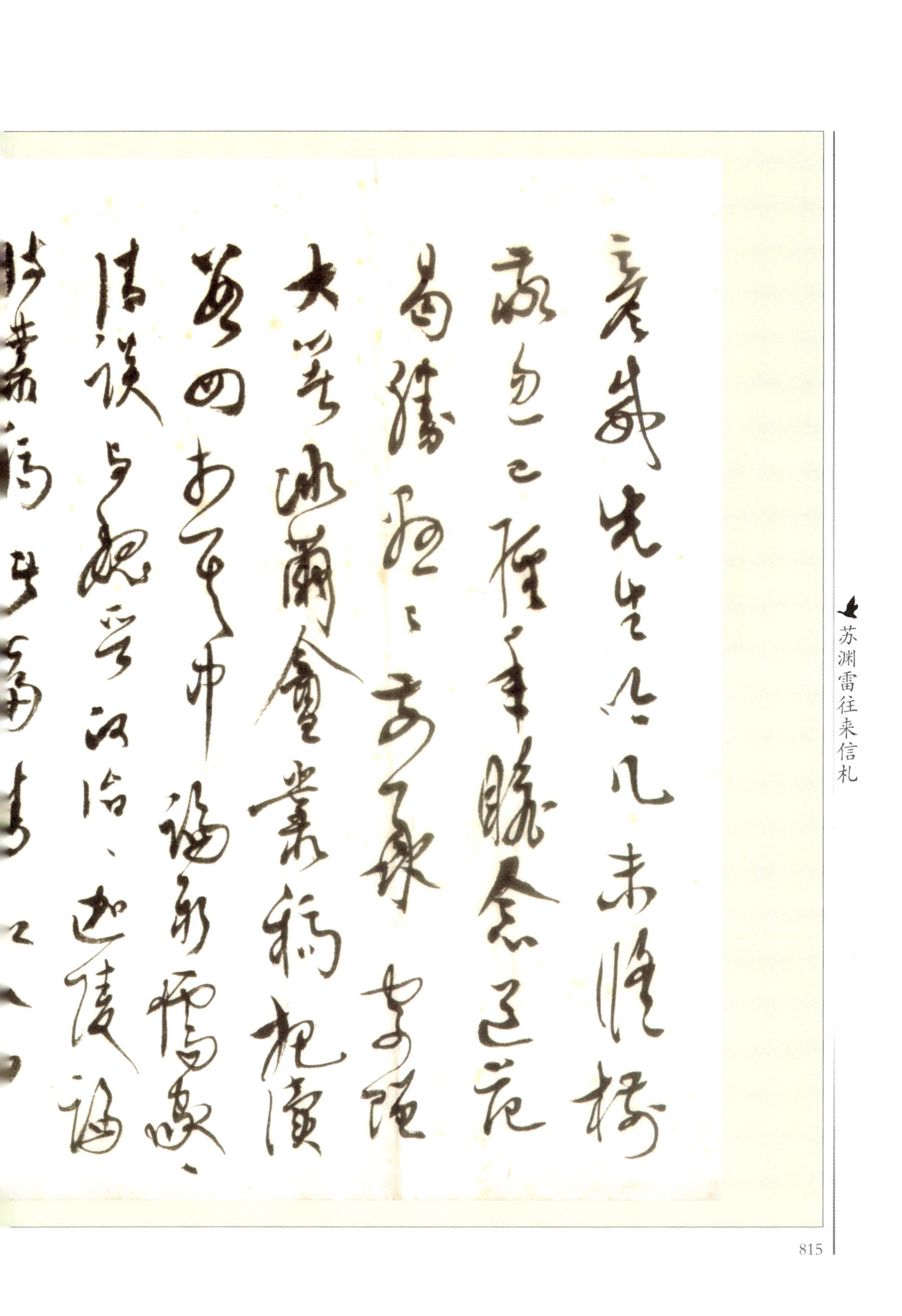

恭賀新禧

萬事如意

寧波天童禪寺

一九九四年元月廿日

天童禪寺

浙江省鄞县天童禅寺

蕴老：

您好！春回大地，万象更新，值此甲戌新春，敬将临之际，恭祝

福寿康宁，万事胜意，为颂。大札所述，不胜欣慰。观音宝像发行后効果良好，可喜可贺。兹我寺之版早已安放，由于未见发票寄来，因此货款遂未汇出，特此说明。祈发票即寄我寺。最近会计人员去外，待回寺即汇去可也。

专此奉复　顺颂

福安

衲广修合十　九四、一、廿日

72—96×8905

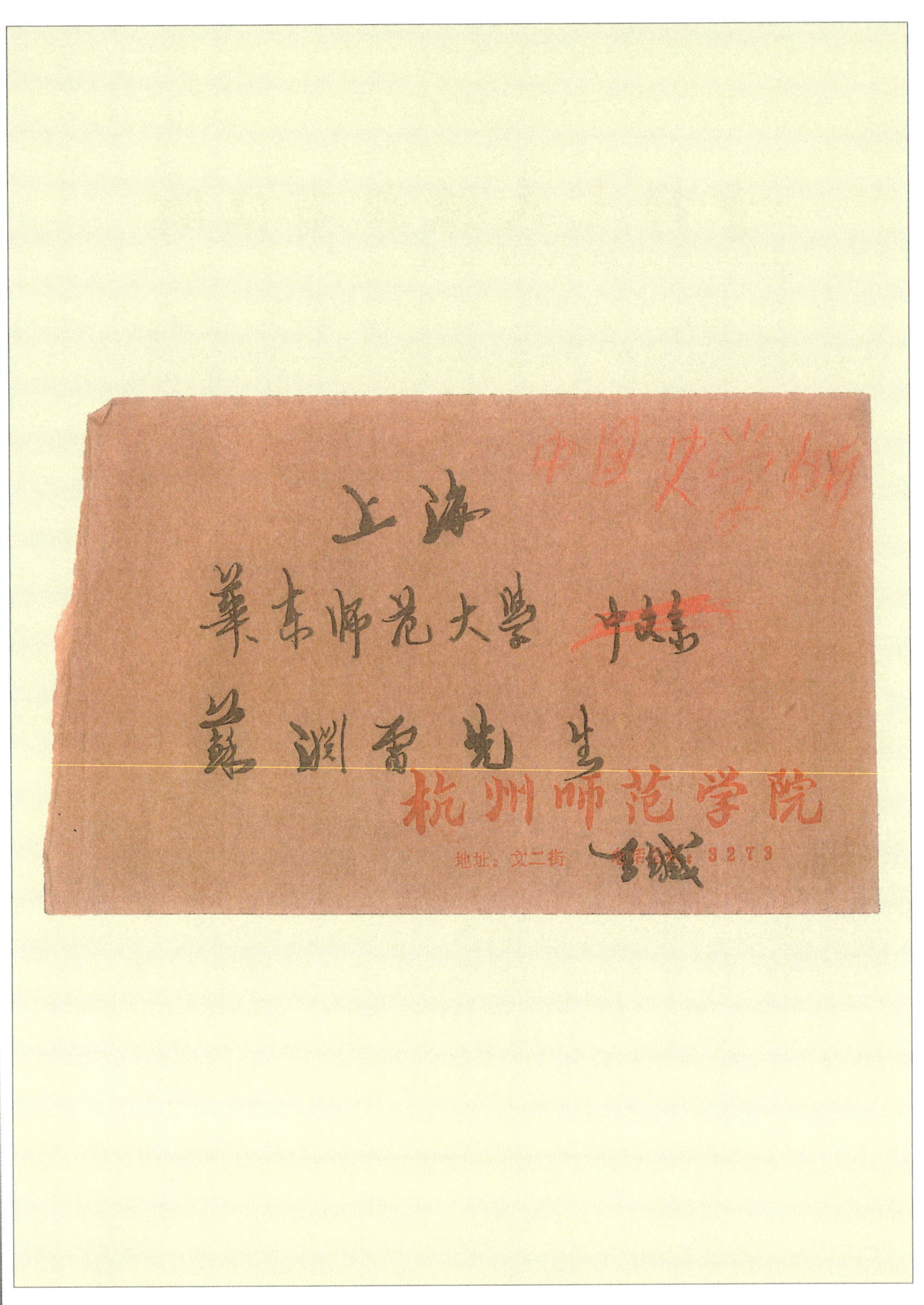
中国史学所
上海
華东师范大學　中文系
蘇渊雷先生
杭州师范学院
地址：文二街　电话：3273
王镃

渊雷先生研席：

大作夙钦，曷胜钦念。

先伯父马一浮先生逝世二十周年纪念活动，荷蒙关注，寄来诗篇，敬奉识悉，深以为谢。后以会告改期，想已邀览，失礼之处，并请见谅。

此次纪念活动之所以推迟，主要是准备工作不及。咸谓马老非一般人物，学贯中西，盛名播国内外，需有一定规格，方能郑重进行。现筹备小组正着手编写马老纪念册，其具体内容，除先生寄来之诗篇宜为纪念文字外，还拟请伯父生前友好赵朴老、梁漱老撰写序言或书签。晚质愚才疏，不能多写文字，祇以记实形式写了「马浮先生年表」和「别名、书斋、著作考」二文，亦系为纪念册内容之一。此二稿特打印后拟请 先生指正。近在整理伯父遗稿中，发现有致 先生诗稿二首，现录附寄阅，以略表追念之情矣。

尚此奉达，即请

撰安

晚 马镜泉 上

于杭州师范学院 六、廿四

200062

浙江杭州 1992.9.11.11

20分 中国人民邮政

上海中山北路
華东师范大学一村442号
苏渊雷教授 收启

杭州师范学院

地 址：杭州文一路96号 310036
电 话：总机888124

杭州大學

渊雷先生：您好。去年，先伯父马一浮先生纪念活动，荷蒙关注，并撰写纪念文章，至为心感。经前一时期报刊宣传介绍，马老之影响有所扩大，但知者仍少。为了进一步扩大马老海内外之影响，介绍他在学术、诗词、书法等多方面之成就，此间正在酝酿成立"马一浮研究会"。素念 先生乃马老生前友好，且在学界很有声望，因此，拟请您担任该会理事，研究会之具体设想，兹由吾友彭维夫同志前来面陈，并请赐教为荷。

专此，即颂

撰安

马镜泉 敬上

十、廿一

校址：杭州市天目山路　电话 24066（总机）　电报挂号 9600

杭州师范学院

渊雷先生著席：久疏问候，殊深歉仄。为纪念先伯父马一浮先生诞辰一百一十周年，经浙江[illegible]政府批准，同意由本校马一浮研究所与有关单位合作[illegible]（1993年）三月在杭[illegible]“马一浮国际学术研讨会”，会期五天。并同意邀请国内知名学者和美国、法国、加拿大、澳大利亚、日本、德国、新加坡、菲律宾、韩国及香港、台湾等国家和地区的学者来杭参加会议。会议经费由各发起单位、协办单位共同筹集解决。经与有关单位初步联系，愿意作为这次国际会议发起单位者有：国家新儒学课题组、中国文化书院、浙江大学、杭州大学、浙江省社会科学院、浙江省文史研究馆等。愿意作为协办单位的有：浙江省文化厅、浙江省文联、浙江省文物局、浙江省佛教协会、浙江省书法协会、华夏出版社、浙江古籍出版社等。

鉴于先伯父生前曾担任过上海市文物保管委员会委员，并与上海佛教界、玉佛寺等有过一段佛缘，为此故特函商，是否请上海文管会、上海市佛协也作为协办单位之一，并在会费筹集上有所赞助（如先生有与港、台、上海有些经济实体熟稔，这些企业也愿意提高自己的知名度、欲在这次国际会议上亮相、并有所赞助者，我校也表欢迎）。

再者，海外研究先伯父学术思想欲参加这次国际会议者，请先生提出名单（注明单位与详细地址）以便及时发出邀请信。专此，不一，顺颂

撰安

[illegible]文一路杭州师范学院马一浮研究所或收即可。（邮编：[illegible]）

马镜泉上

92.9.10

校址：文二街（一路）　　电话：~~3278~~

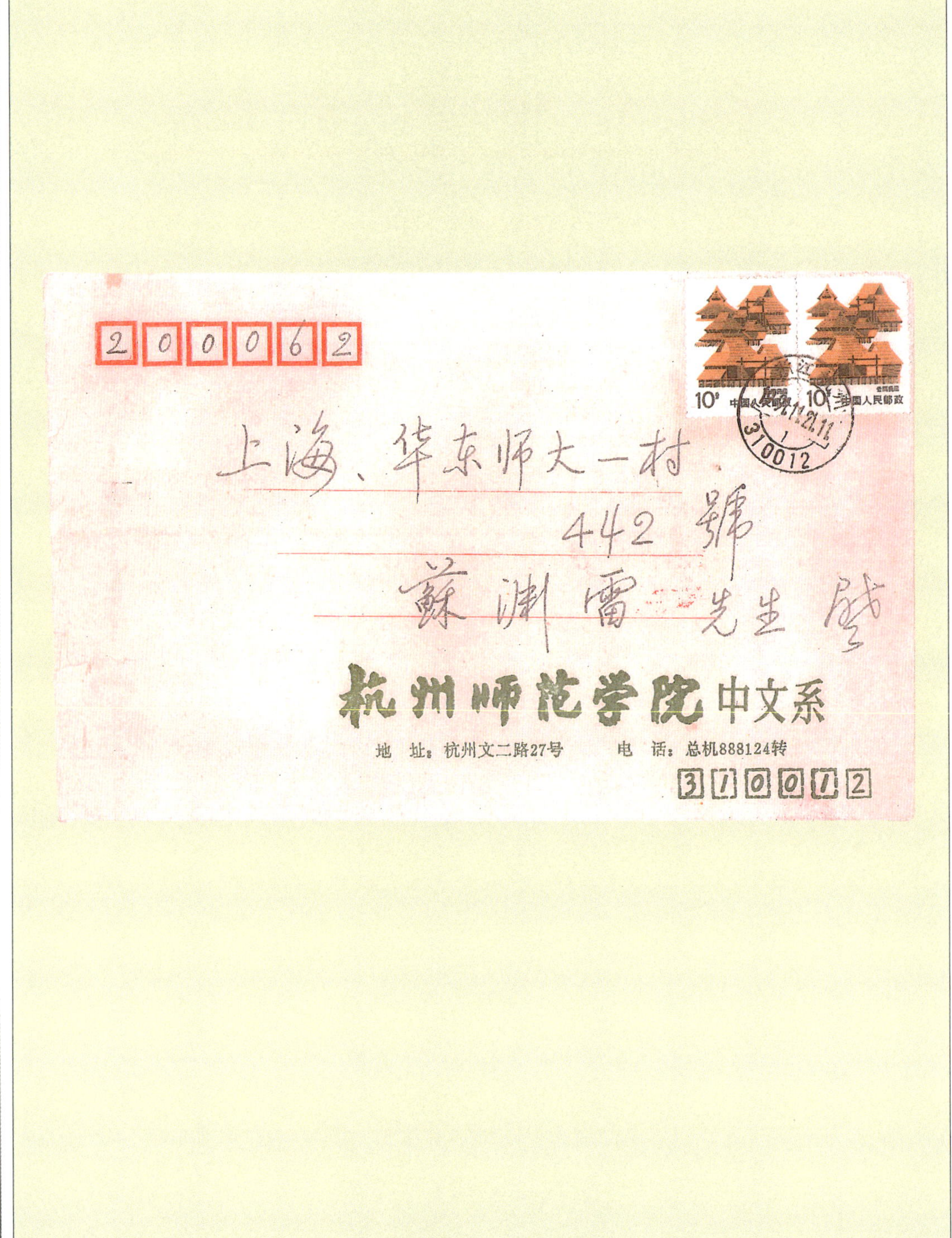
2 0 0 0 6 2
上海、华东师大一村
442 號
蘇渊雷 先生 啓
杭州师范学院中文系
地 址：杭州文二路27号 电 话：总机888124转
310012
10分 中国人民邮政
310012

苏老，您好：

时隔五月，不知您还记得我否？那天揣着马镜泉老师的亲笔信，带着两张刚从朵云轩买来的宣纸，贸然叩响蠲戏斋大门的那位小后生，就是我——陈根民。

早在母校（华东师大）读中文时，我就仰闻先生大名，但一直无缘一识"荆州"，"徒此揖清芬"而已。走上教学岗位，又常拜读先生大作，受益匪浅。那天又蒙先生赠書，内心激动，岂能言表？（既得一睹仙颜，）

敝校马一浮研究所成立以来，得到您老等一大批学者的支持，工作开展得很顺利。现正忙于编辑、整理来稿，准备出版《一代理学大师——马一浮》一书（任继愈、姜亮夫、沙孟海、蔡尚思、张岱年、程千帆等先生均已赐稿）。作为马老生前知交，苏老您

第　页

是否就您所了解的情况写成书面文字，一同汇入该书，不知快乎？也许您业已完成，或正动手始写。我们希望最迟在明年初交稿，您看何如？

上次您曾嘱我购买《高二适书法选》。我衔命之后，每去书店，都要向营业员打听，但得到的回答又都说"没有"。今晨我到百货店购物，不意竟在一冷摊上购得，此时我的兴奋状可以想见矣。但我不知此物是否就是您所指的，容我在此说明一下：此《书法选》封面为暗红色，章士钊先生题签，尹树人先生作序，江苏人民美术出版社出版，价16.60元，约120页厚，节之。如果此物正是您所需者，那么容我下月来沪时给您带来。

第　页

四川版《论元墨书法》杭州书店早已告罄，敝人无能为役矣。此物堪称精品、极品，其收入论书书作量之多，质之高，以及印、装之高超，令人叹为观止。我想，如果先生需要，我可从中选择一些最佳书作来复印，到时，不妨当作资料看看。请您在回信中说明，如何？

我处尚有马老行、隶、篆三体书作的照相底片，如需要，我也可冲放出来，奉送予您。

好，聊了这么多，占了您的时光，对不起。还望您抽暇复书，我好将《书法选》带来。

祝

健康长寿

陈根民 拜上

11.20.

地址：杭州师院中文系，310012.

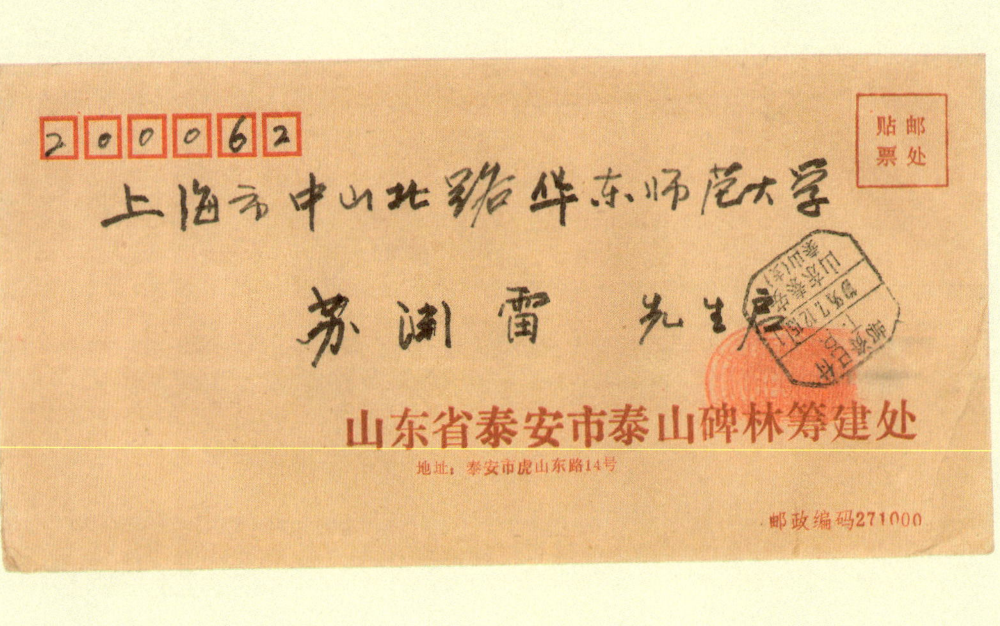
200062

上海市中山北路华东师范大学

苏渊雷 先生启

贴邮票处

山东省泰安市泰山碑林筹建处

地址：泰安市虎山东路14号

邮政编码271000

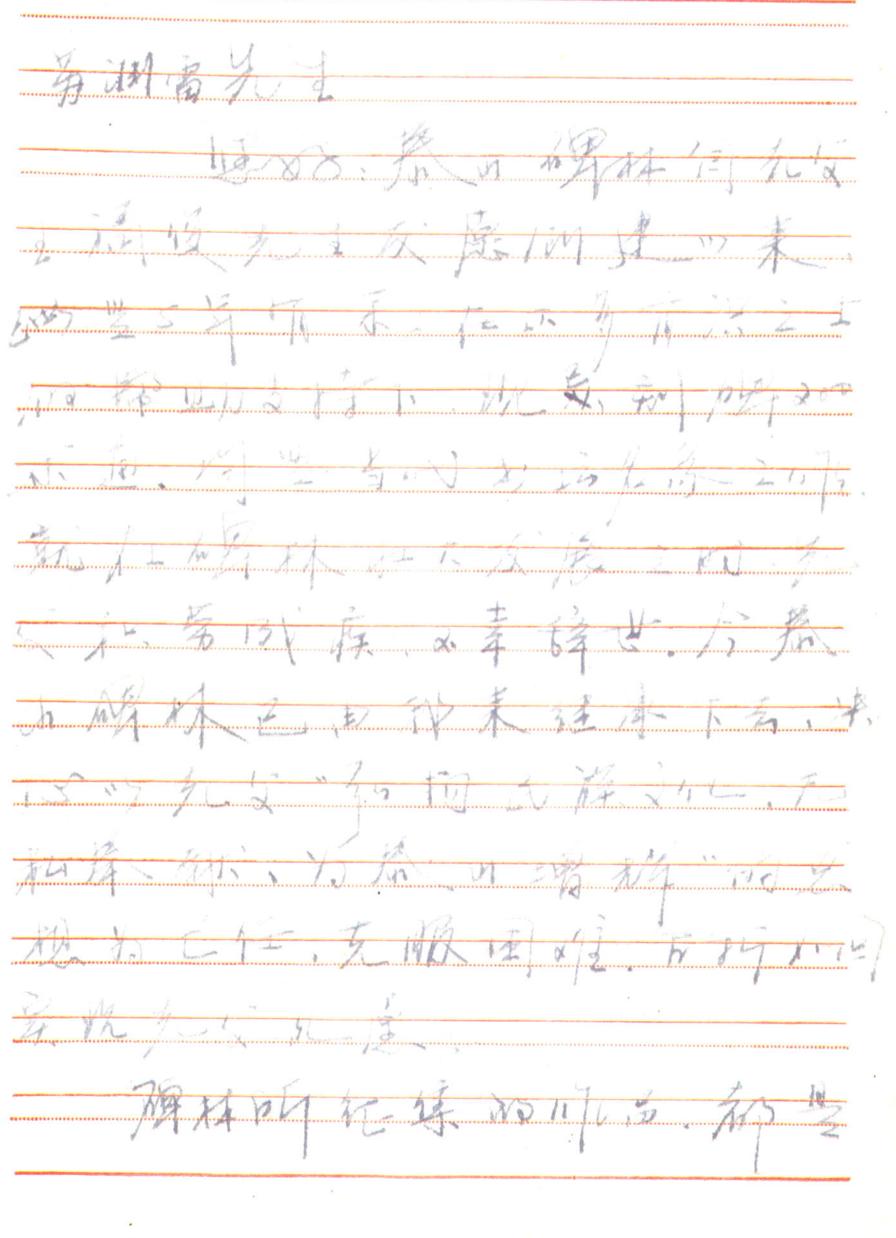

泰山碑林

苏渊雷先生：

您好！泰山碑林[illegible]先生在健康[illegible]以来，[illegible]就在碑林工作[illegible]积劳成疾，不幸辞世。今泰山碑林已由[illegible]来继承下去，[illegible]先生[illegible]和同志继续[illegible]无私奉献，为泰山增辉”的思想为己任，克服困难。[illegible]

碑林所征集的作品，都是

泰山碑林

经众推荐，经过反复认真讨论，广泛征求意见的基础上，本着为弘扬祖国优秀传统文化瑰宝，为子孙后代负责的原则决定聘，先生热心书画事业，在书坛上已取得非凡成就，特致函先生挥毫，惠赐墨宝，给予支持。

敬颂

笔祺

王晋峰拜上

95.1.11

少日多君气纵横，读書革命歷長程。
今朝执别文成里，猶憶生離古鹿城。
懷榴亭邊人摸貌，雁山雲影鶴留聲。
何曾白髮縈方寸，定見身缘百鍊精。

渊雷兄自一九二七年分别後至一九七八年始在杭城重晤，回憶舊遊，猶深藐结，不自文陋，書此志感，即請
絜正

一九八五年八月五日遂昌馨一弟王權未晨草

浙江省蒼南縣錢庫高級中學

尊敬的苏老：您好！

悉您老贵体欠安，甚以为忧，谨于此致以慰问。

近年来，学校取得了优异成绩，今年200名学生参加高考，其中147人上线，升学人数居温州市普高第一，这同您老的关心支持分不开。我全校千余名师生对您的一片桑梓深情表示衷心感谢！

明年我校将迁入新址，又逢四十年校庆，愿您老早日康復，并盼回乡光临校庆盛会。

专此，祝您

健康長壽。

蒼南县錢庫高级中学

校長：方培栝

95.9.25.

地址：錢庫鎮柳波西路4號　　電話:4498848　　年　月　日

四川人民出版社

仲翔兄：

佳構《風流人物無雙譜》校樣已来，先陳校閲，此非清樣，为以寄一点，先將校樣寄呈，你慢慢校改（可以一周）（最多二周）改后請直寄"成都鹽道街三号四川人民出版社孫伯粵收"（勿掛號）

"廊簷掛帽"二句，前言后記中重复，删（已）去后記中此二句。如何如何？

四川人民出版社

王利器同志今日来社，约吾兄明日便宴，并嘱周谦之推荐，务以谈至下，故此专函。

即颂

撰祺

张绍泽

路氏下

渊雷先生：
四月十四日与门生三人去市宫参观上海书画
展其中欣赏到 先生精品大作秀丽美雅章
不千秋眼福不浅令人敬佩
艺术神笔丹青题赐词翰作珍贵
留念恳乞勿却贵在 先生勿来以礼待人交
朋接人谦让温柔近人深信 先生决不会见笑
慎贵不会计较冒昧纤缠定能接纳度诚予
求成全美意不使失望千万感激万无限
谢谢 顺祝
春安 学 不才九叟山阴李正权敬上

丽水农业学校备课纸

苏老师：

在重庆中华工商专校曾听过您的课，我还是您在上清寺小书房的常客，这些都是三十多年前的事，但至今犹历历在记忆中。前(?)年您到丽水讲学，我因事去乡下又未去拜访。解放后我都在家乡中学教书，惭愧的是很少成绩。我记得您曾为我们的毕业纪念册题过词，我很欢喜老师写的字，可惜这本纪念册已丢失了，烦求您再给我写点字作为纪念。但您的时间是很宝贵的，如能赐写一张真太感谢了。此致

敬礼

学生 李垚 5/8

通讯处：浙江丽水灯塔街三十号

（附回件信封）

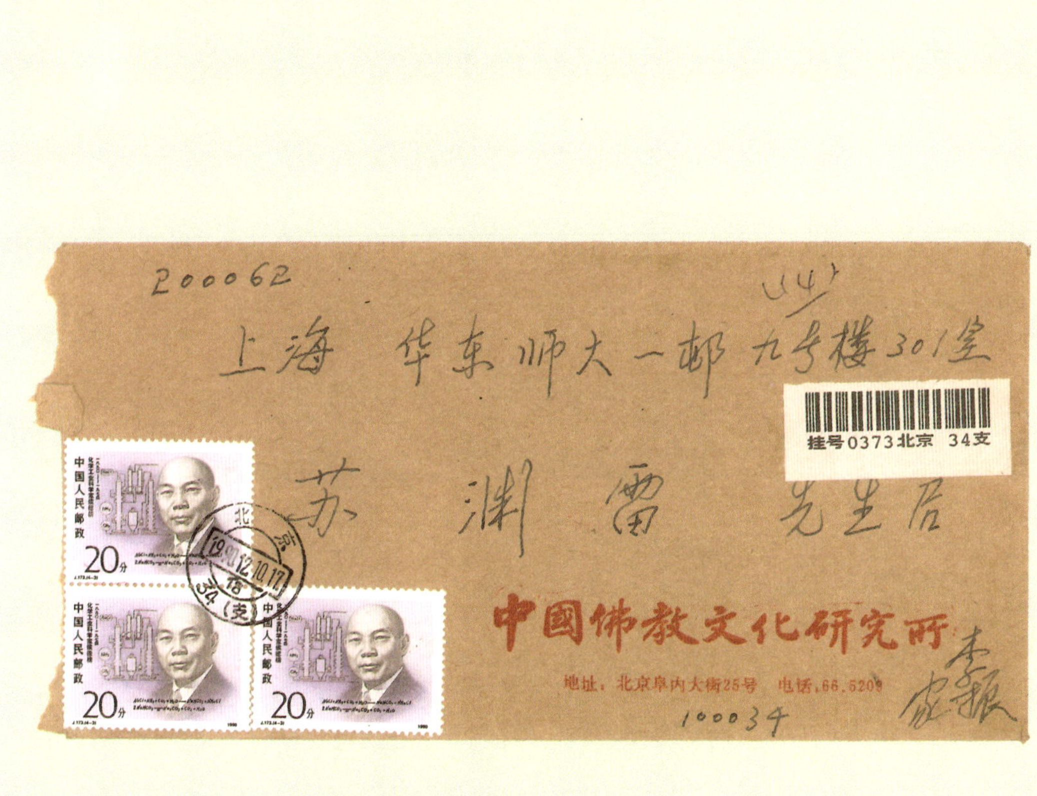
200062
上海 华东师大一邨 九号楼301室
挂号0373北京 34支
苏渊雷 先生启
中国人民邮政
20分
中国佛教文化研究所
地址：北京阜内大街25号 电话：66.6209
100034

揭阳师友多才俊，子美苏舜钦宸英姜宸英善赋诗。卷献
徽文述平子，学思文粹最寻思。

余所识揭阳师友有王栻柏冲、王祥第伯羽、姜梓松伯缦、
王建之、诸文锋、林声民、马锡铭之川二兄，近又得苏渊
雷中翔丈。诸师友或治史学，或治文学，皆一时之俊也。渊
雷丈前著《宋平子评传》，表章乡贤甚力。余作《宋平子先生
年谱》，参考甚多。惜丙午岁散佚无存，他年当补作，请
正。丈所选《学思文粹》多经世之文，余最所喜读。

儿书结舍岘山巅，衡宇相瞻潮阁边。安得坡翁挥
彩笔，图诗情蔼好家传。

楼儿于西岘山之巅建西山草堂一座，茅茨柴门，聊
作栖息之所。其地盖近南宋乡贤陈傅良止斋尝游瞩之地，晚
潮阁遗址。余尝作西山杂咏若干首以示吾子侄。

右七绝九首即呈

渊雷仁丈郢正

晚 宋夷少之文未是稿

丁巳孟冬

和姜伯儒丈七十自壽詩兼呈蘇淵雷丈

世誼通家五十年，贈詩自壽情緜緜。老同豐豫桑榆好，風物
長宜放眼妍。
永嘉人物宋南遷，鼎梓甌風繼往賢。撲莊而今壯述經制
姜王風雅傳佳篇
伯儒丈先尊人從泉公與先君墨庵公交甚篤，時有贈詩
唱酬。歲癸酉（一九三四年）先君與永嘉梅冷生吾鄉陳謐、張
揚、諸老渡江訪楷陽姜筱泉、別次韓、黃梅生、王志澄諸公商量籌辦甌
風雜誌，當時贈詩唱酬甚歡，並訪林寄山、蘇石緣故址，向
返還
鄉校講文數十年，春風桃李倍鮮妍。閒軒自團仙壇下，偃卧
青山長伴眠 丈任教數年中，路中有年
人生七十古來稀，杯酒篝燈樂晚暉。嶺上彩霞爭馳騁，
高歌今是恨昨非。
妙年詣學遠濱含，壯歲經遊好史書。兩西風霜都經過，
春風次第到山廬。
一杯美酒后春真燈照，晚節黃花秋獨傲，盛世期頤非難

得清時早見九州同
勤農忠魂已九天，石緣大雅憶弇陳編篋，良辰安得祝觴
便懷古尋幽仰往賢。

渊雷先生阁下：

心仪已久，恨未识荆。忠襄在四一中任教时间较长，余常称先生言，文之宏博甚，著书甚宏富，前文闻君一中同事亡友陈适、陈从（仲岱）二先生言，文风华茂，成一家流畅，惜未识晤，敬询怅何如之！一年前张楷（别号）先生来访，言渡江社撰唱诗文，谈闻高下理，则丈于折口字亦有深湛的研究。顷姜伯德丈来谈，以七十自寿诗徵和，素不惯作论诗绝句一百首，及示五言之列排律一百韵（仿白香山体）与雅致掌故的有唐人风味，且言丈好友谊，平易近人，好善扶掖后进，且嘱晚以拙作《西山乐涨》三十韵首篇古诗请丈教正，请改正，并乞作《西山草堂图》一帧，以留诗以志盛事，以作纪念。未知伯德丈已归平阳否？拙作《西山乐涨》已收到否？日前晚曾以「和伯德丈七十自寿诗叠呈渊雷丈」为题作绝句九首，由余馥陈续君呈献，吾丈未知已收到否？近日报纸上发表古诗甚多，若作[illegible]中字，尚嘉作者诗，作古诗已蔚为社会风气，也系「百花齐放」「百家争鸣」之好现象也。兹寄上拙作「览读诗怀政治思想和挥论文稿唐」绝句十九首，乞望正润色为感！有暇乞赐示大作为盼！（尊址简寄：赐寄即复）

著安

晚 宋[illegible]文 拜首 拜上

一九七七、十二、十四。

通讯处：瑞安城关建设南路四号 宋[illegible]

近日二十张宣纸甚缺，伯德丈言丈处有宣纸及连史纸，有暇请以连史纸或其他代用纸作图为好。

夫又及

（瑞安县文具纸品厂出品）

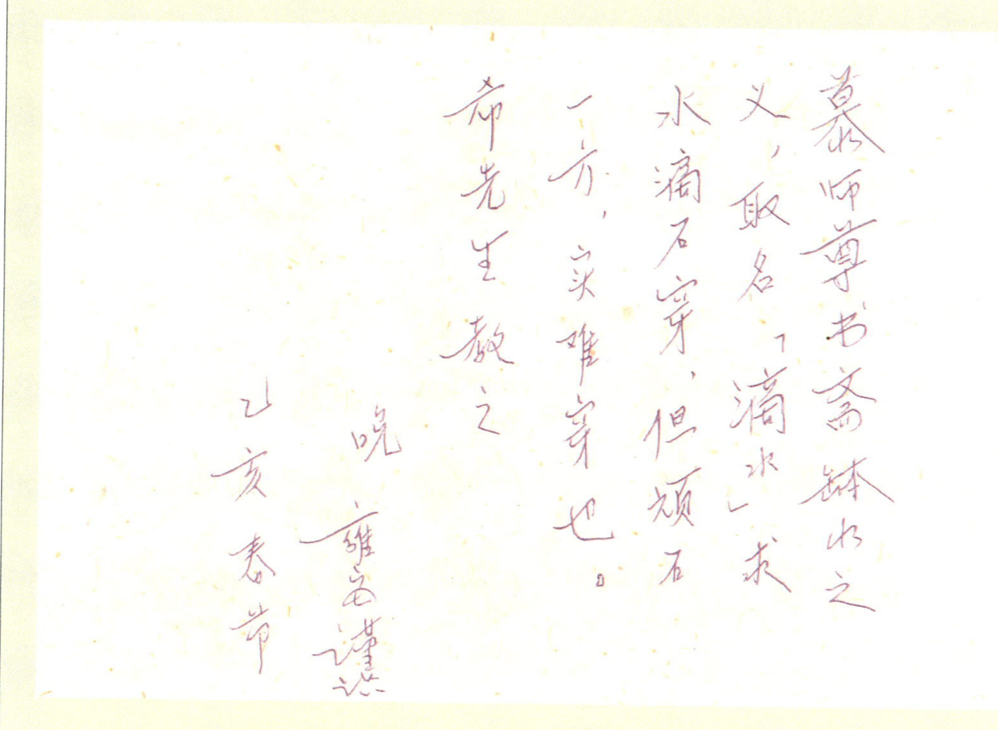

慕师尊书斋钵水之义，取名「滴水」，求水滴石穿，但愿石一方，实难穿也。

命先生敬之

晚 雍安 谨识

乙亥春节

公元一九九五年一月卅日（除夕之夜）见上海电视台记者访问苏渊雷先生，欣喜之余，步朝回韵来七律一首

七十度除夕夜[1]　岁朝回首喜心田　电波飞越三千界　银屏幕面见诗仙

童颜鹤发神矍铄　慈眉善目笑开颜　有缘追随师尊右　松龄长寿永齐眉

春节此成

正月十日修改稿

晚 吴雍安 谨呈

注：余虚龄七十岁

常熟市花园工贸实业公司化纤织物厂

一九八五年十一月七日上午九时于常熟人民桥汽车站送别琵乐师大苏渊雷先生、刘寅生先生及张培华老师一行三人乘车返沪

人民桥旁一弦琴
谈起依々送别情
十里青山平添色
琴水绵々韵墨香
虬龙扫尽横秋气
柔肠侠骨一冰心
我祝两翁多保重
平安愉意返沪滨

晚学 吴韩安 祝福

地址：李闸路　电话：880549#　邮编：215500

苏先生：

昔年写成二首小诗，未敢呈送先生，实惭愧耳。晚不想攀登这个诗歌殿堂，才力不及耳。有时偶然写一些小诗，只是自赏表达思想情志而已。今日呈送先生，只表这样一想，丑媳妇难免见公翁姑吧，请先生正之。

晚学 吴雍山 呈

正月半

「和相国年谱」一册，为文孝同志所编，前年赠先生「市志」二本，即是君也。同君为余之挚友，所编是书，借以奉献先生一读，是正之处谅必不少。文孝企慕先生甚殷，年来先生有杭越常，晚当陪同，随侍左右，以叙为快也，文孝仰慕先生墨迹，斯以启口，余斗胆留介，想师尊必不吝赐教也。呈

苏渊雷先生

吴雍安谨上

乙亥春节

淡人先生以文、墨予访员他为乡邦文献增一雪泥鸿爪而作、铜剑楼开馆之日、我们一起活动未知师辈记得否。余在今年来沪拜访時、带上该日活动之照片、请先生一览、先生即席吟诗与挥毫书写两幅照片、余保存在手、先生见到一定会为此高兴也。淡人先生托余转告、求炳先生墨迹一帧、交先生也是书法家、他字迹端正大方、如见其人之诚笃可亲、晓今后考虑、伏进交流、先生一定会乐意而为之。这才是老有所为了。

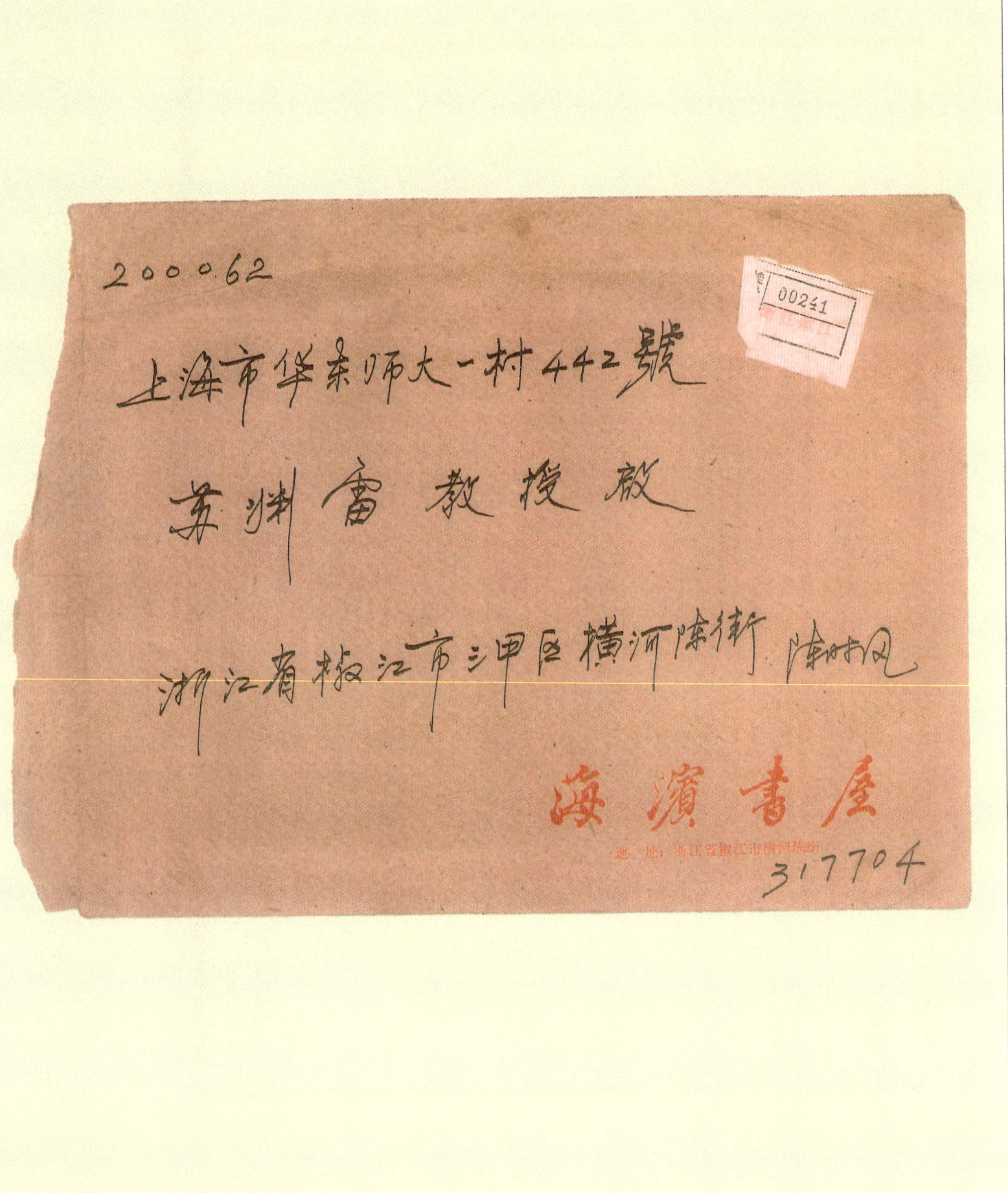
200062

上海市华东师大一村442號

苏渊雷教授啟

浙江省椒江市三甲区横河陈街 陈时风

海濱書屋

地址：浙江省椒江市横河陈街

317704

中国共产党椒江市纪律检查委员会

尊敬的苏老：您好！

值此新春佳节，敬祝您万事如意，阖家欢乐。

戴敦邦的"金陵十二钗图"经您和张中行、邓云乡、端木蕻良、姚奠中等30位先生题诗，曹禺、冰心题卷首，拟送博物馆裱成10多米"椽笔如林咏红楼"长卷，有历史价值。今附上部份题诗书影照，供您同赏。

近日，中央美院华其敏先生给我绘4美图，我拟每图均请八位先生题诗，今附上"

1.

中国共产党椒江市纪律检查委员会

昭君出塞图"彩照，恳请您老在百忙中为此图题诗，以增光彩。先生若能成全此事，则功德无量，晚生感激不尽！

虔酬不成敬意，聊作纸墨费，万请笑纳。

题诗规格：直幅题句

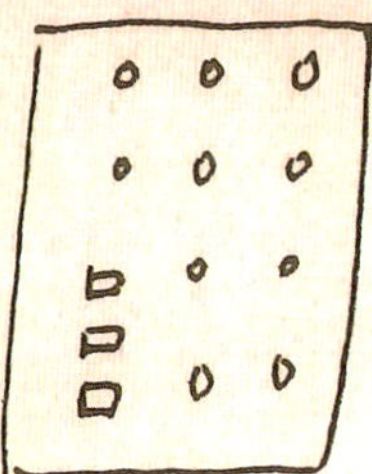

专此拜托，敬颂

2.

中国共产党椒江市纪律检查委员会

长寿：

晚生 陳時風頓首

94.1.29

通讯处：

浙江省椒江市三甲区横河陈街

邮码：317704

六

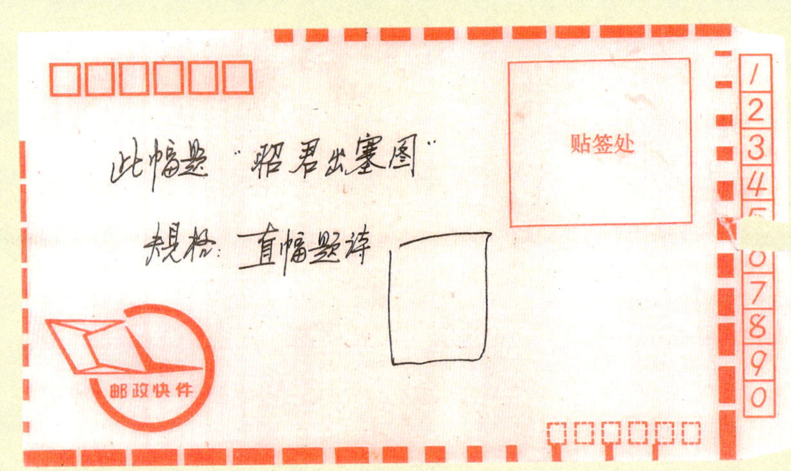

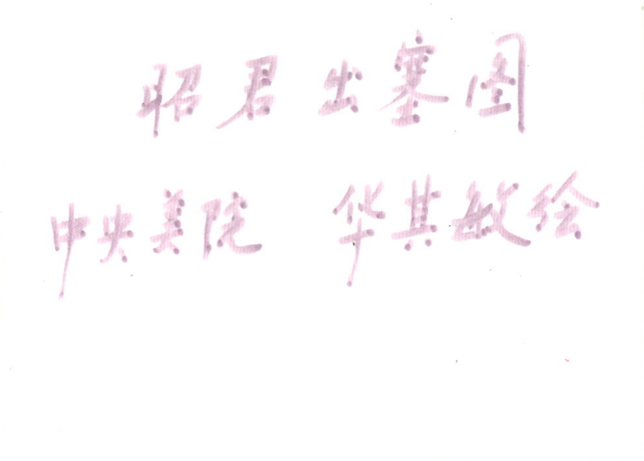
昭君出塞图
中央美院　华其敏绘

浙江省平阳县文化馆

渊翁老夫子阁下：

手教敬悉，厚承拨冗为书诗联，顿使蓬荜增辉，十分感谢。前上二笔不知试用结果如何？笔身太小，嘴太肥，笔尖过锐否？乞便中示知，以便再制时参改。专此奉复，即颂

撰安

晚生 陈景丹拜上 一九八〇年十月十四日

33—2—3×8011

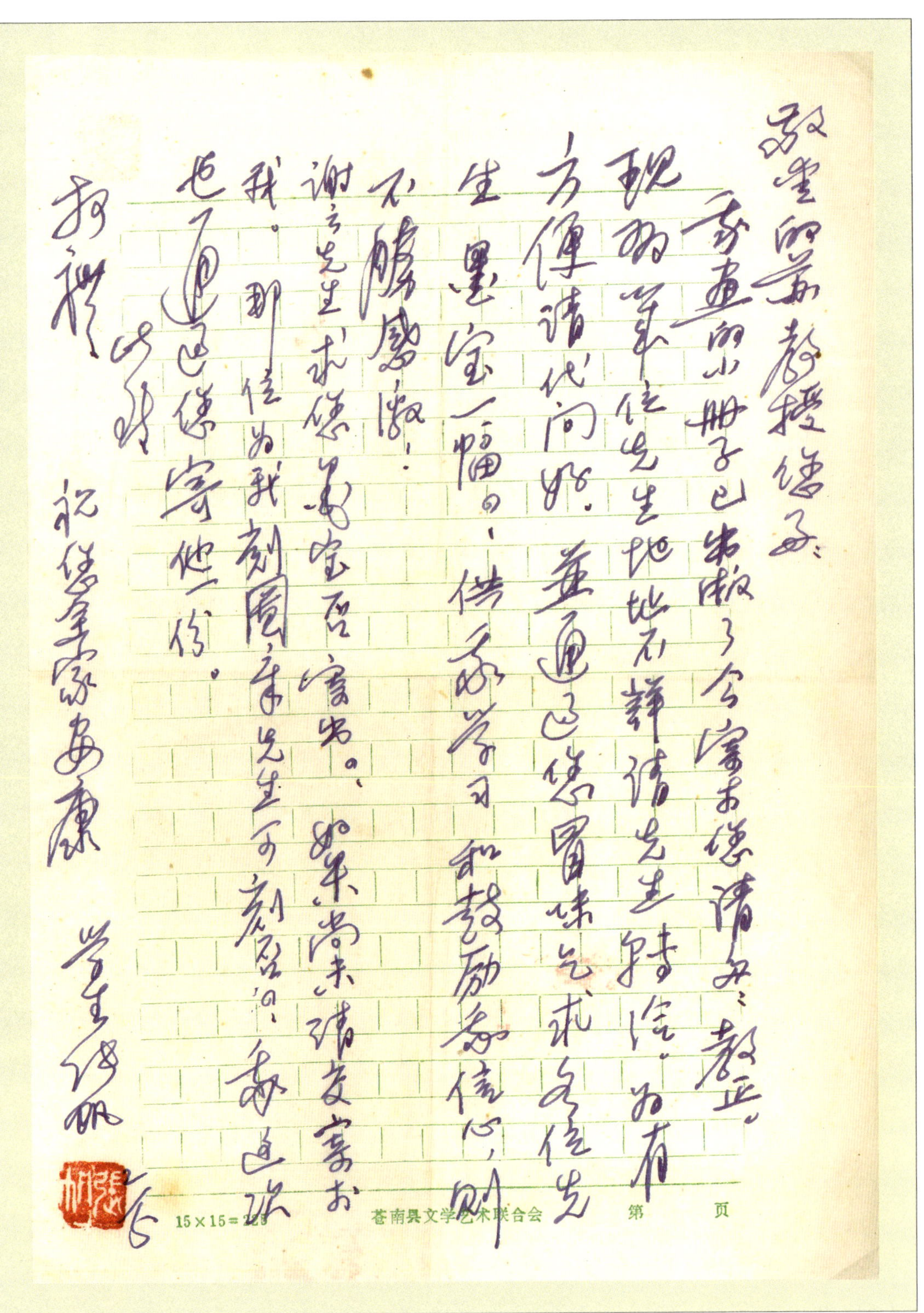

敬爱的苏教授您好：

我画的小册子已出版了，今寄来您，请多多教正。现我的学生徐先生地址不详，请先生转信。如有方便请代问好。并通过您替徐先生求先生墨宝一幅，供我学习和鼓励我信心，则不胜感激！

谢云先生求您墨宝已寄出。如果尚未请发寄给我。那一信为我刻图章，先生可刻好的，我这次也通过您寄他一份。

此致

敬礼

祝您全家安康

学生张帆上

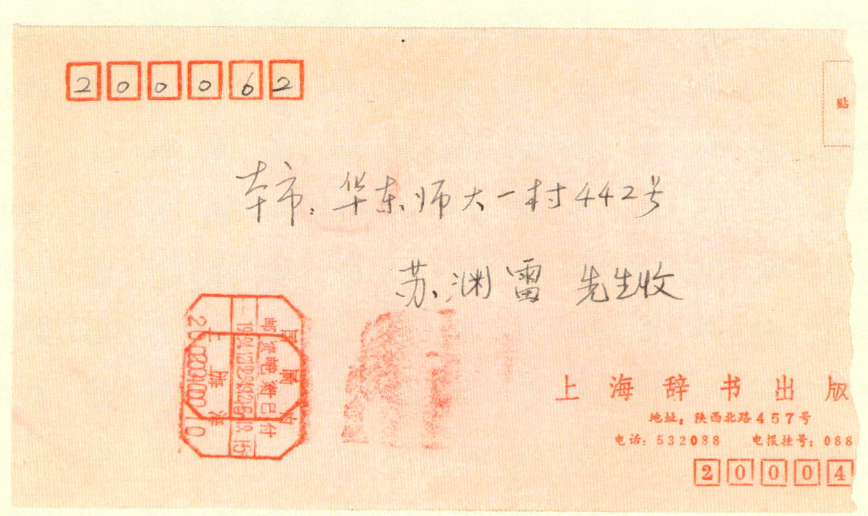

200062

贴

本市：华东师大一村442号

苏渊雷 先生收

上海辞书出版

地址：陕西北路457号

电话：532088 电报挂号：088

20004

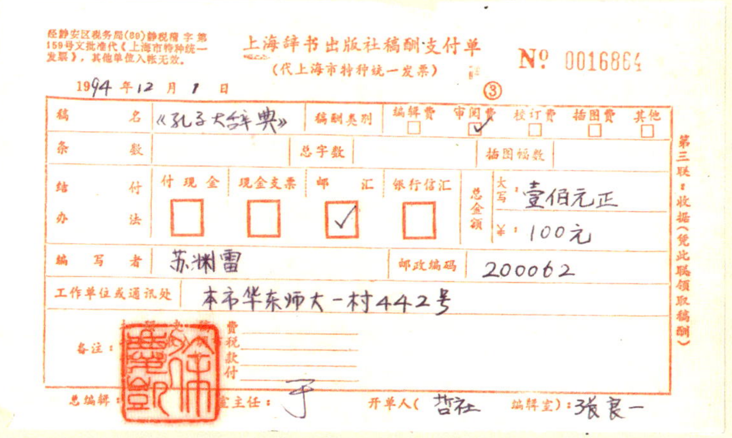

经静安区税务局(89)静税痘字第159号文批准代《上海市特种统一发票》，其他单位入帐无效。

上海辞书出版社稿酬支付单

（代上海市特种统一发票）

№ 0016864

1994年12月1日 ③

稿名	《孔子大辞典》	稿酬类别	编辑费 □ 审阅费 ☑ 校订费 □ 插图费 □ 其他 □
条数		总字数	插图幅数
结付办法	付现金 □ 现金支票 □ 邮汇 ☑ 银行信汇 □	总金额	大写：壹佰元正 ¥：100元
编写者	苏渊雷	邮政编码	200062
工作单位或通讯处	本市华东师大一村442号		
备注：	扣预支稿费 扣个人收入调节税 扣购书款 实付		

总编辑： 室主任：于 开单人（茜社 编辑室）：张良一

第三联：收据（凭此联领取稿酬）

经静安区税务局(89)静税痘字第159号文批准代《上海市特种统一发票》，其他单位入帐无效。

上海辞书出版社稿酬支付单

（代上海市特种统一发票）

№ 0016864

1994年12月1日 ⑤

稿名	《孔子大辞典》	稿酬类别	编辑费 □ 审阅费 ☑ 校订费 □ 插图费 □ 其他 □
条数		总字数	插图幅数
结付办法	付现金 □ 现金支票 □ 邮汇 ☑ 银行信汇 □	总金额	大写：壹佰元正 ¥：100元
编写者	苏渊雷	邮政编码	200062
工作单位或通讯处	本市华东师大一村442号		
备注：	扣预支稿费 扣个人收入调节税 扣购书款 实付		

总编辑： 室主任：于 开单人（茜社 编辑室）：张良一

第五联：交领款人备查

苏渊雷往来信札

上海辞书出版社

苏渊雷先生：

您好！请您撰写的向上海市新闻出版局学术基金会推荐《孔子大辞典》的专家意见已收到。感谢您百忙之中为该书撰写评语，对该书申请有关资助作大力支持！如有机会以后当来您府上当面致谢！

今寄上审稿费的稿费单，钱款将由本社财务科另行邮汇。

此致

撰安

上海辞书出版社编辑

張良一

1994.12.2.

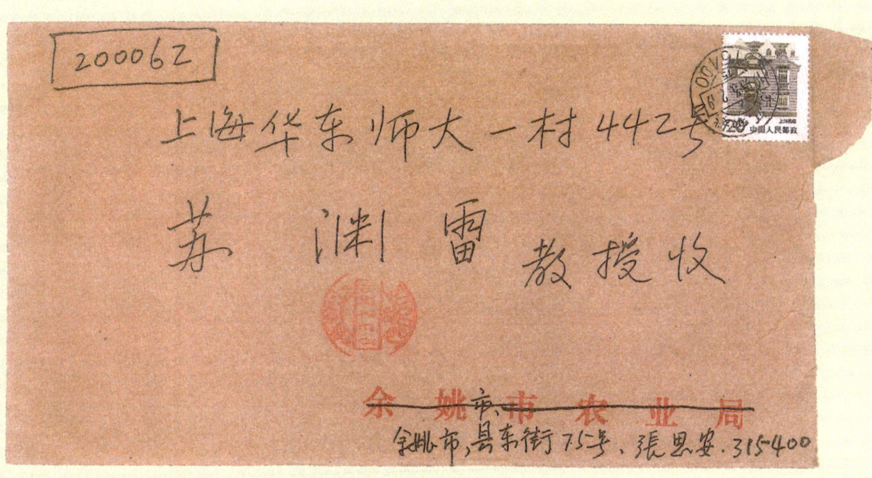

200062
上海华东师大一村442号
苏渊雷教授收
余姚市农业局
余姚市县东街75号、張思安·315400

（《大悲法相》预订5000本．10元/本．32K．八寸本彩色．附彩照一幅）

苏教授慈鉴：

自新昌大佛寺大佛开光法会拜访以来，一别三年．谅必尊体安康．法乐无上！

近年为新昌大佛寺恭绘「大悲法相」全堂八十四幅，供奉于新建大殿内．师父见后十分满意，决定把此大悲像印成画册．作为今年大殿开光纪念品分赠．（农历四月初八）已委托深圳"三联印务有限公司"承印．去年底师父已去信请求赵朴老题封面，但至今尚未回音，可能是无暇顾及．因时间不宜再等．今特来奉恳您老挥毫，赐题封面"大悲法相"四字．渴望能幕，久年倾慕，但未敢妄求。今借吾师之光，诚望您老慈悲恩赐，最好加一付对联放在"千手观音"两边．（对二）：大哀时济，拔滞溺之沉流；

一极悲心，拯昏迷之失性。

若有更适宜的句子，由您自作更好。大小随便．万望玉成．不胜翘企感祷之至．

崇肃敬请

崇安！阿弥陀佛．

净安合十．
95.3.2

希望能再次拜会于新昌开光吉日。
·急候佳音·

姚文73—21 94—12 第 页

「大悲法相」四十八幅
恭请
苏教授 慈鉴
佛弟子净安合十
85.3.2

彌帝唎夜尼
觀世音菩薩現彌勒菩薩相
大量容忍
廣結善緣
只問耕耘
不問收穫

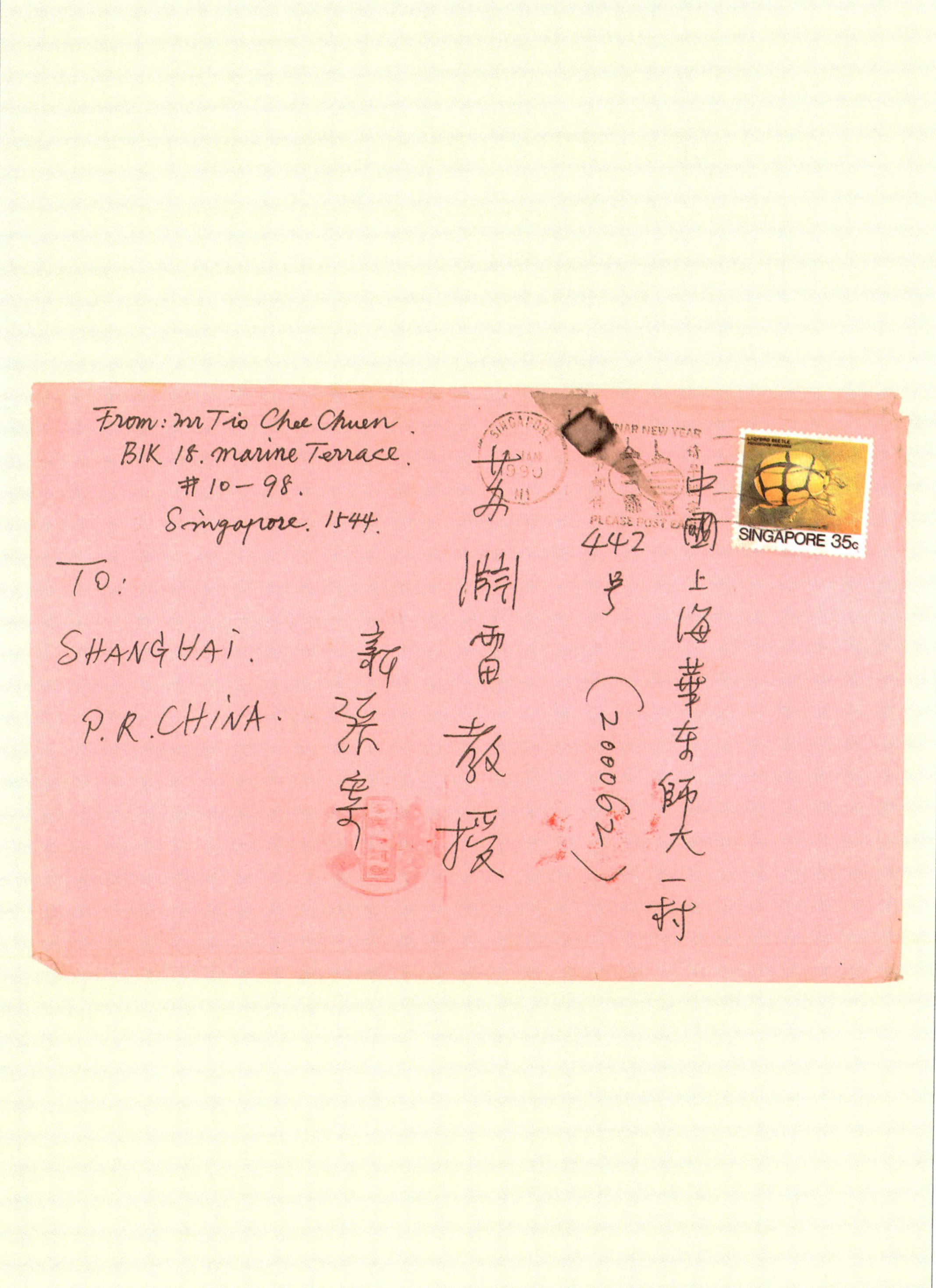

From: mr Tio Chee Chuen
BlK 18. marine Terrace.
#10-98.
Singapore. 1544.

TO:
SHANGHAI.
P.R.CHINA.

中國上海華东師大一村
442号
（200062）
苏渊雷教授
新 張寄

绍興日報社

蒋叔叔的苏老：您好！

这次王竹溪新部首大字典编委会赴绍，有幸认识蒋叔叔的苏老，实属万分荣幸！而且苏老还挥毫为我题了"静观"书作，更觉欣喜！

苏老的美好人品和渊博学识给我留下了十分深刻的印象！

本人能为推销《新部首大字典》的发行出点微力，内心感到快慰！拙作"汉字走向世界的一座里程碑"已在绍报发表，现寄上，请苏老指教。此外，苏老若用得着晚生，尽管吩咐！

蒋叔叔的苏老曾跟我谈起了此次来绍。我很想当面采访，但苏老第二就要离绍，只有等以后机会。当然，蒋叔叔的苏老若能于百忙中回忆一下，写点文字寄我，在千年名城的窗口——"绍兴晚报"上发表，则不知有多好！

据悉知苏老的自己讲，苏老绘画艺术有很高成就。那天我也亲眼见到苏老为李明先生画扇面。我当时说一句，苏老若能画一幅，在本报发表，同样受到读者欢迎！因为本报常发表画作。有几个专栏，如"文化生活"、"三味书屋"、"山阴道上"，常发表画作。上海知名画家程十发、顾炳鑫等均发过作品。若

461884

绍興日報社

晚生能为尊敬的苏老做点什么，同样感到很高兴！

因此，苏老兴致高时，请为本报挥挥毫。作品尺寸大点，便于拍照制版。因苏老大作以飨山阴读者，意义很大。盼！

下次苏老来绍，我要当面采访。我盼苏老！欢迎早日再来！

再问尊敬的苏老好！问苏师母好！

敬颂

道祺！

绍兴日报记者部 柳成达 敬礼

1988.11.29.

461884

江蘇廣陵古籍刻印社

蘇先生：

您好！师母好！

今将您的诗作打印件寄上，请您校改后尽快寄回给我。《笔记小说大观》书稿现已发排，万事俱备，只差您的题诗。

我社社長托我代问您好，并向您表示感谢！

衷心祝愿您健康長寿！

弟子 [illegible] 上

95年2月22日

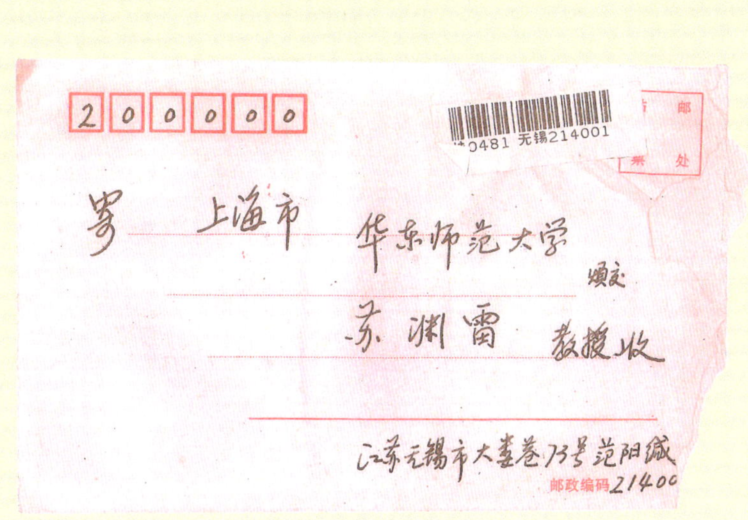
200000
0481 无锡214001
寄 上海市 华东师范大学
烦交
苏渊雷 教授收
江苏无锡市大娄巷73号范阳缄
邮政编码21400

95范阳书法
中国人民邮政
无锡市广新印刷厂
印数1—30万只
1994年6月印制
江苏省邮电管理局监制
监制证号21—4016
2号普通信封
有效期三年

平时喜读报刊，见《新民晚报》常有苏老诗作，日前又得赏苏老近作宋诗数首。耄耋之年而苏老尤勤于著述，想必苏老老而弥健，在衷心祝愿苏老健康长寿的同时，逼使自己把多年来的想法，付诸今天的行动，给您写信。佛法最上一乘，直指人心，见性成佛。昔人为向上一着，寻师访友，求得指点。今恳请苏老书"动不虚指"四字，以示鞭策，得之珍如拱璧，朝暮相见，以澄我心。如苏老应允的话，望先回信告知阁格（今附上回信邮资）。

佛（学）界传统、老辈风范，已如凤毛麟角，像我这无为后生有缘得到一位受人尊敬、德高望重的长者的墨宝，就越显得难能可贵了。这或许是我不知天高地厚的奢想，但我怀着虔诚之心，渴望得到您老的回音及墨宝。浪费您老宝贵的时间，

敬祝

文安！

晚辈：范阳 顿首

九五、五、四晚

地址：江苏无锡市大娄巷73号

邮编：214001

尊敬的苏老：

冒昧得很，一位与您老素昧平生的青年，今怀着忐忑的心情给您写信，向您坦露自己的心扉。

予年届而立，宿根浅薄，知世事纷杂，即以"乐则行之，忧则违之，确乎其不可拔"宗之。然现今社会面临巨大变革，商海风涛，席地卷天，价值失衡，道义失重，睹现世之浊滥，觉诸行之非实，遂发慕道之心，初怀学佛之志。真是诸法由因缘而起，迷时须借三乘教。真禅大法师念我年轻信佛，特书一偈语赠我："诸恶莫作，众善奉行，自净其意，是诸佛教。"给我修持做人待

物之准则。

苏老乃文史哲兼擅的著名学者，又深究佛学，独留禅心，乃佛教界享有盛名的大居士。对苏老的学养及与佛学的参悟，我自知不能得其于万一。正有"高山仰止，景行行止，虽不能至，心向往之"之情，出于对苏老书艺、人品、学养的敬佩，数年前就想请求苏老书一偈语赠我，想到先生年事已高，日常事务及学术研究繁忙，不忍惊动您老，同时念及身为名人的苏老，或许因我素未识荆而对我的请求不屑一顾，故早萌之念，久未如愿。

老舍也老矣，常掃榻以待之。至歟[?]

稚翁[?]弟詢

閤家迪吉為念[?]

附[illegible]日發後[?]

敬[?]

鄭旭[?]叔衡 拜

1984.1.14

世卿閩坐閩門居，檢篋猶存一尺疏（前年以有詩塗[?]夕悲戴 晚年出入發來信又存[?]）。今閩蒼[?]

南人物史能出滬上，蘇子書獻微堂，史先生傳世怪念殊，從麈脫社[?]

（出卷中國佛教 會辭事[?]）父子風雷神筆勘，東坡名下實堪雲[?]

又出題蒼南历史人物

儒冠沉沒嘆歎數，文采風流化塵居，忠義耿心留千古，二龍詢因濱[?]

作褂（宗林達龍廷龍兄弟[?]）詢因

六朝南渡英雄亂世，達途桑梓上萍，慨有霧山詩句在今年之杜[?]

宇注在青（霧山不多七古一首爲青衣）亡國之悲痛[?]

附郵表一張

通訊 浙江蒼南吳邊對面西峰街68號 倪田生[?]

叔衡求是稿

渊雷先生大鉴：

阻前年接到大札，聆教于兹。晚来杭拜谒云坡道，阻因年迈不便跋履，歉甚。前寄函谅报有载。今得父子书画展览新价，且晚年七五月间，第幸承友人送来参看，一历史是老先生题词一阕，不胜钦慰。晚处境能（？）歉，又寄情一律，用笔教情，聊系恨致孤单者东西也，敢请雅政，而老先生之书驰名，敢乞求书一幅，俾家留念，未知先生许否

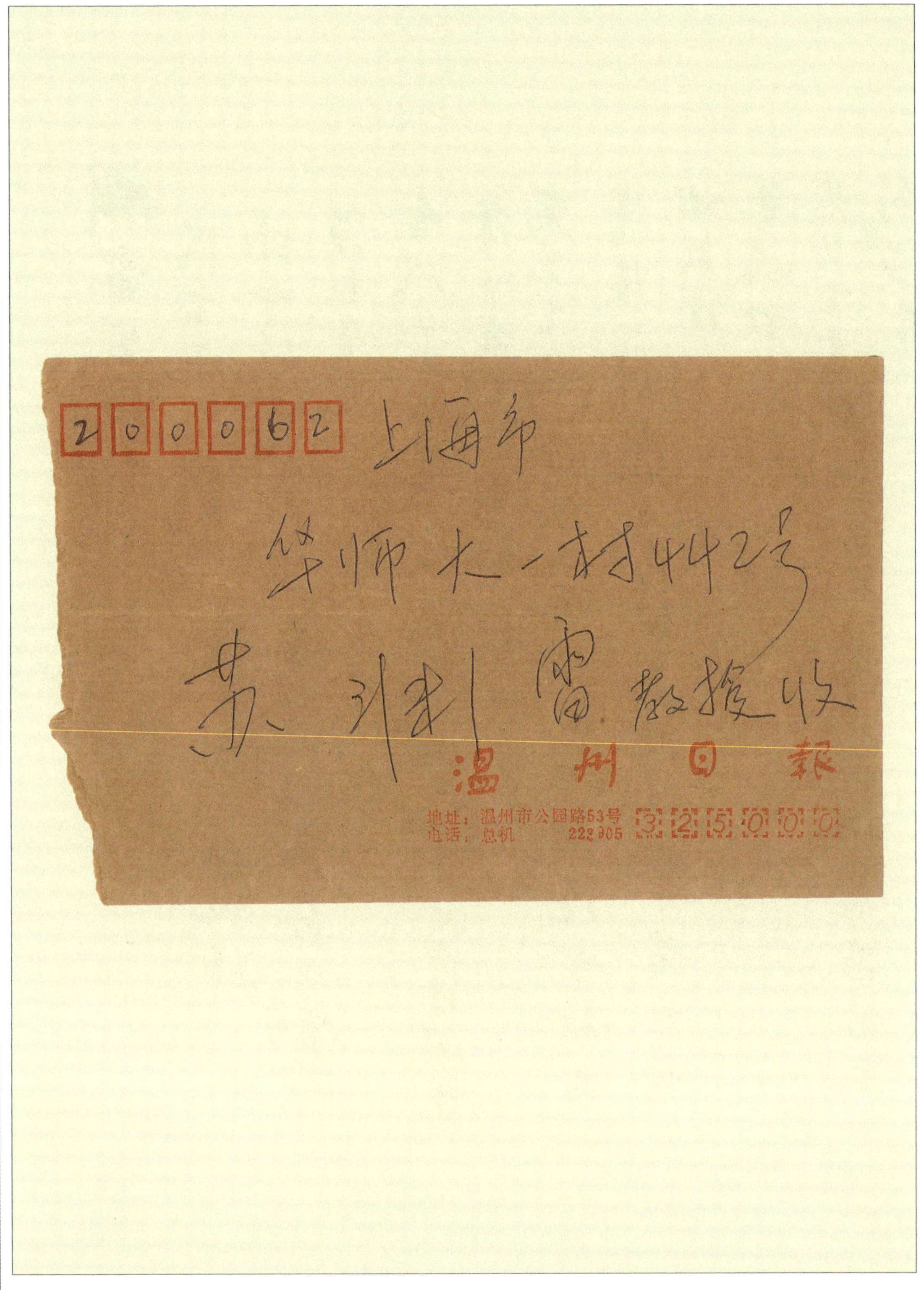
200062

上海市

华师大一村44之号

苏渊雷教授收

温州日報

地址：温州市公园路53号 325000
电话：总机 223905

温州日報
WENZHOU DAILY

尊敬的苏老：

您好！

为纪念五四运动七十四周年，温州日报副刊拟出一期"五四"专刊。我们计划用一个版面介绍八位（分别代表二十年代至九十年代的青年）具有历史感和时代感的知名人士。您是温州唯一参加过"五四"的健在老人，本应来府采访，因事务繁杂一时难以脱身，只得恳请您拨冗为我们提供情况。写一写当年您参加五四时的想法及所为，再谈一点现在的工作情况及对年青一代的期望。附上您年轻时的照片一张（五四前后的），您现在

温州日報
WENZHOU DAILY

的生活照一张（共两张，切切！黑白均佳）。

文字写800字左右吧。请于4月20日以前寄

温州日报二编室郑祖欣收。十分感谢！

急切地盼望您的回音！

编辑：祖欣

93.3.30

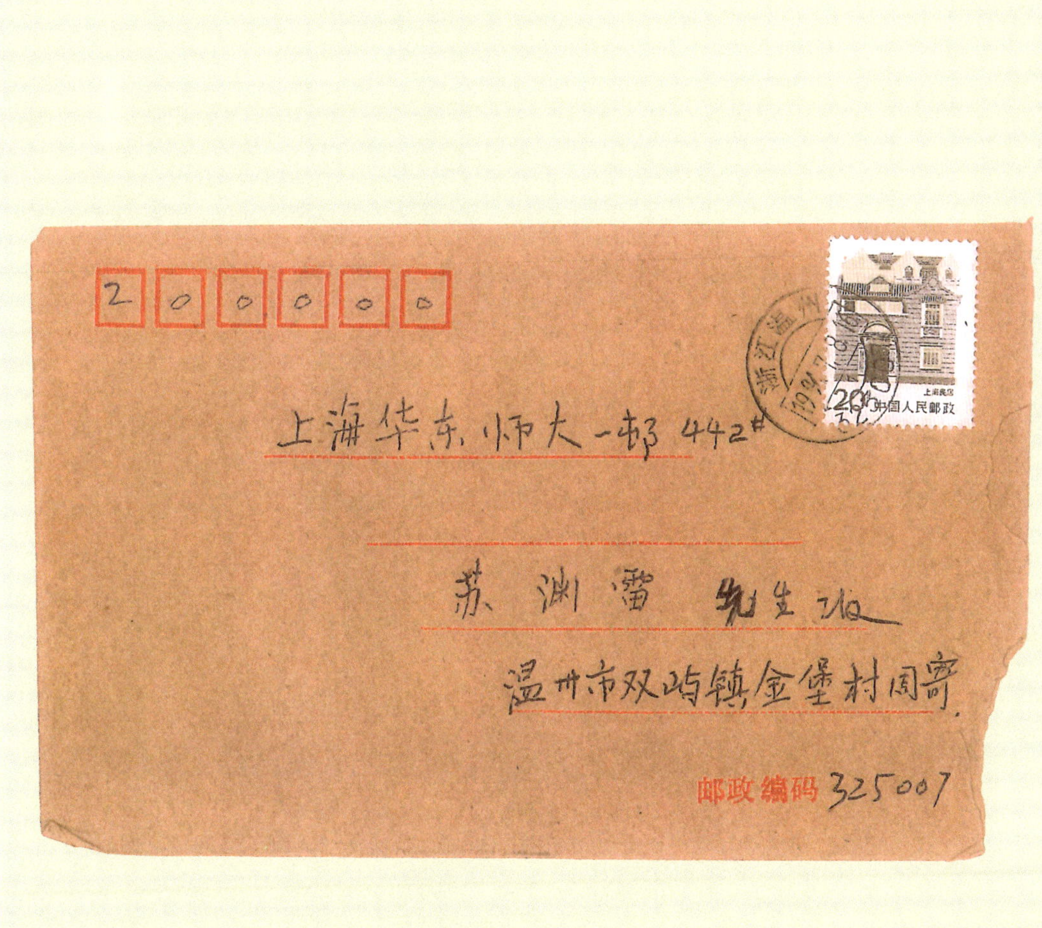

200000
上海华东师大一邨442#
苏渊雷先生收
温州市双屿镇金堡村周寄
邮政编码325007
中国人民邮政

敬爱的苏先生：

您好！

我是周建勇，上册次给您的来信里（否收）收到了吗？我很欣赏作给也画作品经题的给我寄一幅好吗？我寄一张照片给你，还望题解给我指教一下如下的几首诗吧！

咏菊

不共春芳美，独添秋色奇。无心倚玉砌，却喜伴东篱。

咏牛

不惜千斤力，来耕百亩田。但求仓有谷，愿苦鞭磨肩。犁罢归栏去，黄昏时唯草鲜。坐卧看落子游牛度华年。

敬慕君先生的指教，更是晚自勤学的理事。

此致

敬礼！

周建勇

九四.07.8中午.

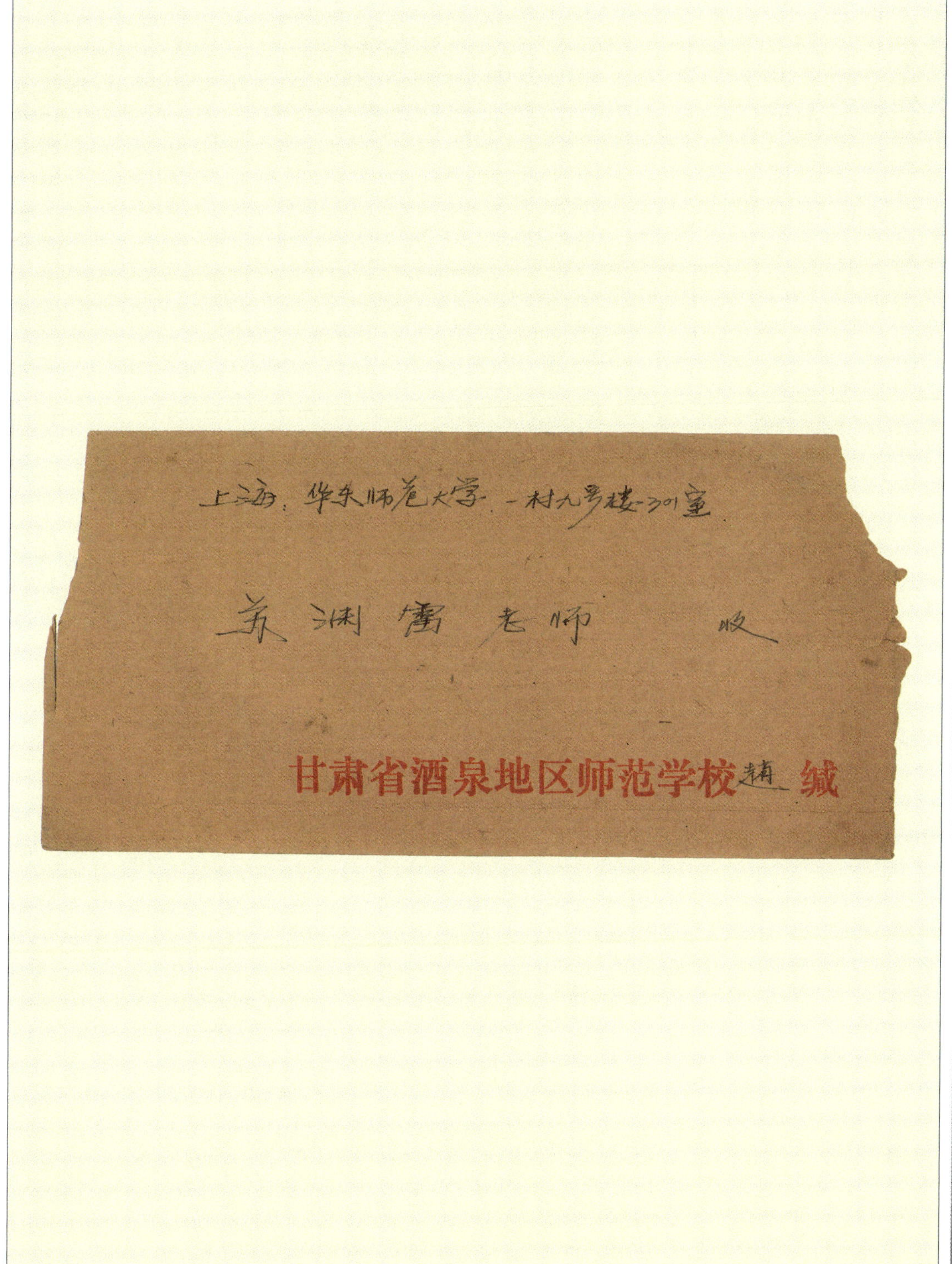
上海：华东师范大学一村九号楼301室

苏渊雷老师 收

甘肃省酒泉地区师范学校趙 缄

苏老：

蒙您在百忙中能亲笔函复，并对拙作有所指正，使我感动得热泪盈眶。

回顾廿余年来，我所承受的全部生活，不是恐吓，就是辱骂，曾未有亲热和温暖，更没有指教和帮助。因为我和人间毫无来往，我六亲不认。

长期的囚犯生活使我养成非常人的心理，忽而傲慢不羁，忽而悲痛欲绝，忽而发戏如蚊……。

及因身获得解放年余，仍不敢仰首伸眉，论列是非，亦和外人少有接触。

前日因思念心切，大胆试函，又度您存戒心，只作简略呈辞，谁料雁到音回，实乃感激不已。

我因1958年4月被母校党委开除公职，下放上海西郊监督劳动，由于朱德森的帮助于同年10月无故把我送[illegible]，但我终失罪不够判刑，便送交劳教所，于同年11月来到甘肃省酒泉县新生机械厂劳教。

1962年我被解除劳教送回原籍——安徽和县监督劳动。

62年3月我回到久别的家乡，但我不认识了，我最美丽富饶的"鱼米之乡"已变成伟大领袖毛主席《送瘟神》一诗中的惨景了，的确是"千村薜荔人遗矢，万户萧疏鬼唱歌"。几十户上百户的大村落变成墙倒屋塌、野草丛生的废墟。

我的家没有了。父母双亲留于59.60年相继死去。大妹出嫁了。二弟逃荒在外。小弟夭折了。据大妹说小弟是给父母带去了。因为他太小，只有5.6岁无人照顾。父母放心不下。

房屋被生产队拆去盖上大食堂。家中一切日用家具皆成为集体财产。

我面对这种惨景，我几次想死。但我终于怕死。多次下决心要死，多次不敢死。当生与死斗争时，总是生的理念战胜了死的灵魂。胜利之后，有时也自嘲："我活着是为了有所留于后世"这种狂妄的念头。

63年我把二弟找回来。为了重建家园。但我仍不自由。我被监督劳动。

我们只求粗衣淡饭，生活极为俭朴。64年盖了三间稻草房。65-67三年，先后制了些家内必要的日用家具，如床、桌、被子、蚊帐等。

1968年清队期间，我进入看守所。酒泉公安局以"反革命[illegible]"把我从安徽和县押解甘肃酒泉，不问不审就关进看守所。但由于在别人身上硬打出来的材料，使我无法交待，只好长期关押，不予处理。

没有的事要我交待，我如何交待呢！这样，我就成为"顽固不化，带着花岗岩脑袋见上帝的人物了"。拳打、脚踢、手铐、脚镣、住黑房子、每月27斤粮也不给吃够、虱子、臭虫、污浊的空气……我长期被折磨，确实难以生存下去了。

1972年，我想自杀，但没有条件。狱内除一条被子几件衣物之外，一无所有，同时还有犯人监督，干部看管。我没法，只好闯祸。我一气之余写了一首长诗题为"民主潮流不可挡"。诗成之后由监督我的犯人交给所长。从此，我被管得更严了。但吃的方面反而有所照顾了。我比别的犯人总要多吃一些。

一拖、再拖，一直拖到"四人帮"被粉碎后的一九七七年，酒泉当局，仍把我判处有期徒刑十年，好像是对我进行长期关押作出的交待。刑期从关押之日算，因此我78年10月就出狱了。出狱之后我就去北京告状。79年6月酒泉法院才给我彻底平反。但由于上海右派问题没有改正，因此不予正式分配工作，由于酒泉师范领导需要我，把我留下做临时工。

80年10月师大通知右派问题改正，我才成为酒师的正式教师。酒师领导重视我，安排我为语文专业班上课，上的都是大专课程。

去年四月在当地农村找个对象结了婚，今年三月养个男孩。……行政21级，在酒泉地区是75元。

不敢更多耽搁您老宝贵时光，就此止笔！

敬祝您老好！及

爷：奶：健康长寿！

学生赵明义

一九八一年五月廿一日

附《民主潮流不可摧》一九七二年八月于狱中。

晴空陡起霹雷，乌云滚滚黑风吹。
各级领导挨整斗，牛鬼蛇神命自危。
不讲天理不讲法，生杀予夺任意为。
一切领域都专政，民主全禁自由毁。
可笑蚍蜉无远虑，历史车轮难扭回。
右派分子前头走，彭黄张周紧相追。
吴晗邓拓不怕雨，周扬夏衍蔑视雷。
彭罗陆杨起帆进，刘邓把舵在船尾。
文化革命大会战，胜负难说属于谁。

此诗在当时是充满火药味，富有极大的革命危险性。诗上交之后我数月之内坐卧不安，总想我是豁出性命来写的。

蘇老詞鑒：

姑蘇惜别，倏已經年，久疏音問，懷思時深。一年多來，我老年經營小店，雖收利不多，然比及就伊樣人要輕松得多，自在得多，擬就此聊渡余年矣。他日至蘇，祈聯來寒舍共叙。前轉去鎮江信函一件，諒希查收是荷。專此草箋，不盡欲言。敬頌

冬綏

徐子賢

九三·十二·廿二

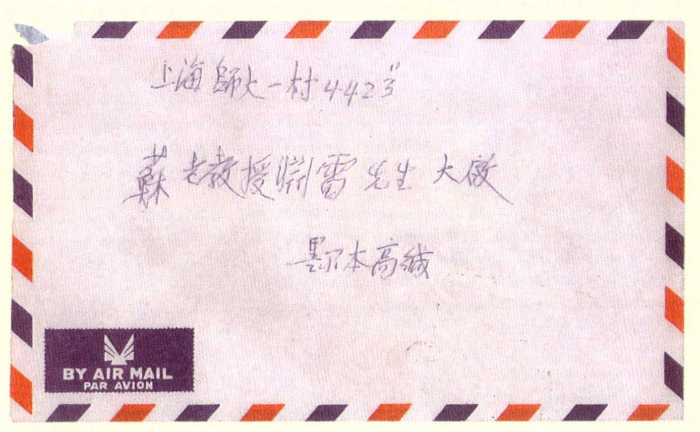

仲翔我公賜鑒：

暌違日久，不審近狀安似，甚任馳系。弟来澳洲倏忽三載，半年前即已獲定居。此間雖稱人間樂土，然故國之思仍未稍已，如天假以年，當即一返滬濱，以與諸公會飲共續前歡也。昨日郊遊，偶遇全勇君，與談，知亦寓師大一村，因托奉函，敬候起居，至於澳洲生活情況全君當可面陳也。恕不一一。肅此恭請

道安 並候

御母萬福

晚 高騑 謹上

一九九三．十二．六．

通訊處：

Gao Fei
No. 395, Sydney Rd.
Brunswick, 3056,
Melbourne, Vic. Australia

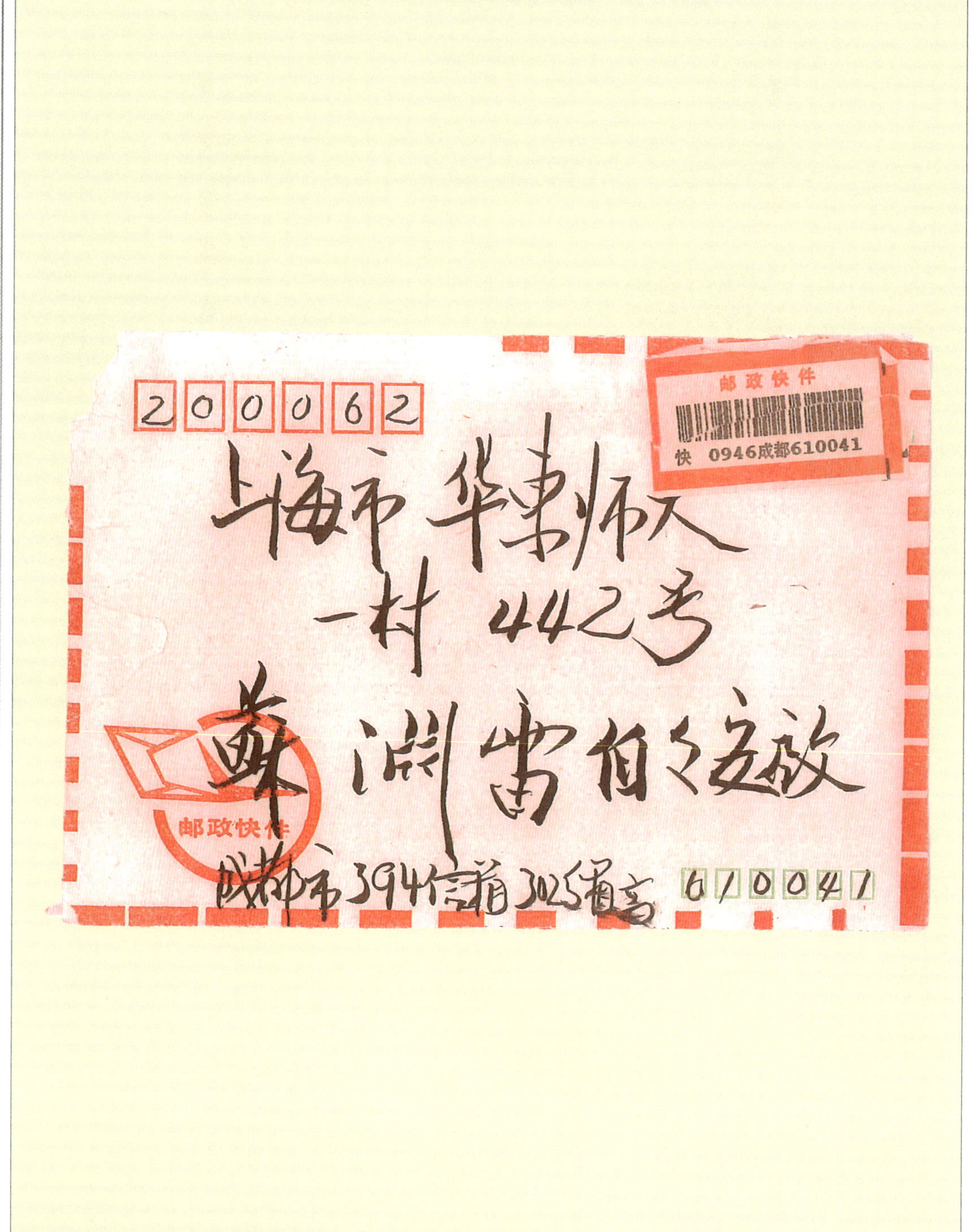

200062

上海市华东师大一村44乙号

蘇淵雷伯々安啟

成都市394信箱3025[illegible]寄

610041

邮政快件

快 0946成都610041

邮政快件

航空航天工业部第六一一研究所

苏伯父、苏伯母、老人家好

敬禀者，侄近日忙于出国考察，未暇向二老请安，见谅。

上海友人来函，云月笑妹调动事，已先后联系二个单位，仍未见结果，怕老人着急，他仍在联系中。

家父建馆事，县府来函云，第一批款子已发下，目下正在设计图纸中。盖泰县为建筑之乡，从设计施工今年四季度可落成。侄深感压力颇

Ch001.27.92.3

航空航天工业部第六一一研究所

大。数月来，为家父各地学子、以致章行老、沈尹默等之后人联系，争取他们协助搜集家父遗作书迹等，我想这也是为晚辈的一点孝心。

此事唯请伯父多为指教。还有哪些事情需急办的，另请国内名家为家父馆内书写事宜，及伯父自己书写事宜都[illegible]望大人安排，因这些内容要进行碑刻，很费工时，需早早

Ch001.27.92.3

航空航天工业部第六一一研究所

准备好，此诸多为大人增加麻烦，心中确实过意不去也。

敬问

福安

侄 高降回 4.28

Ch001.27.92.3

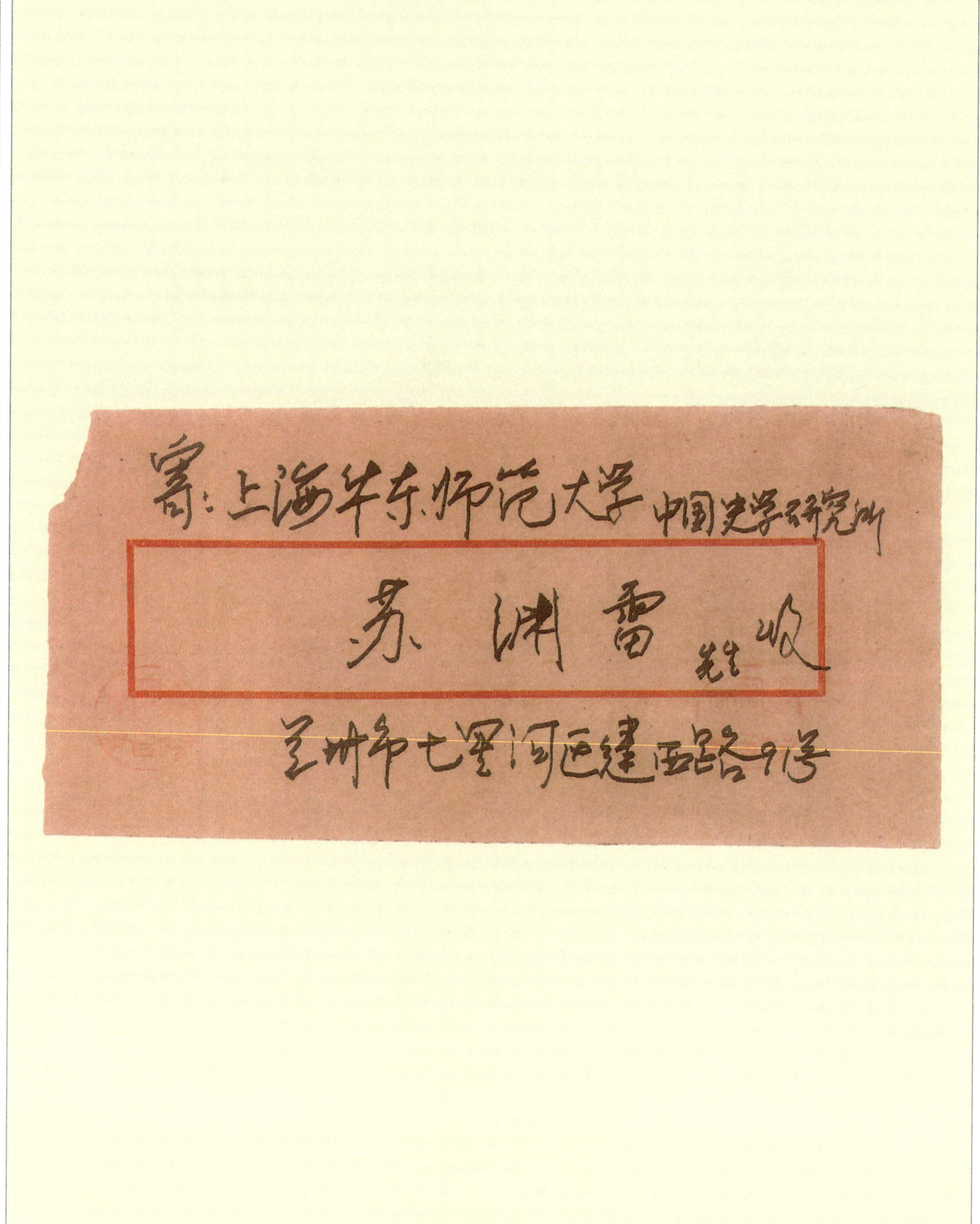
寄：上海华东师范大学中国史学研究所

苏渊雷先生收

兰州市七里河区建西路9号

苏渊雷老先生：

　　您好！

　　惠书及墨宝平安收到，请您老放心。复信迟迟，心感惭愧，望苏老先生多多见谅。

　　今得苏老先生墨宝，欣喜无限，感激之情难以表达，晚辈在此行礼拜谢。老先生墨宝系晚辈所藏书画中珍品。墨香溢清，氤氲寄念，使我更增深对"人既是诗，诗既是人，古今真诗，一人而已"的理解。惠幅作品气韵生动古朴，高雅，空灵浑然自成，恰如一卷凄惋与悲壮凝结而成的长城画卷。它跃动着坚固的躯体，以及那在外层空间能看到的地球上唯一人工奇迹的最自然最流动的线条，显示着灵飞和活力以及它的博大精神。请苏老先生恕晚辈信口开河，我缺乏理念，而多有直感。

苏老先生鼓励、嘱咐当铭记心中。倍力劳作、如骏奋蹄、也将终生以老先生鼓励时时鞭策。"在生活实践和历史教养中"不断的完善自己、做人、做一个真正的人。还有几天、我将去云南一周，去我的伴路实地调查，归来后再写信予您老。但愿我给您写信不会添麻烦和太多的占用您宝贵时间。

即颂

钧安、

高雄 89.3.18.

装 订 线

001139.8612　　15×20=300

200000

上海·华东师范大学中国史学研究所

苏渊雷 教授

收

成都抚琴东路104号2-1-2

邮政编码610031

四川成都 1996.6.19.18 610011-23

20分 中国人民邮政

四川大学

SICHUAN UNIVERSITY, CHENGDU, SICHUAN, CHINA

四川大学 SICHUAN UNIVERSITY

苏渊雷教授：

京师张圣奘先生不幸在成都逝世，享年95岁。

张老系湖北江陵人，是张居正第13孙。早年北大史学系毕业，后留学英国牛津大学获史学博士。回国曾在复旦、金陵和重庆大学执教。其文史哲经、诗词歌赋、琴棋书画都在行。1975年发现"资阳人"化石，意义重大。

专此请苏先生为"资阳人博物馆"题署。不胜感谢。

张老的家父为前清榜眼，湖北黄冈人，曾修台州府志。

顺颂

健康长寿！

通讯处：610031

成都抚琴东路104号2-1-2 黄振富 敬上

96.18/6

地址：四川省成都市望江路29号 邮码：610064 电话：5583875（总机）转 电挂：2346 Ch001.105.94.3

温州市传感器厂

温传（　　）字（8　　）第　　　　号

渊雷伯父：

我父童伯欣是国内第一次大革命时期的老党员，他当时负责温州印刷工会工作与工运。据林先明同志回忆，在1927年4.12.事变后的白色恐怖下，我父和温州党的你及陈仲雷、李树棠等同志在温州同遭反动政府逮捕，不久即偕瑞安党的林先明、卢义等同志六人一起被解往杭州浙江陆军监狱关押。同年11月，林先明、卢义同志交保释放，我父和树棠同志亦于次年3月保释，你和陈仲雷同志后被解往反省院，过了很久才先后获释出狱。我父于28年释归后，因温州党组织遭受严重破坏失去连系，则是当时负责瑞安县总工会工作的沈桂生同志介绍恢复组织关系，担任瑞安县总工会执委兼印刷工会主席。1935年浙南工农红军攻打平阳城失利后，我父被迫出走宁波，栖身于当时避难宁波在邮政工会工作的许叔衍同志处。1934年组织派我父返瑞负责地下交通联络工作。那几年里，浙南党地下同志同志屡常来往或寄住我家，致引起反动政府警觉，37年春的某天，反动武装军警搜查了我家，我父脱身再度逃避宁波，仍寄住许叔衍同志处，不料此时瑞安反动政府已行文通缉，我父终于在37年秋某天被伪军警追捕至西门迎风桥跳水而死。次日蒙许叔衍、徐志坚同志负责筹金草殓，殡厝于迎风桥路旁。旋以抗日军兴，解放大跃进后，一场扒坟，烟消灰灭，尸骨无存。

厂　址：浙江省温州市朱浦路22号　　电报挂号：2816　　电话：3173

温州市传感器厂

温传（　　）字（ 8 　）第　　　　号

1949年温州解放后，同志们熟知我父过去对革命所作贡献，政府曾给我家享受烈属待遇，后来办理手续列册时搞了。由于历史的特殊原因，我们无法找到二名党员作证而被中止，曾屡次请求瑞安县民政局查处，均以事隔已久无法查证为由一直搁置下去。自党的三中全会揭示落实党的各项政策，特别是指出了实践是检验真理的唯一标准之后，我们再次报请瑞安组织查处，并先后上访瑞安县委和温州市委党史办公室请求协助，承同志们热情接待，指示我写信给你，请提供你所知道的我父童伯吹过去革命活动有关情况，以共同帮助搞好这一工作。因此我不揣冒昧写信给你老人家，敬请费神回忆，抽出宝贵、百忙之暇。

此致

敬礼！

晚辈：童易明谨上

1983.6.27

通讯处：温州市胜利路133号

据市委党史办同志说，胡牧之伯父现在上海，如知其通讯处，请一併示知。

又及

厂　址：浙江省温州市朱浦路22号　电报挂号：2816　电话：3173

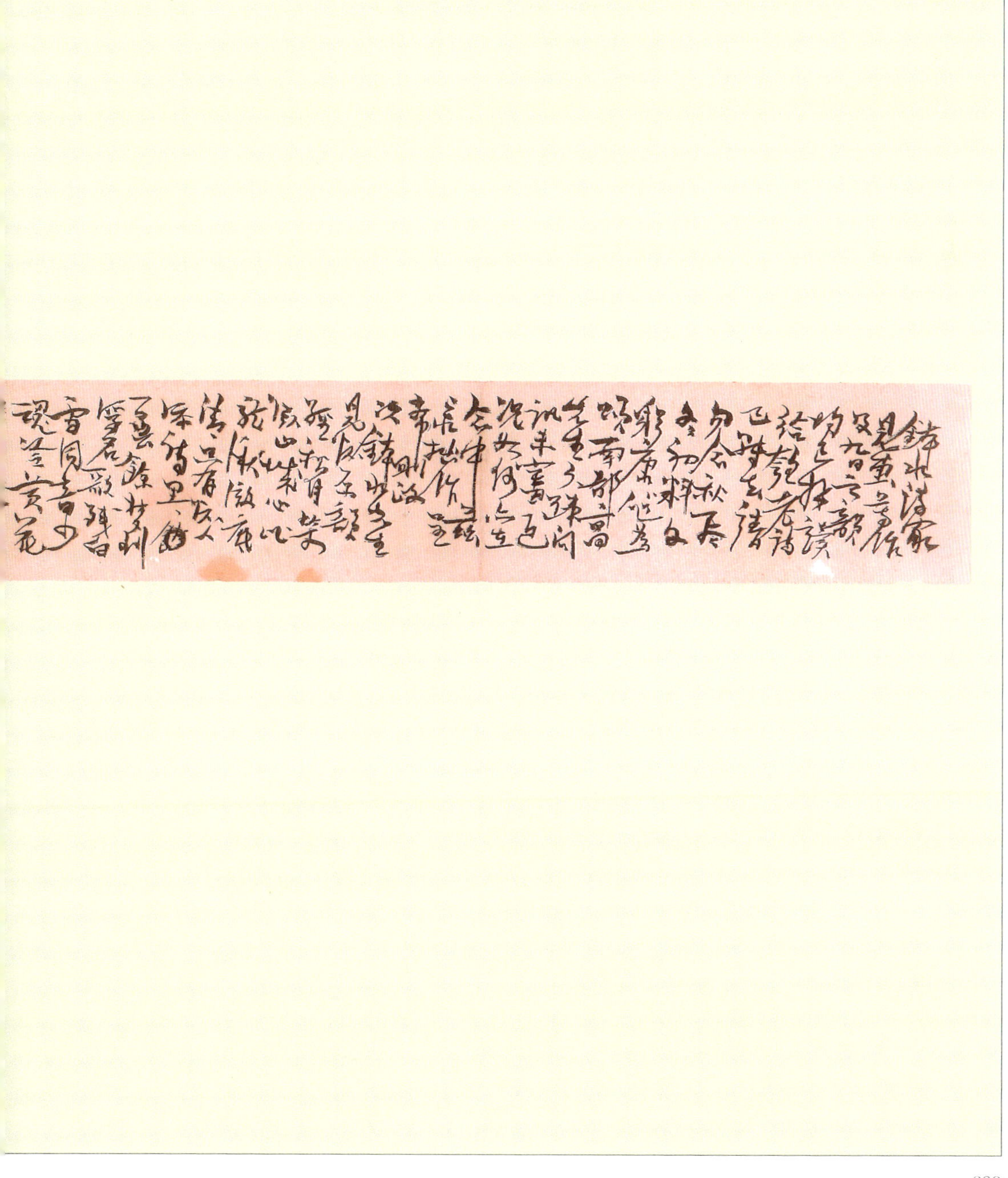

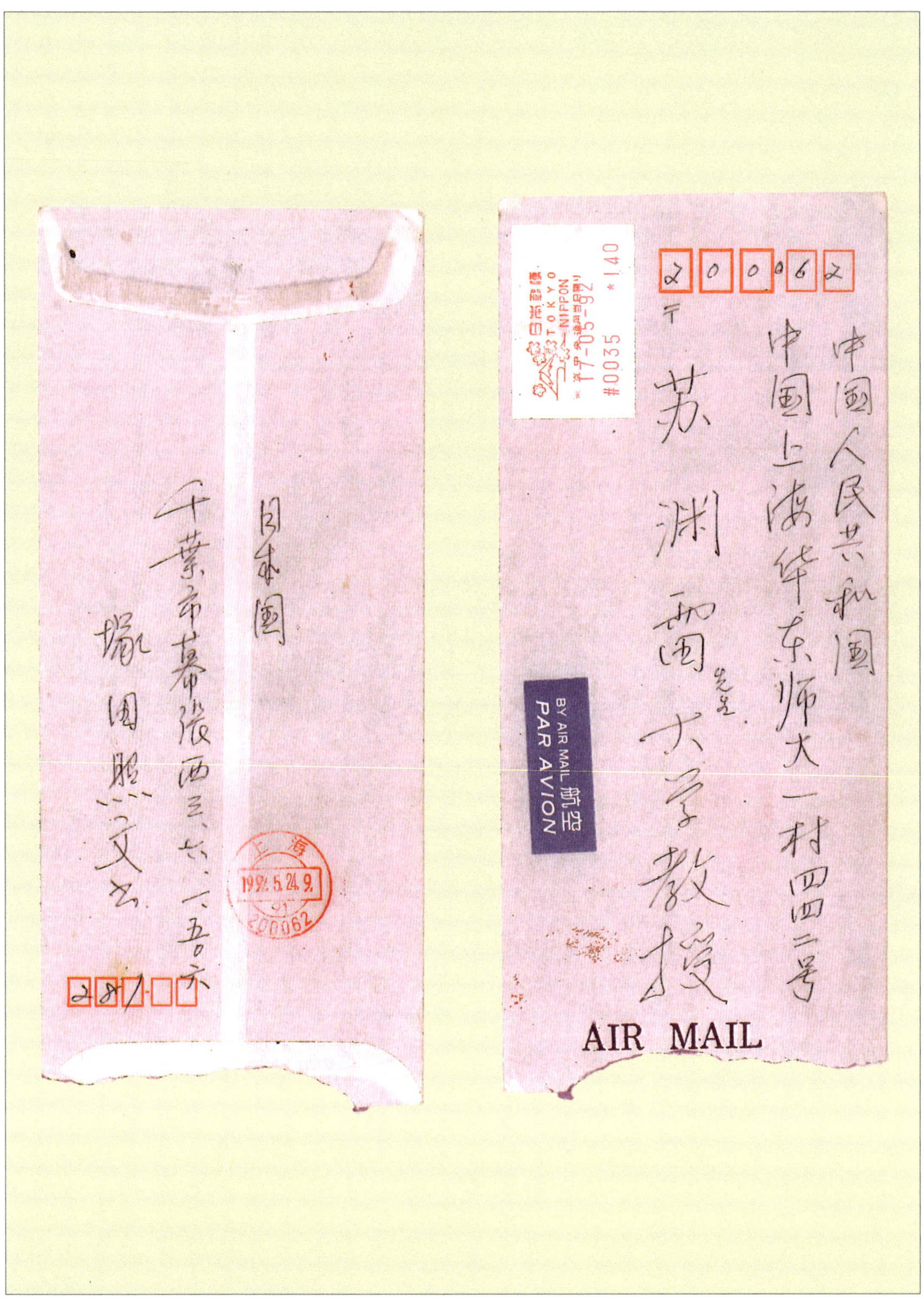

日本国
千葉市幕張西三、六、一八五六
堀田照文
281
上海
1992.5.24.9
01
200062
200062
〒
中国人民共和国
中国上海华东师大一村四四二号
苏渊雷先生
大学教授
日本郵便
TOKYO
NIPPON
17-05-92
#0035
*140
BY AIR MAIL
PAR AVION
航空
AIR MAIL

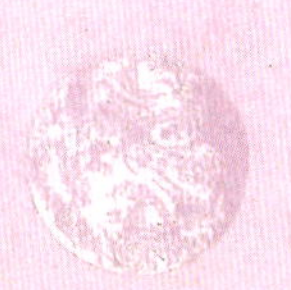

苏教授 様 您好！

我已平安回日本國 这次办书展 承蒙先生的大力支持及帮助、所以能圆满成功再次感謝 苏教授的支持、我已把 您贈送我的作品裱具好带回日本珍藏等。我的书集整理好以后寄给苏老、望您能多多指教、 望先生永远健康 上寿

敬具

塚田照文 上

平成四年五月十七日。

PLEASE SAVE MY EARTH

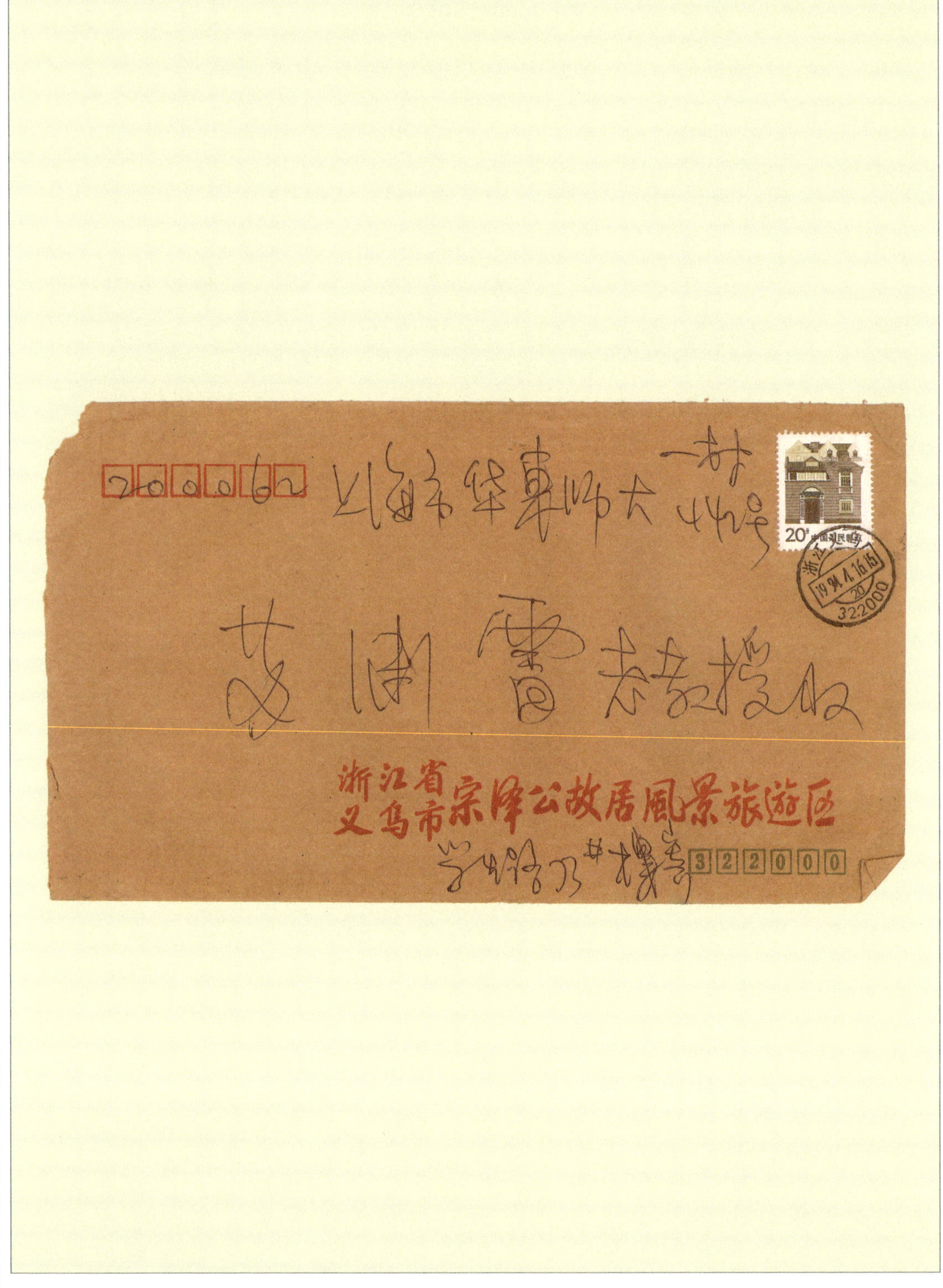
200062
上海市华东师大
苏渊雷老教授收
浙江省
义乌市宗泽公故居風景旅遊區
322000
浙江义乌
1994.4.16.15
322000

浙江省义乌市达摩圣水有限公司

苏老教授，苏老夫人：您们好！

傅大士达摩祖师在义乌弘法垂教一书即将出版，并印刷万册，请你方协助给我写一篇文章来。

本书出版得到了义乌市社会各级政协社团体和有关单位一致支持，并有各级领导题字，内容真实可靠，为民众喜闻乐见。

为了弘扬佛教，开发佛教旅游资源，义乌已成立达摩（林地）圣水有限公司、大士佛的学院（又称中国万佛城），义乌之精华

202—15×94,3

浙江省义乌市达摩圣水有限公司

台、电视台、报纸都将在之日前开展一至四日之宣传日18天。

本书由义乌市人大主席、市人民政府副市长、市委、文化局长、文化馆长、代表组织，佛堂镇党委、镇人民政府、义乌市民政局、公安局合力支持，致征简诚，地方出版社题字，还有南京王宝恒副省长题字、陈大、赵朴、赵云教授题字、吉林金贵同志、祝腾飞同志题字。

202—15×94,3

浙江省义乌市达摩圣水有限公司

[illegible]的序，七幅插图。

书成之后，我当寄上两本给苏教授，以示感谢。

同时建议在出书时候，[illegible]下，来义乌一游。

祝[illegible] 健康长寿！

义乌市学院路73号 | 楼[illegible] 敬书

1994.4.16

202—15×94,3

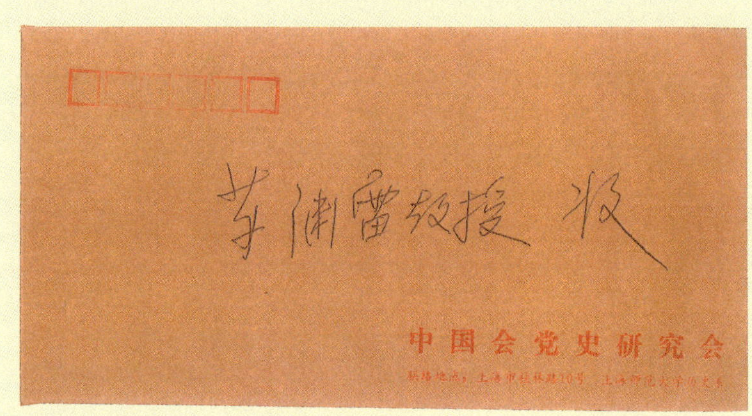

苏渊雷教授 收

中国会党史研究会

联络地点：上海市桂林路10号 上海师范大学历史系

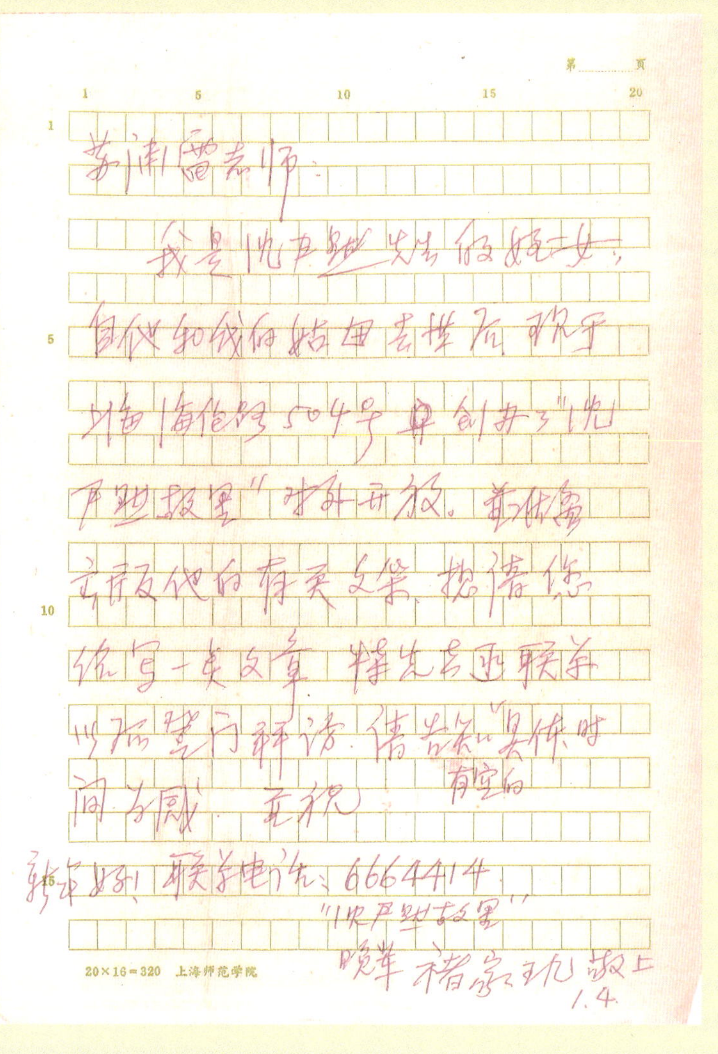

第　　頁

苏渊雷老师：

我是沈尹默先生的姪女，自他和我的姑母去世后，现于上海海伦路504号重创办了"沈尹默故居"对外开放。并准备充实他的有关文集，想请您给写一篇文章，特先去函联系，以便登门拜访。请告知您有空的时间为感。至祝

新年好！联系电话：6664414

"沈尹默故居"

晚辈 褚家玑 敬上

1.4.

20×16=320 上海师范学院

上海师范大学
SHANGHAI NORMAL UNIVERSITY

渊雷吾师：

您好！我是华东师大历史系1958年毕业的您的学生。原住师大二村时曾到一村来看望过您。自家搬迁到桂林路上海师大家属宿舍后，因路远交通不便，几年未见您了。

我在上海师大历史系任教多年，近年来带了几位硕士研究生，专业方向为民国史，兼研究民国帮会史。

吾师学识渊博，德高望重，治学精神与方法对晚辈影响很大。我们老同学相见时常谈起您，以我们是您的弟子为荣。

今有沈尹默先生之内侄女褚家玑女士托我将她致您的信转交给您，望吾师于百忙中给她一回音，她信中写明了电话、地址。

顺寄上我的明片以便今后与吾师联系。

敬祝

新年好！健康、长寿、万事如意！

学生 郭绪印

1991.1.3.

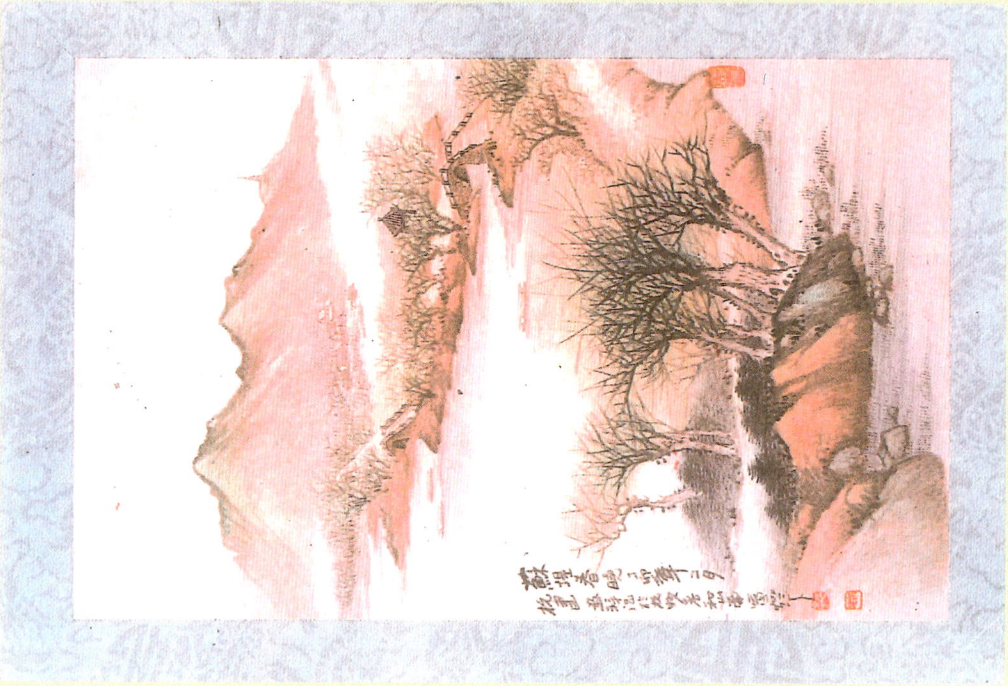

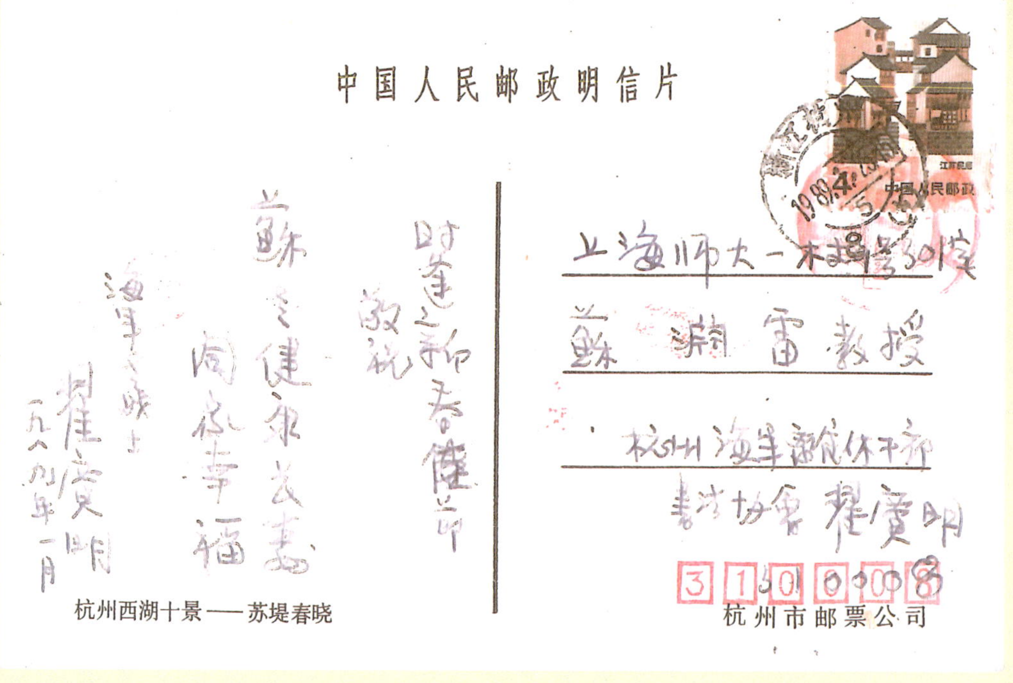

中国人民邮政明信片

时逢新春佳节
敬祝
苏老健康长寿
阖家幸福
海宁后学
瞿寅明
一九八九年一月

上海师大一村8号301室
苏渊雷教授
杭州海宁离休干部
书法协会 瞿寅明
310008

杭州西湖十景——苏堤春晓

杭州市邮票公司

苏公公：

时光如流水，金华一别已一年有余。我一直很惦忆您老人家以及您的夫人。

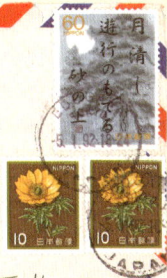

转眼我已在异国他乡迎来了第二个新年。每逢佳节倍思亲，在这里让这封信去我向您和您的夫人的亲切问候，祝您们健康长寿，万事如意。

到日本后因忙于学习所以一直未能安下心来给您写信。终于工夫不负有心人我以一年的努力考取了四年制大学。大学的名字是（日本大学），我读的是日本大学，法学部，法律学科。一共66个留学生考法律学科只录取了我一个人。现在学校放假我又忙于打工积攒学费。我現在和我哥哥一起住。哥哥已来四年，現在一边读大学一边在KDD（日本国際电话公司）做中日翻译的担当。我父亲也于12月20日来了東京，这次来主要看看我们然后直接去美国我母亲处。我保证人的夫人也是書道家，我时常帮她翻译一些上海的信件。

总之日本的生活就是如此半工半读以及一些社交活动因此节奏非常紧張。不知苏公公近况如何，九二年想必一定又有不少新作。

就此收笔，敬祝新春万福。

随信寄上照片二枚。

魏学之
1992.1.5

静安宾馆
JING AN GUEST HOUSE

苏同志：

苏渊雷同志的复职及户口问题，我已和舒文同志谈过，他说已完全解决，请释锦注。

我们上海工作已结束，本拟日内去苏州、无锡参观、访问；奈昨晚忽得北京中央财政部发来急电，称中国财政学会定26日在广州召开成立大会，吴波同志（财政部长）一定希望我去参加，因此改于明日飞穗，开完会后直接回京。

这次来上海工作，诸承关注，本拟面辞，因知这几天你们正忙于开上海市人大及政协大会，未便打搅，待以后有机会见面再谈吧。

谈家桢同志请代候不另。

顺致

敬礼！

千家驹

一九七九、二、二十四日。

上海古籍出版社

渊雷同志：

得信后大作收阅，久历风霜，倔而坚贞，犹幸得以幸存，确实难得。现在在党中央和英明领袖华主席领导下，矢力余年，补好最后一课，愿与共勉。

承推荐苏仲翔同志，至为感荷。仲翔同志亦我素识，最近并已来此面谈，我已呈报上海市委宣传部，请求暂时借调。如果批准，即可到我社工作。在此期间，望您告知仲翔同志耐心等待，不要见异思迁，以生枝节。他已呈报上海市统战部，要求复查他的问题，这样很好。我们如便，亦拟从旁相助。

钱渠同志均复。贵体尚称小康，幸乞宽念！专此致意，并候

时祺！

李俊民 手上

1978.12.24.

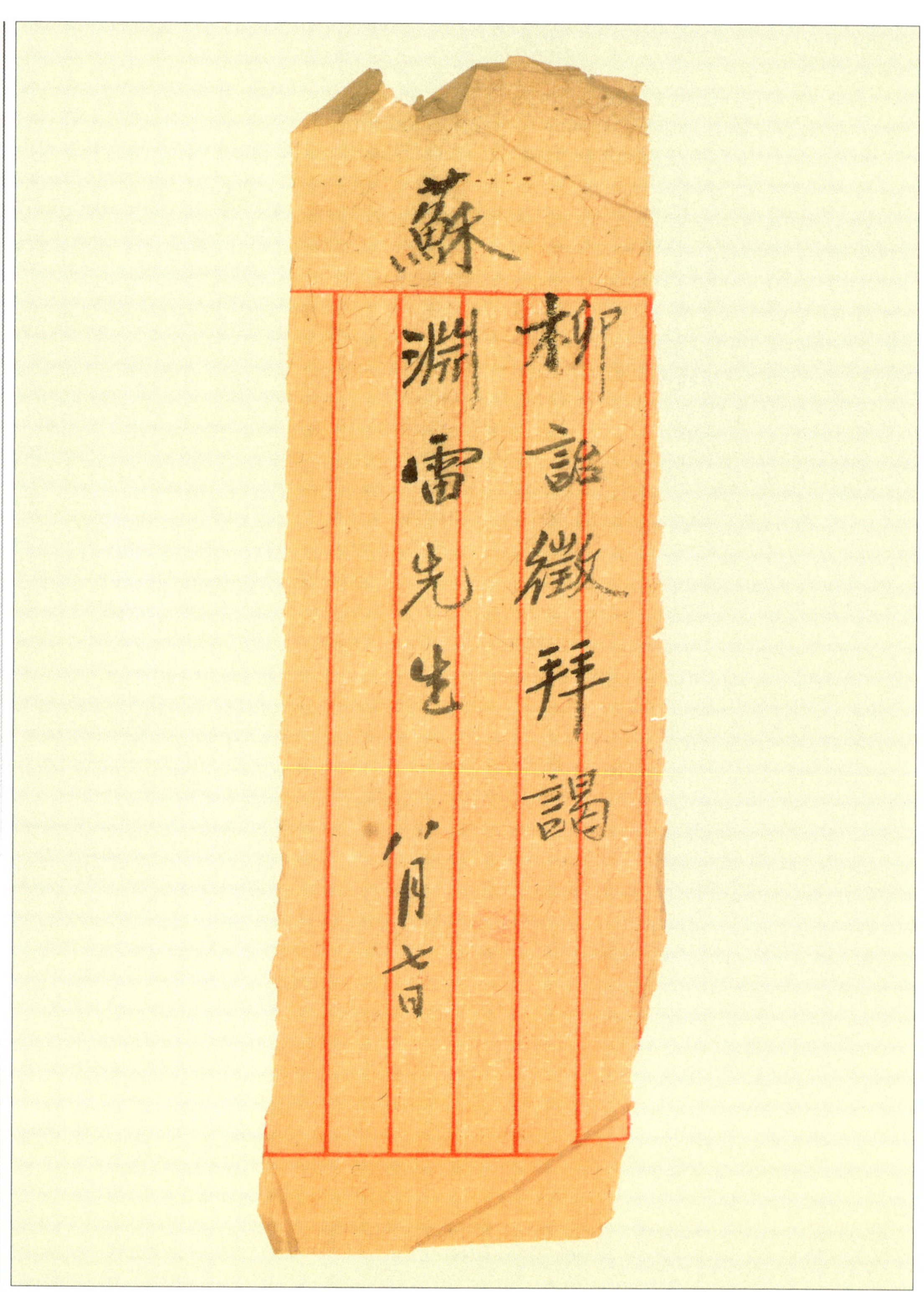
蘇
柳詒徵拜謁
淵雷先生
八月七日

中山路53号 编委会 张宏阳
电话 2879068
2868771-501

《中华易学大辞典》

邀请书

苏渊雷教授 暨秘书

尊敬的先生、女士：

经过近三年的时间，《中华易学大辞典》终于完稿了。这是与“大辞典”全体编撰者与您的大力帮助是分不开的，谨在这里先致以谢意！

为确保大辞典的学术质量，我们决定于付印前召开主编、副主编和全体常编委及部分编委审稿会。

会议定于今年八月二日至七日在山东威海举行，边定稿、边休养。会议参加者所需费用（车船费、伙食费等）均由编委会报销。

敬请于八月一日、二日光临威海。

敬礼！

《中华易学大辞典》编委会

一九九四年七月二十日于上海

威海住宿地址：威海木工厂专家招待所（电话：341172）

联系人：环翠区人大常委办公室谷源新（电话：223497）

会议联系人：陈宁宁（上海图书馆）200020

杨宏声（上海淮海中路上海社会科学院博士后中心综合室）

三楊

上海市軍事管制委員會財政經濟接管委員會用箋

姚部長：

茲有電訊交訓練班擬請
蘇先生去講一二問題，特介
紹來談，詳細由彼面商，請予
[illegible]先生電洽為荷

此致

敬禮

姚[illegible]

渊雷同志：

請洽談

[illegible]

上海票據交換所

字第　　號第　　頁

渊雷先生大鑒昨日敝會学習班大課承
蒞所講授馬列主義之世界觀歷史觀及人生觀——主論精
湛剖析詳盡使敝會同人獲益匪淺特函申謝並致
敬禮

謹啓

一九五〇年七月廿日

上海香港路五十九號　電話一一五五九

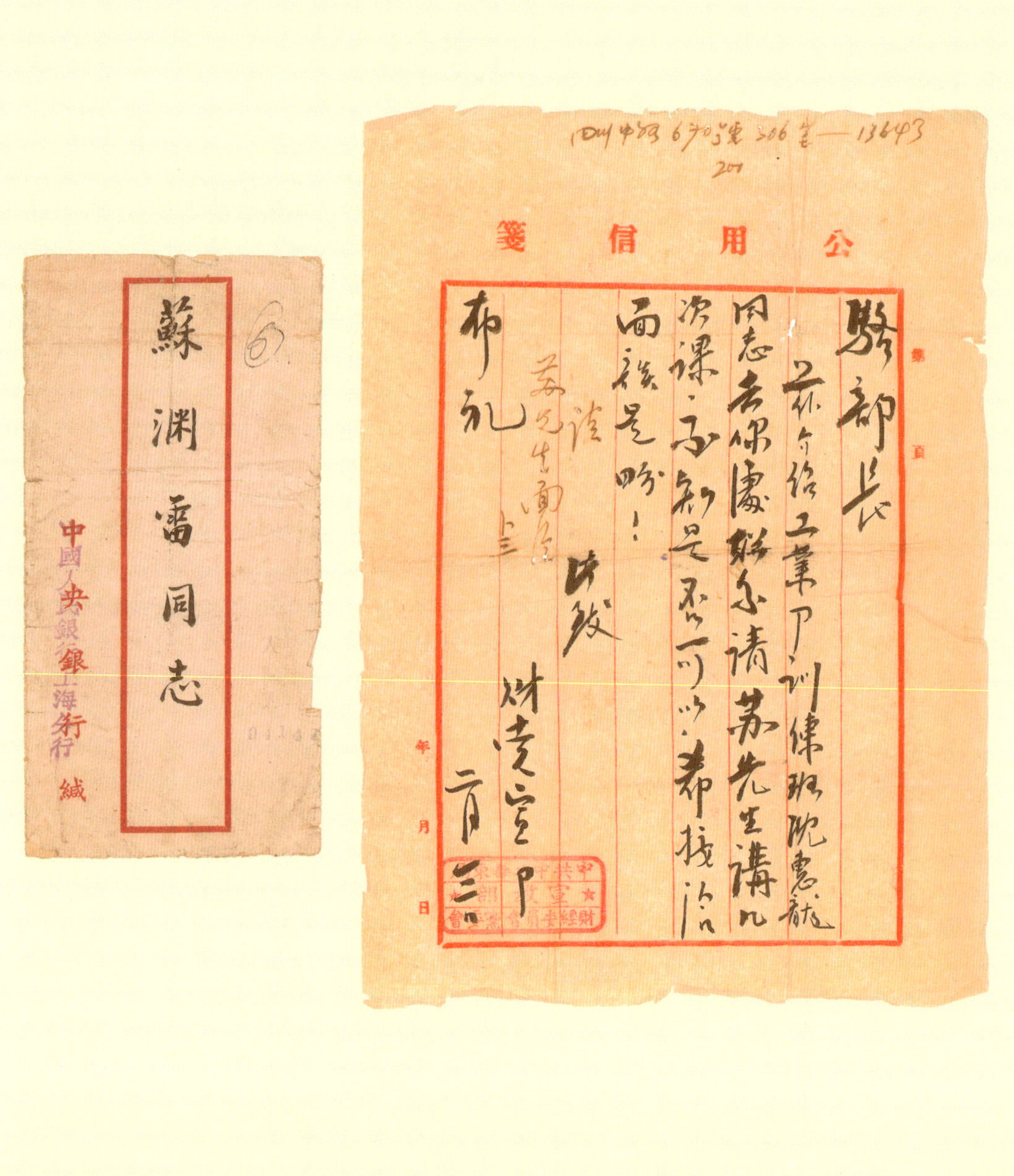

四川中路670号306室—13643
201

公用信笺

骆部长：

兹介绍工业厅训练班沈惠龙同志前来你处联系，请苏先生讲几次课，不知是否可以，希接洽面谈是盼！

此致

布礼

财委室

二月三日

请苏先生面洽 上

蘇渊雷同志

中國人民銀行上海分行 緘

李白纪念館

尊敬的苏老：你好！

学会前接奉 华函，以为吾老定会四次入蜀，蒞会指导，殊因参和参预会时间相抵，致 台旆未能蒞会，实以为憾！会前收到绝唱数章暨指翰画幅，增辉馆榭，于大会有光，为深感谢。兹寄上八二年大会会刊，即请 哂收。今后甚盼能多赐教言，俾所遵循！

专此 即颂

冬安

一九八四年十月十七日

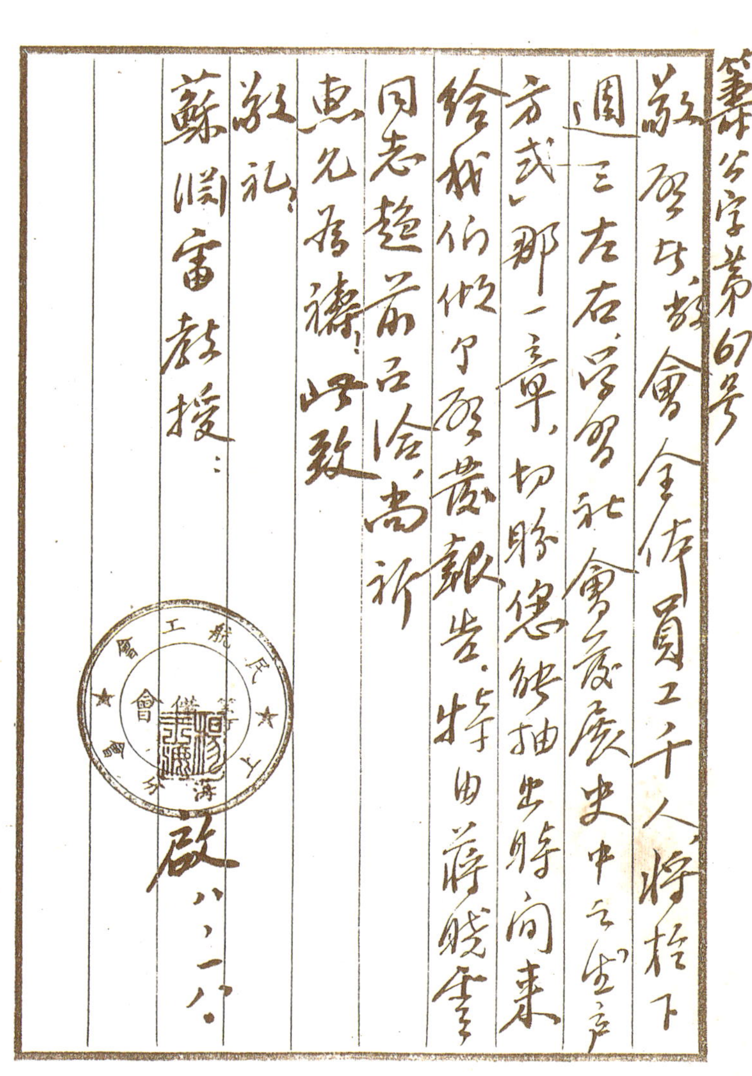

籌公字第6號

敬啟者：我會全體員工千人，將於下週三左右學習社會發展史中之「生產方式」那一章，切盼您能抽出時間向來給我們做了啟發報告，特由薛能雲同志趨前面洽，尚祈惠允爲禱！此致

敬礼！

蘇淵雷教授：

啟 八、一八

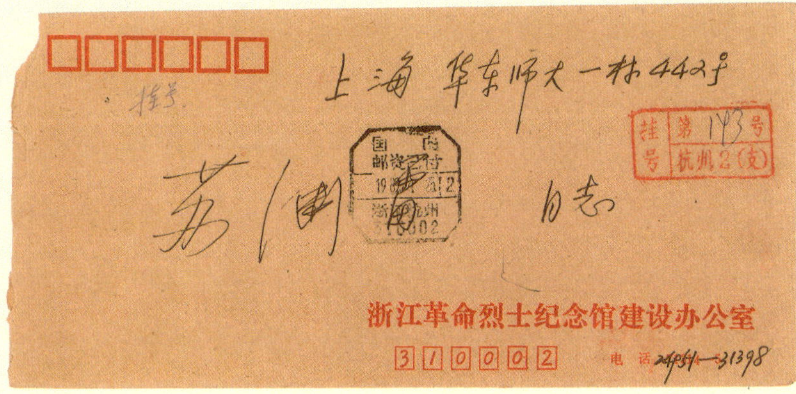

上海 华东师大一村44?号
挂号 第143号 杭州2(支)
苏渊雷 同志
浙江革命烈士纪念馆建设办公室
310002
电话 24951—31398

浙江革命烈士纪念馆建设办公室

苏渊雷同志：

据李文娟同志回馆后反映，您对我馆的建设表示了极大的热情，允诺为烈士纪念碑撰拟、书写碑文。我们向省领导汇报后，他们非常高兴，嘱咐我们向您表示谢意。

浙江陆军监狱牺牲烈士纪念亭即将竣工，亭名正在拟定中。碑石采用温岭青石，碑身高2米，宽1.2米。碑的正面书写“浙江陆军监狱牺牲烈士纪念碑”，“浙江省人民政府一九八九年×月立”。碑的背面书写碑文，请作者和书写者留名纪念。如能与薛暮桥、张崇文等同志联合署名更好。

另外，碑文拟就后，请寄给我们，报请省领导审定后，再行书写。

最后，祝您老

工作顺利，健康长寿！

浙江革命烈士纪念馆建设办公室

一九八九年四月二十一日

本办地址：杭州市万松岭路100—1号

电　话：24951或27338转31398

邮政编码：310002

0.80.6.34

浙江革命烈士纪念馆建设办公室（ ）

同志：

寄去华东师范大学教授苏渊雷同志为浙江陆军监狱牺牲烈士纪念亭撰写的碑文稿件一份。请阅并提修改意见。原稿和修改意见请尽快退回我办，以便及时汇总转告作者。

此致

敬礼！

浙江革命烈士纪念馆建设办公室

一九八九年七月三十一日

本办地址：杭州市万松岭路100—1号

邮政编码：310002

电　话：778552、774591

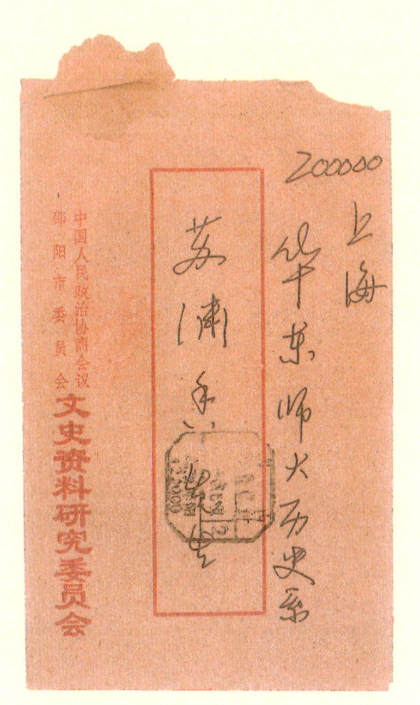

紧 急 通 知

先生：

湖南省屈原学会第三届年会暨屈原和先秦文化学术讨论会，因故延期召开。会议具体时间、地点及有关事宜届时另行通知。

原定会议后由邵阳师专学报出论文专集，现改为会议前出论文专集，并在会议中发出专集。为此，请您接到此通知后立即将自己所撰写的论文一份（原稿或打印稿）寄邵阳市政协文史办谢道锡。

致

礼

大会筹备处（代）

一九八九年六月二十日

苏渊雷自传

1908 年 10 月 23 日，我出生于宋季爱国诗人林霁山和近代启蒙思想家宋平子的故乡——浙江省平阳县（今属苍南县）江南区一个名叫玉龙口的村庄。始名中常，字仲翔。1933 年出狱后，易名渊雷，别署钵翁，又号遁园，曾用过逝波、易筑、苏翻、苏子等笔名。

玉龙口风景秀丽，河流交叉，我的祖辈在那里过着半耕半读的小康生活。祖父宗轼，是县学生员。外祖父徐笛秋，和祖父同年进学，是我的启蒙人。父亲寿芝，兄弟六人，他当大。母亲徐氏，年二十来归先君，五年后，先君见背。孤儿寡妇，时见欺凌，在我幼小的心灵上，投下了阴影。在《玄黄集叙》中，我曾有过形象化的描述：

余生四岁而孤，兄弟二人惟孀母是依。灯影机声下每睹慈容哀戚，辄悲不自胜。伤感之质，盖植根于此。母故不知书，然少慧，聆塾中人诵诗，即琅琅上口。一夕，风雨甚，拂晓窗外鸟声啾啾，母吟唐人“春眠不觉晓”绝句，伯兄暨余随声唱和，殊以为乐。

家有小园，先曾祖父梧生公手植杨柳数株，皆成围。夏日，绿阴如幄，余尝游憩其下。高柳鸣蝉，声声摇曳，斜阳一抹，脉脉微波，乃感大自然之同情为无限也。

儿时，每见地主催租逼债，闯入佃户家翻箱倒笼，仗势欺人，总不胜愤懑，对被侮辱和被损害者每寄同情；推而至于闻书掉泪，替古人担忧而不能自已。这些不仅逐渐形成了我日后愤世嫉俗和悯物煦悲的性格，而且也是我所以投身救亡运动和倾向民主革命的契机。

赴学求友

我五岁发蒙，就学于私塾。后侍奉外祖父数年，受其古典诗歌方面的熏陶。十二岁以第一名成绩，毕业于金乡高等小学。十三岁入南雁荡会文书院，从张汉杰师进修古典文学，始读《左传》《战国策》、唐宋八大家文及古近体诗，并学韵语。

1922年秋，考入浙江省立第十师范学校（旧制本科在温州）。获交蔡雄等学友，共同研讨新旧文字。蔡雄字思牟，为学朴实，喜探名理。尝与我论诗，谓谢朓“朔风吹飞雨，萧条江上来”二句，壮则壮矣，终不若陶公“微雨从东来，好风与之俱”之为一片神行，不费气力。他为文渊茂遒劲，上师魏晋。尝谓西汉古朴，难得其神，齐梁绮靡，不足取法；惟魏晋间文，情词并茂，斯为上乘。谈言微中，亦艺苑之珠林也。

五四运动后，新文艺兴起，蔡雄与我酷好之。结合同学朱维之、金贯真（烈士）等，先后组织“宏文社”“血波社”，因文会友，以抒情怀。不二年，整理国故之说方盛。蔡雄与我自觉学植肤浅，守此非安心立命之道，转而钻研故籍，藉证新知。于是读《史记》《汉书》《文选》、周秦诸子，于义理深微处，往往摭拾众说，参以己见，思成一家言。我俩所作诗文合刻为《中谷集》，张宗祥（冷僧）丈为题“兰言”二字。我造《唯美论》，泛论文艺。蔡雄有《人道篇》，洋洋数千言，关怀家国，笔下伤心。

1924年冬，奉直战罢，孙中山北上，倡开国民会议，我俩开始关注国事，投身社会运动。1925年五卅惨案，全国大震，革命风潮激荡，骎骎跨入新时代。此时稍稍明了国势国情，社会主义思潮渐入脑际。孙中山逝世，全国征求新党员时，我参加了改组后的国民党。并担任温州学生联合会主席，从事温州各界救国会工作，得读《共产党宣言》《共产党ABC》《新社会观》等秘籍，爱不释手。乃随举其义，以与现实相印证；并在校刊发表了《十月革命放歌》长诗。始读《楚辞》，作《骚怨》四首（诗集编年始此）。其间，我俩每借故外出，从事宣传演讲，校内外以“狂生”目之。

1926年3月18日，北平执政府前惨杀学生案起。耗至，我方据案，笔为之辍。与蔡雄奔走呼号，益无暇日。4月，加入中国共产主义青年团。夏间，衔学生联合会命，自温赴粤，代表浙江出席全国第八届学代会，临行，蔡雄握手告别：“别矣珍重！行见之归，示我以新曙光也！”会成，参加张太雷主持的党团活动；访黄花岗，谒七十二烈士墓。归，作《粤游新记》，盛扬彼中新政。是年秋，转为中共党员，参加中共温州独立支部活动。入冬，军阀孙传芳所属闽军窜温，人心惶惶。学校提前放假，蔡雄与我独留，思有所展。合编《一年来温州学生运动的回顾与展望》小册子。我在学校就读时，课外即已嗜读《庄子》《楚辞》《史》《汉》《文选》《世说新语》《维摩诘经》等，养成了广泛阅读文史的兴趣。毕业时，毅然立下研索文史哲学的志愿，告别了学生时代，带着理想和志愿，迈向新的征途。

七年炼狱

1927年春，国民革命北伐军底定东南，百政待新。我等益奋勉，举凡教育、民运诸端，无不躬与其役。自恃年盛，不惮艰苦，日以不合污自持。四一二反革命政变发生，大好形势急转直下。4月15日晨，永嘉县党部突被包围。驻温省防军翁某声称：奉东路军前敌总指挥部密令，指名将我和戴树棠、陈仲雷三人逮捕入狱。

蔡雄独留温，力谋营救，濒险者再。5月3日，我等三人由温州起解，循海路经宁波转押杭州陆军监狱。接读蔡雄来信，给我以力量。他引黄仲则诗“马因识路真疲路，蝉到吞声尚有声”二句，要我细思之！狱中坚持斗争。我们绝食、传递书信、创办秘密刊物，彼此鼓舞斗志。又上书蔡元培，为全国被捕青年请命。后经所谓“特种刑事法庭”审讯，我被判刑十九年。狱中尝集黄仲则诗寄怀蔡雄，有云：“可奈离心争一寸，山阳空听笛声愁。天涯几辈同漂泊，岂有生才似此休！”哪知我们抵杭没几天，蔡雄即以惨死闻。山阳听笛，竟成诗谶，年仅二十，痛不可言。

蔡雄参加革命后，于学益进。遇有宣传文字，率由我俩属草。口授笔赴，伸纸疾书，情词涌发，警句自成。稿定，亦不知何者出蔡口，何者属余手，斯亦一时乐事，曾几何时，却成伤心史料矣。蔡雄是我生平第一知己。他的壮烈牺牲，使我的心灵深受打击。狱中写下一首《伤感之秋》，以“逝波”笔名，密寄上海《幻洲》半月刊（潘汉年主编）发表。长歌当哭，重燃起青春奋战的火焰。

从冰花雪地的北国里，涌出了
一轮红日，它放射出万丈光芒，
把占据着大地的黑暗一齐驱散，
胜利之神将给它历史上无比荣光！

从荒寒寥阔的北冰洋里，流出了
一道红色的血波，它翻腾滚伏
流过东海，把深蓝的海水染个通红。
哦，那不是红色的水啊，那是自由的血轮！

啊，古城里酣梦的人们被血波推醒了，
朦胧的睡眼被红光射透了！
起来啊，我们要逐争自由的波浪！
起来啊，我们要迎接千载一时的晨光！

我们要创造新生的太阳，因为它是光，
我们要酝酿甜美的琼浆，因为它是爱，
我们要消灭刑法，因为它是人类的耻辱，
我们要推倒特座，因为它是罪恶的屏障！

为了这，我们跑上革命的战场，
为了这，我们走入沉霾的地狱，
争自由的朋友们，不要怨艾，不要惆怅，
要不断地奋斗啊，不断地努力！

我抹去了悲伤的泪痕，为继承战士与诗人——蔡雄和无数先烈未完成的使命，开始了狱中斗争生活。与同囚战友们以昂扬的斗志，学习马列主义经典著作。《通俗资本论》《经济学大纲》《帝国主义论》等，就是这时研读的。自修英语，阅读《罪与罚》《屠场》《马丁·伊登》等多种原本小说和《物种起源》《比较宪法》《欧洲政府》《社会学导论》《狄慈根哲学论集》及其他，如《世界革命史》《世界史纲》《古代社会》等著作；并涉猎佛典、《圣经》《易藏丛书》，手点《相台本五经古注》及《章氏丛书》。初步运用历史辩证观点，沟通老庄、黑格尔和达尔文等学说，写成了第一部学术专著《易学会通》五万余言（后由上海世界书局出版）。

1933 年 6 月，刑期执行逾三分之一时，由旅杭温州同乡会会长、太湖水利局长林同庄先生，设法保我出狱。我漫步在杭州城站公园，伸臂呼吸自由空气，百般追忆，千般思索，辛酸苦辣，一起涌上心头：至友的永别，青春古渡头的过来人……只有与死神较量过的人，才会懂得人生的意义。我抖擞精神，向着浩瀚的人海走去。

抗战前后

出狱后，与党组织失去联系，受聘为上海世界书局编辑。在沪不久，与先后出狱的同志陆续会齐，参加党的外围工作，参加薛暮桥、骆耕漠等主持的《中国农村》刊物和“中国经济情报社”的某些活动。1934年秋，我又与钱俊瑞、徐雪寒等发起创办“新知书店”。继赴南京，同千家驹、孙晓村、赖亚力等一起，参加救国会、求知合作社（社长谢无量）和新兴社会科学座谈会等活动。这期间通读了《王船山遗书》《元曲选》《东坡全集》《资治通鉴》《云笈七签》，遍阅历代笔记小说；先后发表了《文化综合论》《宇宙疑谜发展史》《孔学三种》等论著；并分纂《辞林》及李石岑和张栗原主编的《哲学词典》中有关古典哲学部分的条目。

抗战前夕，写了《论哲学之战斗性与实践性》一文，批判当时流行的几项错误理论（如胡适的所谓“五鬼闹中华”）。指出：哲学是一种观念形态，是人类精神活动之最高的产物。它和我们日常生活的关系，似乎疏远一点，但在人心的最深处，却支配着我们全部的生活，并起了指导作用。哲学，正因为它是人类思想的火花，又是生活斗争的精神武器，所以是战斗性的；同时，它随着社会生产力的变革而发展，所以又是实践的。从发生上说，它是客观事物一般规律在人类头脑里的反映，是物质运动之内在的复杂形态，是“所作”。从作用上说，它是变革世界的动力，是廓清摧朽的使者，是“能作”。这反作用与能动性二点，正是辩证论者自别于机械论者之处。在历史上，常是哲学思想的批评，先于社会现实的变革；但本质上，是社会的客观因素决定了它。哲学家只不过导夫先路，作知更之鸟。黑格尔（G.W.F.Hegel）所谓“枭鸟入夜始飞翔”，哲学家当社会没落而出现，正是绝好的譬喻。我们的哲学，对于现实的看法是本质的、关联的；对于现实的处理方法是辩证的，能动的；因而是唯物的而不是观念的。这在当时富有现实的意义。

南京撤退前夕，在危城中我接编沈钧儒为社长的《抗敌周报》，直至最后一期。抗战期间，辗转武汉、衡阳、重庆等地，从事抗战后勤工作。武汉撤退前夕，曾说服军医署长胡兰生（时担任其机要秘书），拨出大批医疗器材、药物给延安，成立后方陆军医院。旋在重庆“中央政治学校”，与贺麟、冯友兰等一起分授哲学课，同时兼国立体专、私立立信会计专科国文讲席。1943年秋，辞去政校课务，本顾亭林“学者必先治生”之旨，在重庆北陪文化区创办“钵水斋”书肆（后移重庆上清寺），以文会友，结纳中外名流。刊行《钵水斋丛书》数种，内有《天人四论》《名理新论》《民族文化论纲》等，出版了《宋平子（衡）评传》《玄奘新传》等书。旧政协开会期间，曾暂兼《中国时报》主笔，为撰《发刊词》定调，写了《论简政》《为参政会诸公进一辞》等文，致为当局者所忌，不久即辞去。抗战胜利后返沪，担任中国红十字总会秘书兼第一处处长。淮海战役期间，在会上力排众议，反对派遣医护大队分赴蒋军前线参加内战。旋就中华工商专科学校教授兼总务长之职。肖印《钵水文约》《学思文粹》，兼为《新民报》写专栏文字《苏子语业》。

解放战争节节胜利。1949年5月25日清晨五时，在彻夜的炮声消歇后，晓色迷蒙中，我打开窗子向街头一望，一阵奋激的喜悦之情，掠过了二十年静滞的心头。解放了，想起二十多年前身亲北伐战役时，那种如火如荼的热情，和今日的凭栏身手一对照，不禁凄然泪下。当即口占一绝：

二十年前雀跃情，一般辛苦望云旌。
只今寂寂楼头坐，输与戎衣结队行。

不久，又赋《杨柳枝》三首：

廿年心事柳萧萧，长忆门前旧板桥。
一自美人和泪别，愁风愁雨到今朝。

劫换华年两鬓萧，几回攀恨赤栏桥。
春江碧涨秋江白，一样魂消奈此朝。

不须闻笛怨飘萧，取次春风拂灞桥。
百尺柔条千尺水，未曾断送是明朝。

祖国之恋

面对着新中国的诞生，“一片江山突兀来”，真是欣喜若狂。回想起1919年“五四”

运动爆发，我国为拒签和约与收回青岛问题，掀起了反对日本帝国主义的高潮，全国罢课，抵制日货。那时我才十二岁，便自觉响应，积极参加爱国运动。多少年来，从关心世局，到投身革命，坚持为党做外围工作，无不流露出一个“知识分子移行者”热爱祖国、热爱人民、热爱和平的满腔热忱。我深深感到，只有对祖国有深切的了解，才会有助于自己的祖国。

解放后，我首任上海市军管会高等教育处兼文管会秘书，负责筹备工作。同时在沪江大学第二院及华东区各训练班讲授《社会发展史》。继调充华东财委会计划部专员，华东师范大学历史系教授；兼民盟上海市委宣传委员会副主任。这时期，发表论文多篇。其中《对于清理祖国文献的初步意见》一文，提出了（一）普及与提高相结合，（二）形式与内容相结合，（三）批判与综合相结合，（四）理论与实际相结合四项原则。自印《旧著存髓》《和平鼓吹》两本小册子；为温州革命文献展览会写过《追忆大革命时代活跃于浙东南的几位坚贞苦斗的烈士》小册子。在上海古典文学出版社出版了《白居易传论》《李杜诗选》《元白诗选》；主编《国民经济实用词典》。

1957年5月，针对高校中存在的问题，在《文汇报》和《解放日报》上，几乎同时发表两篇文章，提出“专家教育与通才教育”“关心时事与自觉学习”“教学大纲与课堂争鸣”“团结老辈与培养新生”，以及知识分子如何进行自觉改造，如何正确贯彻“双百”方针等问题，不料于1958年反右“补课”时，被错划为右派，调至哈尔滨师范学院。出关时，初过都门书感：

国门初入泪初零，翘首高天皎日星。
陡觉违时伤老大，谁能负气忍伶俜？
故人好在音先断，旧眷轻抛梦久醒。
明发榆关更北上，风光应不异南垧！

抵哈市之翌日，即去松花江畔晚眺：

松江落日晚霞明，浴物澄心彻底清。
入画长桥天共远，迷花翠屿浪初平。
浮云上下古今意，流水东西南北情。
著我劳生何处是，笑看辽鹤一身轻。

这时，一种“吾生已惯波三折，放眼乾坤日月长”的勇气，促使我发愤忘忧，将酝酿多年的写作计划付诸实行。逾四年（1962），在周恩来总理的亲自关怀下得以摘帽。旋在黑龙江史学会主持“读史讲座”。十年内乱，复遭冤屈，插队落户，所更非一；终于被勒令“退休”，遣送回籍。但学术研究，始终不辍。除《读史举要》成书外，又陆续发表了《论龚自珍》《风雅新论》，兼及诸子、佛学研究，写成《孔学四论》《佛学通讲》各数万言。改写《玄奘新传》，编集历年所作诗词为《钵水斋集》（自1925年迄今近二千首）。1976年10月，写成《论诗绝句》七十余首（1983年由中州书画社出版）。

中共十一届三中全会以后，于1979年初，自退休原籍平阳返沪复职，仍在华东师范大学历史系，讲授中国古代史学史。兼任全国唐代文学会理事、全国佛协常务理事、上海佛协副会长、宗教学会理事等职。从事禅宗语录《五灯会元》的校点和《王渔洋选集》的选注工作。计自1958年秋离沪赴哈，迄兹重剪淞波，忽忽又二十三年。借用刘禹锡成句，题诗一首小结：

萍浮南北无根蒂，“二十三年弃置身”。

绝塞秋笳流远梦，连江寒雨殢归人。

卓锥每发香严叹，把盏仍赊歇浦春。

独憾东坡语孟浪，那能拈笔已如神。

（东坡出狱赋诗，有“试拈诗笔已如神”名，致为朱熹所讥。其然，岂其然？）

学无常师

东方自赞，文史足用；孝标自叙，坎坷一生。比迹前修，亦有可言。

自惟起自孤露，既乏家学渊源，亦鲜师门传授。王献之世有未知，张茂先我所不解。几十年来，暗中摸索，无非想学那流萤向暗中发光，学那蜜蜂为了酿蜜而采集百花。记得五十多年前，狱中初读骆宾王《萤火赋》，瞥见流萤在窗外闪闪发光，不禁吟出了：

相逢莫漫问前路，好向人间暗处明，

吟到灵台明灭处，几疑身亦是流萤。

为了抒发一往的深情，为了实现崇高的理想，我曾坚定不移地向着曲折的人生道路挺进。生活的磨难成全了我，使我在忧患中获得新生，养成了不忧、不惑、不惧的性格。不管生活的舒惨或处境的顺逆如何，我对革命事业的胜利，始终没有丧失过信心。而大同社会的战取，生民苦乐的关怀，更是我一生思想、生活、文字的基调。

回忆在学术思想的倾向方面，晚清启蒙思想家中，若康长素、谭复生、梁任公、严几道、章太炎，以及吾乡孙仲容、宋平子诸氏，尤所私淑。这几位在当时都是风云人物，虽论治有缓急之分，论学有古今之异，但他们欲以《礼运》大同、《周官》墨子的学说，与当时所谓民权、自由、宪政、均富诸"新学"相印证，而为古老的农业国，找一新生的出路，则初无二致。益以人们学行足以相副，声气足以感召，可以说在马克思主义传播以前，数十年来中国学术思想解放的基础，都是他们一推一挽共同奠定起来的。我得于忧患中恣读其遗书，感悟尤多。

并世如陈仲甫、鲁迅、郭沫若诸氏，于反抗既成权威与更新社会认识上，曾给予不少影响。另一方面，我又受点龚定庵"怨去吹箫，狂来说剑"那种名士风流熏染，因而忧郁、飞扬、愤激的气氛，笼罩着我一身。

世界无尽，人生有群。一己的苦乐，一时的得失，持与人众的艰虞，世局的盈虚相较，则一切诗情梦想，罗曼谛克，在此无情历史的现实之前，无不粉身碎骨、烟消云散了。

"大雄无畏见精神，一片慈悲现此身；我为众生入地狱，不辞苦厄敢生瞋。"七年炼狱，使我更懂得人生的价值。好学深思，心知其意：古今中外一切学问的总归趋，无非是帮助我们对于世界获得更彻底的认识，对于思维获得更严密的训练，对于人生获得更合理的态度。因而利用原生，戡天弘道，一方创造人类的历史，同时改变世界的现状。使虱于天地的微躯，得鸟瞰八方之乐，而兴俯仰无穷之志，打叠起人生向上勇气，鼓荡着灵魂的远征。这就树立起我对总体智慧和人生理想的观点。试图演绎古今圣哲的绪论，融会文史科学的精华，用轻快的笔调，发深湛的情理，触及宇宙与人生的全貌，而出以缩压或袖珍的方式。会心不远，别调独弹。前后所作《易学会通》《宇宙疑谜发展史》《天人四论》《名理新论》等，无非想尝试这一理想。1934 年撰《文化综合论》时，便提出这一理论纲要。认为：没有批判的综合，是机会主义的"综合"；没有综合的批判，是无政府主义的"批判"。综合的先行程序是批判。现在的综合已不是架空的观念之连络，而是依存于经济基础之真实的适应。历史的传统与社会的业力像阿尔卑斯山一样，压在我们的头顶：我们不能抛却历史所提供的材料，而凭空建筑自己合意的天堂。不错，人类创造历史，但不是恰如其所欲；只能历史现实的条件下，展开自由创造的工作。所以人类文化遗产的继承，是生物学上自然遗传的意义，不是社会学上法定继承的意义。

我们即使口头上声明：愿意放弃这份文化上的遗产，但实际上，过去文化的势力，总以种种姿态在“社会心”的最深处潜藏着，到处左右我们的行动。依照思想之辩证的法则，文化之史的发展规律，也断不容我们对历史文化遗产弃之如敝屣；更何况它还是开放新文化灿烂之花的沃土呢！所以，文化综合运动，不仅为中国现代所需要，亦为世界各国所需要，因而含有世界的意义。要在吾人善于把握客观的发展性，充实主观的能动性，而引起有意识有目的的伟大运动。文化综合运动的精神尽于“批判”“综合”四字。所以在综合之先，应尽量对于“西学”（资产阶级上升期理论）或“国故”（包括诸子学、史学、文学等）作出合理的批判，然后才能建设自己谨严的灿烂的新文化体系。

学术次第

秦灰拨后意难断，血泪书成亦可珍。
独愧定文侯雪苑，寒灯一夕付刊人。
（自题《钵水文约》）

杂学平生误好奇，暗是摸索恐难知。
算来汉宋推排后，实事虚心是我师。
（《偶题自勉》）

眼明手快新章句，简要清通旧品题。
解得法门无尽义，春风到处有莺啼。
（自题《旧著存髓》）

学贵深造自得。孔子说：“古之学者为己，今之学者为人。”孟子说：“充实之谓美。充实而有光辉之谓大。”为己即是充实自己，提高自己的精神境界。自己采用，然后才能经世致用。几十年来，学无常师，暗中摸索，走了不少弯路。所幸“不以人蔽己，不以己自蔽”，教学相长，积累了一些粗浅经验，写出来就正于读者。

近年讲授文史，力主会通，不作一往偏至之论。1982年秋参加浙江省史学年会，曾作专题发言，提出文史研究方法五点，并写成文稿，发表在《学术月刊》上（1983年第5期）：

（一）论世知人，具体分析，要坚持历史辩证观点；

（二）连类并举，比较研究，要结合流派，辨其异同；

（三）触类旁通，广泛联系，纵贯横通，包举万流；

（四）博闻强记，积累知识，寻章摘句，增助文彩；

（五）探赜索隐，寻求规律，要分析矛盾，原始要终。

现在且就上述五点，将五十年间从事学术活动的次第，作一全面的综述。以著述为纲，按年分类。钩玄提要，用自印证。

一、哲学钩玄

（一）《易学会通》，著于1933年狱中。是我的第一部学术性专著，分上下两编。上编《绪论》，旨在考订历史，辨别真伪，择善而从，发明心要。下编《广论》，分九章：论生、论感、论变、论反、论时、论中、论通、论进、论忧患。以《论生》《论忧患》首尾两章，为较精详。

《易》曰："天地之大德曰生""生生之谓易"。生之时义大矣哉！故先论生。举凡"有无""始终""一多""同异""心物"等有关命题，一一加以分析。认为："心""物"之辨最晚出。人初不知有己；因物而知有己。非我名物，我者此心；物我之间，常隔一尘。以我观物，内则为"心"；自物观我，我亦一"物"。惟此一心，妙能通灵；宇宙所假，藉明玄旨。若相对立，实则同根。是知"心""物"二者，同为存在之二属性，非迥不相侔者也。

盖万物无"生"，则不得言"有无""始终""一多""同异"。十二缘生，始于无明；无明缘行，卒之生死。而无明复由生明覆障，从是恒转。中有一物，因果互用，前波后波，相续不断；而此一物，梵言"羯磨"，殆华言"种业"，西言"遗传"。盖生必有其所自，死必有其所归；人之肉身所含诸质，死后还归四大，固无论矣。自然界有机无机之变换，固流气三体之循环，莫不遵是。《易传》曰："精气为物，游魂为变；是故知鬼神之情状。"所谓"精气"者，即今所谓"物质"也；"游魂"者则物质所显示之作用，即能力也。生物死，其机能虽尽，原质固未变也，复转寄另一形态中，以遂其生焉。盖死生为一条，万物皆轮转；始乎此者终乎彼，成为今者毁于昨。不常不断，亦生亦灭；日新月异，而后生生之义备。《易》以"感"为体，故有生、有感，然后时、中、通、进，变化无穷。互生缘起，与时偕极。始生生而终于忧患，此殆大《易》之所以作也欤？

最后《论忧患》曰："夫人既以其智力胜虎狙矣。"而凶德之孳，自营之私，又较彼物类为最。数千年历史所演群治之迹，盖莫不露其角逐之征焉：或以心斗，或以力博，以怨为孳，如恶叉聚。世固有愿受鞭策之苦而冀得食保身者矣；亦有远离诸欲，发愿往生者矣。然愿受鞭策而冀得食保身，与夫远离尘俗而愿往生者，其估量忧患之见不同，而所以求祛忧患之心则同。忧患之根于群者如此。知生生之无已，明忧患之无穷，故圣人作《易》以通变，终《未济》以求济。庶仁智各有所见，能通天下之志焉。传曰："知周乎万物而道济天下，故不过；旁行而不流，乐天知命故不忧。"与民同乐，与物同忧，而后忧患始可祛。悲智之修，可忽乎哉！

全书完稿，《自叙》有曰："此书以《易》为论本，而不限于《易》。取证老庄，旁参佛氏，远征西哲，近引诸儒。自赫拉克利泰（今译：赫拉克利特，Heraklit）、黑格尔、达尔文(Darwin)、柏格林（HenriBergson)诸氏，以至惠定宇、焦理堂、严又陵、谭复生、杭辛斋、章太炎诸子，凡有胜义妙论，足相发明者，靡不称引，用以参证。义求贯通，不囿畛域；意在博约，何滞古今？将以泯汉宋之争，祛理数之蔽；去彼神秘之外衣，以求合理之核心，为人天作眼目，通内外之学焉。"全书皆以天人之所必然，而述事理之所当然。《易》为忧患之书，《会通》又系忧患中所作，宜有痛切之感。

（二）《宇宙疑谜发展史》，1934年著。当时有感法哲孔德智慧发展三阶段之说，及德哲费尔巴人类三思想之论，因将有关宇宙疑谜的解答之东西人设想，施以历史的综合与比较研究。一方面深觉人智的进步是如此其迅速，同时也颇惊异古代人的宇宙观，就在今日还不失其时代的价值。依孔德所分人类智慧发展的三阶段：第一是神学时期，相当费尔巴哈所说第一个思想是上帝的时期；第二是玄学时期，相当费尔巴哈所说第二个思想是理性的时期；第三是实证科学时期，相当费尔巴哈所说第三个思想是人类的时期。

人们在森罗万象、千变万化的自然界中，拟想一全能的主宰，作为一切解释的枢纽。因为他们是聚族而居，有时避免水灾，常居高地；所以想象神们也是聚族而居于最高之地。他们常设想宇宙间有巨人族生长其间，死后尸体化为万物。重要的是，他们认识到宇宙有缺，转成转坏，无有已时。这一念，实是一切人类活动的原动力。

人类探测宇宙，目的为考察万物变化现象，从而推见其本体，求得永恒不变之原理，思以一御万，以简御繁。脱离人格神创造的传统旧说，进入形而上的奥境，即玄学时期。他们在这一时期的论述，共同点较第一期更多。有：站在原始唯物论立场，以一原质或数原质立万有之本体的；以无形质无区别之一原质或极微为万物本元，而以集合分散（其原因或为爱憎，或为喜忧）说明其变化的；以气化为宇宙本元的；不立外物而就万有之中拟一形而上的本体，作为宇宙最后因的说明；以数立论的；以宇宙为元因，自然而然的；于万象中立不变及常定观念而否认运动的；以外物存在之形式即时空方等作为万有之本原的等等。

中古以后，迄乎近古，印度婆罗门旧教与外来异教转盛，并佛氏修慧证悟之教，亦不绝如缕。中国自宋元以后，科学思想，为主观的理学所掩埋；固定的农业经济对于自然科学的要求，并不感到迫切；加以封建社会的教育，处处以造就统治人材及养成为君主俳优的士人为职志，所以此道就无人讲求了。

欧洲自文艺复兴后，科学家从传统的教会中反判而出，理智与感情，两得解放；被御用的亚里士多德（Alexander）学说，成为变质的烦琐哲学，亦被勇敢的思想家们冲破了。自从法兰西斯（FrancisBacon）与洛杰（今译：罗吉尔，RogerBacon）两培根高唱实验的合理的方法论后，科学界风起云涌，各以石破天惊的新理论，取代那支配人心千余年的传说，于是，欧洲近代文化曙光便放射出来了。

新大陆的发现，海外商业的刺激，引起十七、十八世纪伟大的产业革命，生产力之可惊的增进与经济组织之彻底的改革，给自然科学的勃兴以更有效的刺激。在实用与理论的两重关系下，19世纪的自然科学突飞猛进，由此，关于宇宙疑谜的解答，脱离了形而上学的窠臼，进入实证科学的新时期。人类智慧的发展经过了三大时期，终未见其止境。我们把它历史地综合起来，树立一种现代的宇宙观，则可得如下几项基本的概念：

变动不居——万物流转不息的观念，实为东西人宇宙观基本概念之一。

体一分殊——在森罗万象中，有根本的东西；在对立的状态中，有一致的倾向；在纷扰的现象中，有一贯的法则。本来，人类的心智是具有分析与综合二性，外物虽是浑然一体，不可分离，人类的智慧却能探究其同异。

错综的网——世界是一幅相互关系的网，自然就是一大连环的系统。自然界有机体的相互关系，正好和我们身体器宫的相互关系比论。

力的伟大——宇宙大力，能推动我们全太阳系，穿过空间，向不可知的目标行去；能支配地球环绕太阳；能指挥潮汐，叱咤风云；能雕塑露珠，铸造晶体；能装饰百合花，更能施给我们各种运动与思想的能力。

无限之感——我们登高远眺，先见群山，重重叠叠，起伏无穷，山谷之外，则见大海汪洋，我们的心灵便深深地印上自然“伟大”的感觉，发现宇宙之无限。

富饶与奇异——宇宙间物类繁富，真不可思议。星辰的光辉各有不同；山水各有个性；化学元素有一百多种；矿物数量无限；动物类属繁多，每类的种数，比我们所见的星辰数目还多。

反抗与和谐——宇宙间一切事物无不在反抗与和谐中生存。行星的运动，互相对抗，互相吸引。终于纳入轨道，构成丝毫不忒的宇宙体系。一切海陆、寒暑、云雨、风水、动植矿物，都互相对抗、补充、消长，以构成严整和谐的自然界。

对宇宙有正确的认识，才能对人生有合理的态度；获得理解自然的锁钥，则人类的幸福，始有增进的可能。所罗门（Solomon）说："阳光之下无新事。"这道出了真理的半面；再添上席勒（FriedrichvonSchiller）一句："世界老去复青春。"这才是世界的真相，大块文章的义法啊！

（三）《天人四论》，1941年脱稿于重庆南泉。时在"中央政校"授哲学课，格于形势，言不直遂；思以隐约之辞，传达新唯物论要义。因成《民生哲学引义》，七万余言（商务印书馆出版）。后删存新宇宙论、新认识论、新历史观、新人生观四篇，改题《天人四论》。第一，通过对"发现观""元始说""生命之流""斗争与互相"等论述，认为：宇宙乃是空间、时间、物质、能力四者之合体。宏观世界大至无垠，微观世界小至极微。一切都在物质与能力的互换之中，生生不已。第二，通过对"认识始于民生日用""认识之可能""认识的效用及范围""认识之实践性与知行问题"等论述，认为：认识乃是理性与经验、感觉与悟性的结合。第三，通过对"人类创造历史""理性史观""唯物史观"的比较研究，认为：马克思的学说，应是历史科学中最富说明能力的究竟义。第四，通过对"生之型式与律动""诚与三达德——智、仁、勇""内圣外王与服务创造""现实与理想"等论述，认为：人生的过程应为精神与物质、理想与现实、服务与创造的统一。

并指出：哲学是"见"，是"第一义谛"，是"一切智智"。智有四境：一成所作智，二妙观察智，三平等性智，四大圆镜智。前二智为常识及科学之能事，后二智则哲学之理想境界。然欲达此四智，须经五阶段，引唯识五重观之明之：一曰遣虚存实，二曰舍滥留纯，三曰摄末归本，四曰隐劣显胜，五曰遣相证性。盖为最先引证佛法以讲哲学者。既与时贤异撰，抑亦超出西洋一般哲学范围，处处着眼史的发展性与波动性。于水观澜，于山观脉，原始要终，生为之质，书成问世，实为一大事因缘。人天如客，盖不知经历几许“酸辛”。

（四）《名理新论》，著于1942年。人亦有言：《世说》出而人心一变，《华严》译而缁素却步。学术思想之影响社会，若是其深且巨也。自辩证法流传海内，寂寞论坛，玄风大畅，几于家访黑格尔，户诵马克思矣。代表封建文化的汉宋学系日暮途穷，代表资产阶级新兴文化的中西合流之学蒸蒸日上。外挹新潮，内衡雅故，因发明心要，著《名理新论》。全书十章：元始、阴阳、依他、流转、错综、圆融、消息、中道、究竟、全体；强调“依他”“流转”“圆融”，最后归“全体”。

“依他”——世界一生灭门，宇宙——永恒不断之大流。万有森然，自生自灭，阴阳无始，动静无端。自彼而观之，物无大小贵贱精粗美恶之别；自我而观之，则一切同异有无终始是非之见起矣。庄生曰：“非彼无我，非我无所取，是亦近矣。”故认识者，实主客能所之统一。我人对日常所见之事物，不知其为因缘假有之法，而执为实在，谓各有自性，各具本体，因而着相，强为差别。依他起性者，谓世间一切事理，并单独存在，皆依其他事理积合而成。

“流转”——宇宙万物，迁流不息。人有生、老、病、死；自然有四时交替；佛说一切有为法，皆不离成、住、异、灭四相；卦有六爻，表示事物发展过程。世间事物，无不经潜伏、显现、生长、兴盛、成熟、没落诸阶段，其初期为吾人感觉所不及，其没落期则人所共知，所谓“其初难知，其上易知，本末也”。不问其为“流转真如”“生生之易”“小易之诚”，要皆宇宙动力或大用之别名，若能理解，不滞名数，则得意而忘言可也。

“圆融”——依他诠用，流转显体，错综观相；今广以圆融，则得妙观察智、入于如来妙庄严海矣。华严宗立“事法界”“理法界”“理事无碍法界”“事事无碍法界”四法界，谓宇宙万法所现之四种境界。又对一物作多方面的观察，兼体相用而言。要之六相：“总”“别”指诸法之体，“同”“异”指诸法之相，“成”“坏”指缘起之用。《中庸》曰：“君子之道费而隐。”费者事法界，隐者理法界，费而隐，则事理无碍，事事无碍矣。夫迹费而体隐，迹有穷尽，有边量；体则无穷无尽，无量无边，周遍法界而不辞一界，但举一物而万物皆同。故费必赅隐，芥子所以纳须弥也；隐不离费，无量不出现量也。

“全体”——穷源竟委，全体披露。华严十玄门：一、同时具足相应门。二、一多相容不同门。三、诸法相即自在门。四、因陀罗网境界门。五、微细相容安立门。六、秘密隐显俱成门。七、诸藏纯杂具德门。八、十世隔法异成门。九、唯心回转善成门。十、托事显法生解门。从“层化说套合论全体观”出发，现代天文、生物、心理诸科学发展之结果，对于宇宙、生命及心灵之完整性，已有一致的理解，其阐述进化之历程，描绘宇宙之轮廓，莫不惊拜于“全体”之前。若摩耿、亚历桑逗（今译：亚历山大，SamuelAlexander）之“层创进化论”，谓宇宙为层次创化，上下相依，层层起用，而在生命中，尤有一种融贯的完整性与创造性，可无论矣。此外若斯墨次（J.C.Smuts）之“全体论”，主张宇宙每层次之进化，皆寓有创造的组织功能，一以全体为依归；谓“全体系一切完整体进化之推动力，故为宇宙最后之原则”。薄丁（J.E.Boodin）则注重于进化各层之交互作用，故名之曰“宇宙交互说”，而康节（G.P.Congor）之观宇宙，则着眼于层层相套，大层套中层，中层套小层之关系，其学说，亦可译为“套合论”。上来诸说，皆可与华严十玄门相发明，使吾人对于宇宙之扩展性、层套性与全体性，更得展转启发之助。庶可“打开灵魂之眼，使向上望”，如柏拉图之所称颂焉。稿成，就正师友，深承称许。太虚法师致书张纯一居士，赞扬此书“古今中外，学识淹贯，文笔条畅，乃一时杰作”；钱鍾书先生来书，亦称“大论精微融贯，真通才达识。通人必使四海一家，三世同堂。先生新论，堪当品目”。孤桐老人更题诗宠之：

人间胜义不相师，钵水溟池小大宜。
白马到关虽有赋，鲦鱼对客岂无知。
奏书陆贾偏儒术，作论恒谭侈道基。
中土别饶觭偶法，名家能应墨家訾。
因题目标旨，字之曰题《苏子新论》。

（五）1950年，我在上海佛教青年会讲演大乘佛法。曾就新认识论问题，更明确的提出以下三点：1. 客观世界可认识；2. 主观反映有抉择；3. 见之实践为真理。此与大乘佛法之不否认客观存在，而仅以主观执着为虚妄者，异途同归。观念为物质的反映而非根源，思想是物质运动之最高的内在形态。佛法主张“一切法因缘生，唯识所现”。故转依发展，非主客一致、能所相应不为功。俗有非有，真空不空，此正现象与本质、感觉理性辩证的发展，所谓从现象中求本质，由相对真理到绝对真理，正与佛法所标从有为法到无为法，从如幻证真如，深相契合。总之，我们不但要改善外部的物质生活，还要解放心灵；不但要了解宇宙客观实相，还要建立合理的世间。

至此，我的学术思想初步确立：即于批判综合的同时，坚持文化的继承、吸收和创造三性。1936 年，致书张季同（岱年）先生讨论：世人重学术，不免遗外，往往知及而仁不能守。盖慧有余而力不足，知至而行不赴。属治王学，恍然有得于阴明知行合一之义，与佛氏勇猛精进之教，知慧力之不可偏废，思倡“慧力哲学”以正之。谓当尽源彻底，如香象之渡河；大雄无畏，吼狮子之雷音。盖慧的修养与力的飞扬，实生活之不二法门也。

二、史学蠡测

1939 年秋，有感各地“新启蒙运动”及“学术中国化”口号之高，而苦乏提要钩玄之作，以广其说，因拟订论纲，期以三年，从事文化抉择工作。既，某杂志约撰《民族文化建设》一文，初拟授以短论，如发凡起例，下笔不能自休；遂竭旬日之功，别成一小册子，为《民族文化论纲》。盖若干年来所念念不忘者，得此而一发其机矣。

（一）从《民族文化论纲》以及后此《读史举要》《中国古代学术源流略讲》等撰成，使我的学术途径得在史学方面进一步扩充，初步形成辩证的整体历史进化观点。认为：社会上某种意识形态思想体系的形成，从横的方面说，是反映一定的社会经济生活，从纵的方面说，则是继承着若干历史的传统而有呈现出它本身的时代特征来。这一历史的传统，随着每个时代每个社会形态的改变，不断更新其内容，以求适合并为当前的政治服务；它影响整个民族文化的发展，意义深远而巨大。假使我们从历史长流上割断任何一个时期的发展阶段，就没有办法说明它的“积厚流光”的过程。史之所以为史：人必有联，事必有联。空间有联，时间有联；铜山西崩，洛钟东应；抽刀断水，水自长流。因此，观史迹之风势，必将进入一个世界范围的大一统的新时期。

在《民族文化论纲》中通过“怎样继承传统的文化”“怎样吸收外来的文化”和“怎样创造新民族文化”这三大方面。提出了文化有三性：一继承性，二吸收性，三创造性。继承是历史的传统，吸收是时代的潮流，创造是民族的形式。认为：文化是价值生活的创造，指某一时代某一民族生活之最高的形式，它包括物质生产，精神活动，以及二者关联与发展的全程。因而应当强调价值生活与感觉生活（即物质与精神生活）的调和。这对当时新启蒙运动的兴起，有积极意义。

（二）1958 年，因反右扩大化，北出榆关，栖迟粟末。于是，发愤著书，至 1963 年底，撰成《读史举要》。以我国史学名著为中心，涉及文化史、思想史上的若干问题，采取连类并举、比较研究方法。勒为十大单元；对每一专题作了撒网式的全面综述。

全书十章，归纳为五个部分。第一部分，“开宗明义”：不读史无以见中国历史传统的悠久，不读史无以见中国文化遗产的丰富，不读史无以见先民斗争史迹的光荣，不读史无以见中外文化交流影响的远大。从好学深思、心知其意；知类知要，先立其大；触类旁通，广泛联系这三个角度，谈了有关度史、治史的方法与体会。

第二部分，“史料学”——提出了在读史治史过程中，如何鉴别、运用史料及必须注意的问题。

第三部分，“史学史”——即“《诗》三百篇与《尚书》《春秋》三传”“马班异同论”“《资治通鉴》简论”“刘知几、郑樵、章学诚的史学成就及其异同”这五章，以“马班”和“刘、郑、章”为重点。“马班”一章，就二家著作的立场、观点、方法及所表现的倾向性，作了比较研究。而在“刘、郑、章”一章，对他们的中国文史理论体系，根据不同的时代背景，具体分析，进行总结。认为：知几论史家修养，提出才、学、识三长之说，尤重“史识”，直接影响到郑樵、章学诚的史学。他在中国史学上的地位，名列前茅，功等开山。郑樵僻处海隅，冥心孤往，生当义理词章泛滥无归的时代，立愿沟通文史，总结中世纪学术思想，上承司马迁的通史家风，中继王充、刘知几的批判传统，下开朱熹、王应麟等尊疑学风，其《通志》以百科词书的姿态，出现在风雨如晦的南宋初期，非同一般。学诚的文史批判学和他的哲学思想，处处流露卓越见解。特别在疏通论类、辨别源流上，做出优异成绩。他与当时显学“乾嘉学派”和宋明理学相对峙，提出“天人性命之学不可以空言讲”的“浙东史学”新观点。三人对中国文史学的贡献，荦荦大者，动关一代学风的兴替。归纳其论学宗旨有 :1. 挽救时弊、发愤著书，饶有严肃的学人气象；2. 会通文史，创明类例，提高了学术专著水平；3. 尊疑解蔽，实事求是，发扬中国唯物主义的光辉传统。他们所处时代虽有不同，各人治学范围，也广狭有别，但是这种尊疑批判的人文主义思想和唯物主义的光辉传统，却始终贯串在他们的全部著作里面。

第四部分，“思想史”——我从意识形态领域，将先秦诸子学说和汉唐佛学思想对中国社会发展史的深远影响和互相融贯的过程，作了重点论述。在“汉唐佛学”一章中，首述汉唐社会情况所显示的时代特征，为外来文化的传播，提供了有利条件。说明佛教哲学和中国原有学术思想的关系，是一个经过论争、互相影响、交融合流的辩证发展过程。

1. 佛学所提出的新命题和新方法，在哲学上扩大并丰富了中国思想史的范围和内容。

他们凭“觉性”的智慧冲破一切障碍，直接领会人生与宇宙诸法实相。尤其是禅学，在中国哲学的长期发展史中，深刻揭示了思维与存在的根本问题，提出许多有力的反证，给予人们以新的启发。不仅如此，它还增进了语言文学的新鲜活泼感。

2. 佛学对中国文学的影响。新词汇、新语法的输入，佛典的翻译，偈语的出现，“变文”“宝卷”的产生，将我国文学创作的方式和理论，推向前所未有的新境界。在这一章中，我就佛学在中国长期的封建社会中，怎样适应当时历史情况，逐渐滋生、发展以至衰落的总过程，从若干横侧面拈出几个问题，借以说明佛学对当时社会，特别是有关古典哲学和文学方面所起的影响和作用着重探索他们之间的种种交涉及其历史迹象，作为进一步批判抉择的张本。

第五部分，“文化史”——对“最古的文化遗存”“惊人的建筑工程和都市规划”“瑰丽圆浑的雕塑艺术”“精美晶莹的瓷器”“丰富多彩的手工艺”“文化传播工具的创造”“卓越优秀的美术创作”等等，作了鸟瞰式的叙述。把祖国历史文化宝藏，像数家珍似的一一呈献在读者眼前，使他们饱受历史观摩之乐，从而增进对可爱祖国的了解。

全书脱稿后，仍觉意有未尽，复撮其旨趣，得四十四韵弁之卷首，兹节三十韵弁如下：

古人读书分刚柔，刚日读经柔日史。
今人为学重条贯，践履讲明相终始。
哲匠宗工何代无，学于众人斯至矣。
莫非史也天地间，旁搜金石钻故纸。
不有大理贯穿之，安能功坚摩其垒。
乙部号称剧难治，所涉者广骫事理。
疏通知远书教大，藏往知来易义美。
学贵深造与自得，求真辩伪惟其是。
诗书隐约虞夏周，孔墨孟荀乐道此。
书存政典诗观风，援古证今良有以。
春秋三传有编年，大义微言或可俟。
诸子争鸣畅天机，发愤著书文益绮。
八儒三墨夸末流，名法道德各异轨。
双星炳焕马与班，通古断代创厥体。

春秋经世究天人，才学识兼谁堪比。
涑水通鉴信杰构，遥接左氏仿汉纪。
后有作者莫或先，李焘毕沅纷纷拟。
论史谁如刘子玄，文心论衡差挂齿。
惑经疑古世俗惊，索隐探赜膏肓起。
渔仲穷居夹漈山，别识心裁空余子。
扬迁抑固知有意，申其志者稽山氏。
实斋浙学集大成，道始三人论非诡。
卓荦三雄刘郑章，得失从来难偻指。
专家博雅学派分，文史科哲异端委。
隋唐佛子宋明儒，各向源头探活水。
十宗五灯吾能说，鞭辟正须近其里。
庄生尝叹知无涯，孟轲充实不可已。
真理自圆凭累积，一旦豁然桶脱底。
龙荒五载讲肆开，结邻马队注耒耜。
寒窗快雪时放晴，走笔诗成聊一喜。

此书是我十余年来，动心忍性之际的困勉所得。它对那些想要系统又全面的了解中国历史知识，而苦乏综合性读物的人来说，提供了入门方便。

（三）继《读史举要》问世后，我又在《中国古代学术源流略讲》中，以六艺新估、儒家批判，诸子要义、玄学清谈、佛学抉择这五个方面，系统介绍了中国学术思想的发展过程，借以增助世人对于国故的全面理解。

三、词林警策

（一）1946年，我写过一篇《论风雅》短文，指出：

风雅为中国诗之原始形式，迄今世而不废。大抵风为抒情诗，雅为讽喻诗，一近浪漫派，一近写实派。一重自我表现，一多客观讽刺，此其大较。太史公称《国风》好色而不淫，《小雅》怨诽而不乱，最为确诂。盖不仅形式而内容亦迥不相侔者也。

自风雅寝声，楚骚郁起，体兼二者，蔚为时代之新声。厥后正始以嵇阮开宗，太康以潘陆继轨，风雅微尚，稍稍不同。至唐李白近风，杜甫近雅，宋则东坡学李，放翁师杜，亦风人雅人之别耳（温李元白，自是二派）。就此下推，则梅村、红豆、散原、海藏，为雅人之诗；渔洋、竹坨、实甫、樊山，为风人之诗。知人论世，虽不中亦不远矣。穷源竟委，要以风雅区分为近是。

以此为论本，50年代，先后编注《李杜诗选》与《元白诗选》，各为长篇《导论》，辨其同异。继有《白居易传论》《晚唐四家诗合论》《风雅新论》《论诗绝句》等。

（二）就中以《风雅新论》《论诗绝句》二者，为生平研究古典诗歌时，循继承、吸收、创造之路，用力较勤之作。如云：《诗经》以“风、雅”为基调；而《离骚》则为兼有风、雅而成的创体，奠定了中国古典诗歌的基本形式。古来伟大诗人之所以卓立一世，传诵千古，正是他们热爱人民、热爱祖国，继承诗三百篇的人民性、批判性、现实性的传统，和《离骚》芬芳悱恻的风格，而加以发展提高的缘故。

风、雅、颂、赋、比、兴，是诗歌的六种规范，包括内容和形式。就内容说，“风”，即“风土之音”，反映了各地的民情风俗和疾苦利病。“雅”似乐府歌辞，反映政治得失和国势盛衰。“颂”是赞美诗，歌而且舞，用于宗庙祭祀等庄严的典礼。就表现方法说，诗歌可以同时采用“赋、比、兴”三种手法。换言之，“赋”是铺陈，直叙其事，随物赋形，后来发展成汉赋的纵横排比。“比”是譬喻，有显有隐，托物寄意，后来发展为楚辞的象征。“兴”是感兴，即景生情，因物起兴，更是后来《古诗十九首》和《咏怀》诸体的滥觞。这“六义”标志着中国诗歌在创作方法上的最早传统。

如果用现实主义和浪漫主义两种创作方法来作新的解释，它在中国诗歌发展史上，也是互相映发，相得益彰的。总括地说，通过一定形象，反映事物本质，集中表现，重点突出，这是现实主义的。超出现实，寄托理想，驰骋丰富的想象，创造不同的境界，这是浪漫主义的，当诗人们着重典型塑造和故事的描述时，就需要写实、白描、铺陈、排比，近于“赋”体；当他们着重自我表现和情景交融时，就必须寄托遥深，言近而旨远，近于“比兴”。后来“风人”“雅人”“骚人”的区别，“风韵”“格调”“意境”的偏重，我想最大的源泉，还是“现实”与“浪漫”两种方法两种情调不同的结果。

风格永远是贯穿于某些作家作品中思想和艺术基本特征的统一体，因而必须从其精神实质所体现的面貌、情调、意境种种方面加以说明。假使允许我大胆概括的话，中国古典诗歌（连同散文戏曲在内）的风格，具有下列几个类型：1. 以《国风》《离骚》为主的“温柔敦厚”“芬芳悱恻”的风格，这是以“抒情”为重点的。2. 以汉魏乐府为主的“刻露清新”“回肠荡气”的风格它是以一种新时代歌声的姿态出现的。3. 以相传为苏武、李陵赠答诗和蔡琰《悲愤》等为主的“悲凉凄怨、沉郁顿挫”的风格。4. 以陶潜、谢灵运为主的闲适自然、峻洁清远的风格。这些类型都是一脉相承，逐渐加深而确立起来的。自然，它同贯穿于整个作品中的具体内容、特定的历史典型、社会性格等是分不开的；每一个作家，也是随着社会发展的阶段性，或个人生活过程的波折而有所不同。这里只就体现在中国古典诗歌发展史中几种较明显的“总倾向”而言。

关于中国古典诗歌的特征，可约为下列几点：1. 美刺比兴的诗教。是中国古典诗歌的实质，它达到了文学与政治、艺术与思想，形式与内容间辩证的统一。这一战斗的人民的现实主义传统，贯穿了中国全部诗歌发展史，成为历代诗歌创作和批评的准绳。2. 丰富多采的风格。形式上包括风骚、乐府、古诗、律体、绝句、小令、长短句等体制，格调上包括委婉含蓄、芬芳悱恻、悲凉凄怨、回肠荡气、闲适自然等品类；而“双声”“叠韵”“复词”“重句”等“天然音节”和“人为声律”的运用，更蔚成中国古典诗歌不可或缺的积极因素。3. 诗画音乐的结合。由于中国文字特具整齐美和韵律的运用，因而加强了诗的音乐化；又由于诗人工于体物，色彩鲜明，形象突出，因而诗也就被称为“有声画”，提高到“诗中有画、画中有诗”（苏轼赞王维语）、“诗是无形画、画是有形诗”（张舜民《画墁集》）的“诗画互通”境界。4. 语言艺术的精炼。概括、集中、生动、凝练，是中国古典诗歌优良传统的又一面。历代诗人最重字法、句法、章法。练字莫过《三百篇》：“杨柳依依”“蒹葭苍苍”“燕燕于飞，参差其羽”等句，所用状词、几乎成为“一字律”。梅尧臣说：“含不尽之意，见于言外，状难写之景，如在目前”，正可说明这点。

（三）1971 年春，我自粟末退休返籍，前后七年。丙午清明，竭一日夜之力，成《论诗绝句》五十余首。远揖遗山，近师渔洋，自《诗经》《楚辞》，以迄近代诸家，谬加月旦，藉证心期。1982 年春，再度入蜀，循李杜之芳踪，访三苏之遗迹，心系生民，神游故国，觉古人去我匪遥。因续补若干首，冠以导论，附入外编。计生平论诗宗旨，尽于此矣。上所陈述，了无胜义，止于常谈。珍帚嗜痂，殆莫能免。然此中甘苦，如人饮水，冷暖自知。得意忘言，幸读者有以教之！

自我批判

四十多年前，友人徐雪寒同志曾对我说："我总想，你在文化上应该有大贡献的；但似乎又有限止你完成它的情形。主要原因，你接受旧风格和生活调子太多，新的东西被你固有的东西所融化了，改变了。"又说："弟尝自思，我兄出处，总与弟等不必相同。当凌空风翥，鸣震九天。然则以文字杂感，恐难终老，出入古今，恐肆于放逸。兄文奇美，弟所心折，但于今日问题之讨论，则颇为有害，盖时人将忽略其质也。设去之乎者也引经据典之形式，以雄辩并说明态度出之，或更有助于大众之了解。"这真是一针见血之论。但我积习未除，忍俊不禁。有时壮怀激烈，有时悲心忽起。记得抗战前夕，华北吃紧，我曾发表长诗《万里长城的控诉》，唤起同仇敌忾的人心。抗战初过武汉，独上黄鹤楼，大呼"西边余故垒，北顾失幽州，百尺危楼在，谁歌万古愁"；将撤退武汉时夜上蛇山留别，又发出"千家梦好万灯青，一派微茫接远汀，如此江山如此夜，可应凄坐泣新亭"的感慨。

1940年5月，重庆遭日机摧炸，目击心伤。因本诗人小雅之旨，一夕写成《陪都赋》。自叙有云："仆生逢多难，才谢前良，幸栖止之有托，谅中兴之在望。爰摅一得之忱，用敷新都之美，山川人物，既磊落而英多，土风岁时，岂易地以增感。言婉而约，可诵可歌，庶闻者益坚必胜之心，而凛其亡痛云尔。"二次世界大战，牵动人类全部历史，波澜壮阔，动魄惊心，先后写成七律三十二首（起巴黎陷落迄菲岛登陆），自为笺证。陈仲陶氏题词所谓"苏子天人学，文采古罍樽，瀛谈寓悲悯，余事诗史尊"，殆实录也。

抗战胜利，栖迟上海，迎接全国解放。作为"知识分子移行者"的我，总想在民族的形式上打下时代的烙印。上海解放初，首先响应大公报《我爱中国》的征文，名列第一，约略传我那时喜悦的心情。

总之，解放后个人的思想、感情与生活，曾起了不少变化。在问学与政事上，我是综合力较高于分析，创造性较多于师承，雅好唯物论而不废玄想；昌言学于众人，以百姓心为心，而时耽警句。这就使我无法通俗，和合大众。往往自我的抒情胜过客观的检阅，而生命力的洋溢，竟无补于人格的完成。对于现实的凝视与理想的憧憬，未能做到辩证的统一。

当时代进入了民主、进步的人民世纪时，我们更清楚地看到，悠久的中国历史文化传统，是怎样的一种“积厚流光”的过程；马列主义的普遍真理之光已怎样毫无遗漏地照耀着广大劳动人民生活的每一角落和它的灵魂深处。这就证明了：人类的生活、文化乃至文体，是怎样需要天真的触发和深远的交流。黑格尔说过：“世界这个字眼，一般地是表示多种性底无形式的统体性。”这对于我，无论就生活的调整、思想的博约，或是文体的变化上来说，无疑地是一个富于启发性和贯通性的开启。

1977年10月，重出渝关，沿途访问，曾和白香山《东南行一百韵》寄怀师友，兼以自寿，题曰《北游篇》。以示早岁投艰及归休心迹和经历革命的曲折道路。支离东北，漂泊西南，萍浮梗泛，正是收帆落祭之时。回顾平生，悲欣交集，作《百年三瓜答》一诗见意：

百年已过三瓜答，万里真同一鹤翩。
两接高风希李杜，独抒郁抱对山川。
（一年两度入川，参加李杜诗歌讨论会）
蒹苍露白非无想，菊影茶笙总是禅。
今日饯秋还自寿，仰怀先哲得天全。

总之，作为新时代一个平凡的真正的中国人，多少年来，从关心世局起，即投入爱国民主运动的行列，憧憬共产主义社会的伟大理想。面对生活，我一向是肯定、积极、认真，心光掩抑，总是按捺不住那股内燃自发的热情；但这是执着的、顽强的、艰难的——常常是痛苦的对生活的接近。至今，我仍在通过种种努力，务使理想与现实的距离更为接近一些。如果在思想和生活方面能取得若干向上的契机和辩证的统一，而不致拖泥带水，成为时代的落伍者，那就足以自慰的了。

1984年1月31日初稿

2月7日改定

苏渊雷先生年表

一九〇八年（戊申）清光绪三十四年一岁

十月二十三日(农历九月廿九日)辰时，先生诞于浙江省平阳县江南区玉龙口村(今属苍南钱库新安乡)。父寿芝，字伍兰，国学生，母徐香兰，年二十来归苏氏。劳怨自任。

一九一〇年（庚戌）三岁

乡先辈、浙江省平阳县万全乡鲍阳村宋平子(衡)逝世。宋氏学术思想对先生日后影响极大。

一九一二年（壬子）中华民国元年五岁

一月一日，孙中山于南京就任中华民国临时大总统，首创共和国。父逝世。

一九一三年（癸丑）六岁

分炊，得代耕田三亩，平房二间，兄弟二人靠母亲手工及薄租生活。发蒙，就学于外祖父徐笛秋家，青灯黄卷，母亲督教甚严。

一九一五年（乙卯）八岁

就读金乡外祖父家。外祖父善诗，性恬澹，隐居求志，文史自娱。

一九一七年（丁巳）十岁

俄国十月社会主义革命成功，首建无产阶级政权国家。

一九一八年（戊午）十一岁

入平阳金镇高等小学读书。仍住金乡外祖父家，此后得到外祖父诗词的熏陶，稍解吟咏。

一九一九年（己未）十二岁

“五四”爱国运动爆发。先生自觉响应爱国运动号召，积极参加游行集会，从此后，他开始关心国家时事，投身革命。

一九二〇年（庚申）十三岁

作诗《舟泊安溪》。以第一名成绩，毕业于金乡高等小学。

一九二一年（辛酉）十四岁

七月，中国共产党成立。入平阳南雁荡山会文书院，从张汉杰师学习古典文学。

一九二二年（壬戌）十五岁

考入温州浙江省立第十师范学校秋季班。

一九二三年（癸亥）十六岁

五四运动后，新文化运动兴起，先生与蔡雄结纳同学朱维之、金贯真、何止争等组织血波社，创作诗歌，抒发情志。诸师中受益最深者，先后有朱自清、马孟容、李仲骞、谢玉岑、朱少卿等先生。

一九二四年（甲子）十七岁

第一次国共合作建立。孙中山北上，倡开国民会议。先生此时开始投身社会运动。朱自清北赴清华讲学。先生与蔡雄自觉学植肤浅，转而钻研古籍，欲采拾众说，参以己见，以成一家之言。

一九二五年（乙丑）十八岁

孙中山逝世。先生始倾向三民主义。"五卅"惨案发生，革命风潮激荡。开始明了国情及国际形势，社会主义思潮渐入脑际。孙中山逝世后全国征求新党员，参加了改组后的国民党，担任温州学生联合会主席。得读《共产党宣言》《共产主义ABC》《新社会观》等秘籍，思想焕然一新，又看《新青年》，爱不释手，于校刊发表《十月革命之歌》长诗。

一九二六年（丙寅）十九岁

撰《孙中山先生逝世周年祭文》，此文文字精练，结构严谨，泣血思怀，气撼山河，是先生留下的最早文字作品。主持温州学联会工作，与蔡雄等宣传民主革命，日夜奔走。四月，与蔡雄先后参加中国共产主义青年团（直属温州独立支部领导）。七月，代表浙江省学联，出席广州全国学生总会第八届代表大会。在广州参加张太雷主持的党团活动。逾月返温，撰《粤游新记》，盛赞革命策源地新气象。十二月，正式转正为中国共产党党员，参加温州独立支部活动，仍担任青年学生运动及地方救国会工作。

一九二七年（丁卯）二十岁

一月，因革命工作需要，被选为中国国民党永嘉县党部执行委员兼组织部长。四月，主持召开温州各界群众大会。四月十二日，蒋介石背叛革命，在全国实行清党大屠杀。四月十五日，与戴树棠、陈仲雷同时被捕，押往杭州陆军监狱。五月二十四日上午一时，蔡雄壮烈牺牲，噩耗传来，痛不可言。在狱中写下一首《伤感之秋》长诗，以“逝波”笔名，密寄上海潘汉年主编的《幻洲》半月刊杂志登载。先生先后受伪“清党委员会”“特种刑事法庭”审讯，被判刑十九年。

一九二八年（戊辰）二十一岁

被判决前狱中的同志们都写下了遗嘱。先生在遗嘱中写到：“生命的意义在于创造，而奋斗是它的手段。牺牲是不可避免的，可惜我这略有组织和宣传才能的青年，过早地离开人世。”狱中听到毛泽东率领工农红军在井冈山会师成功，模仿《浮士德》译本，写新诗小品文并三部曲，原稿在狱中传阅，由于几次被搜查，忍痛毁稿。与薛暮桥、骆耕漠、徐雪寒、徐白民等同囚战友，秘密研读《通俗资本论》《经济学大纲》《帝国主义论》等马列主义经典著作。秋，狱中上书大学区院长蔡元培，为全国被捕革命青年请命。

一九二九年（己巳）二十二岁

先生参加支部领导的第二次绝食斗争。在为牺牲同志举行的追悼会上，先生诵《不朽的生命》以诗言志。

一九三〇年（庚午）二十三岁

先后同囚者有薛暮桥、骆耕漠、徐雪寒、徐白民、宓维淙、陈流、徐迈进、徐行之、朱楚辛、丁超、庄启东等人。八月二十七日，反动派血腥大屠杀，这一天牺牲十九人，先生作长诗《十九个》，哀悼战友，诗稿传诵狱中，旋毁。

一九三二年（壬申）二十五岁

狱中自修英语，能读《罪与罚》《屠场》《物种原始》《比较宪法》《欧洲政府》《社会学导论》《狄慈根哲学论集》等英文原著。秋，狱中初见流萤，适读骆宾王《萤火赋》，感赋作诗《书骆宾王〈萤火赋〉后》。

一九三三年（癸酉）二十六岁

始用马列主义观点批判总结中国传统文化，用历史唯物主义哲学观研究《周易》，狱中写下第一部学术专著《易学会通》。六月二十三日，由旅杭温州同乡会会长、太湖水利局局长林同庄设法保释出狱。七月三日，乘船返温州看望母亲。八月，由朱少卿师介绍，赴上海世界书局编译所任编辑。

一九三四年（甲戌）二十七岁

在沪参加党的外围工作，如《中国农村》刊物及"中国经济情报社"活动。春，《文化综合论》刊登在上海《文化建设》杂志上。参加编纂《哲学辞典》，先生分担中国古典哲学部分若干条目。谢玉岑师病卒，挽以长联。秋，世界书局为集中精力编纂《辞林》事，从上海移住苏州大井巷大井村世界书局编译分所，先生与其事，同事有朱兆萃、杜天縻、刘叔琴、黄云眉、陈登原等。承朱少卿师介绍，与鄞县傅韵碧女士订婚。

一九三五年（乙亥）二十八岁

三月二十九日，于南京安乐酒店举行结婚典礼。婚后返苏州寓所。《小品妙选》《诗词精选》两书先后出版。撰《孔学三种序》《十八家诗钞题记》。

一九三六年（丙子）二十九岁

二月，应叶溯中邀，赴南京正中书局任编辑。自苏州移居南京城北。四月，举一子，名守白，小名智生。为《新民报》《扶轮日报》撰杂感小品，其中涉及政论者往往为检查者抽删，不能续载。写《论哲学之战斗性与实践性》。华北局势甚危，发表《万里长城的控诉》长诗，以唤同仇敌忾之心。

相识千家驹、孙晓村、赖亚力、狄超白、寄洪等，共同发起"求知合作社"（社长谢无量），为撰《缘起》一则。参加救国会，参加及主持哲学、社会科学座谈会活动。游于默介绍，赴南京内学院听欧阳竟无讲佛学。

一九三七年（丁丑）三十岁

自选卅岁前诗文小品，编为《玄黄集》。七月七日，芦沟桥抗日战争爆发，宋哲元将军下令二十九路军奋起抗战，先生为歌壮之，载于《教与学》月刊首页。南京撤退前夕，在危城中接编沈钧儒为社长的《抗敌周报》，直至末期。十一月二十七日，接眷返京，旋转移汉口。

一九三八年（戊寅）三十一岁

滞汉口，眷属先行入川。任军医署长胡兰生机要秘书。武汉撤退前夕，说服胡兰生一次拨足大量医药器材，交由十八集团军驻武汉办事处叶剑英运往延安，建立后方陆军医院。随军医署沿西南公路入川，寓渝州李子坝山腰涵庐。

一九三九年（己卯）三十二岁

次子守玄于"一·二八"纪念日生，取名春生。致书欧阳竟无，讨论文化抉择。欧阳为跋《宋平子评传》。

一九四〇年（庚辰）三十三岁

先生与闵刚侯、朱楚辛等经常往来。参加中共地下活动。五月，重庆遭日机轰炸，目击心伤，始作《大战杂诗》八首。十月四日，灯下作《陪都赋》。一夕写成。将皖南事变后国民党军队驻地、配备及机密资料供中共地下党组织闵刚侯等。

一九四一年（辛巳）三十四岁

应同乡肖铮邀，任中国地政研究所研究员，兼教中央政治学校，与冯友兰等分授哲学课。四月，成《世界名人语录》约十余万言。获交岭南梁均默（寒操）、汉川徐英（澄宇），同邑林竞（烈敷）。七月二十五日，《民生哲学引义》成，后改名《天人四论》，公开引用马克思著作。三儿守一（珏生）生。

一九四二年（壬午）三十五岁

撰《章学诚新传》。七月，应军事委员会政治部邀（时郭沫若任第三厅厅长），讲学三圣宫，有诗。八月，《民生哲学引义》《名理新论》《民族文化论纲》三书出版，又撰《民生哲学与土地政策》。十一月，任中国地政研究所秘书及研究员，兼中央政治学校教授。

一九四三年（癸未）三十六岁

二月，欧阳竟无示寂于江津支那内学院。撰《敬悼欧阳竟无大师》长文。撰《我国学术发展史迹及其趋势》。于重庆《时代精神》发表《论我国学术发展之新途径》。《宋平子评传》《宋平子文钞》出版。八月，在国民党中央政校教授哲学时，因传播马恩革命思想，与主者不合，坚决辞职。应卢作孚、子英兄弟请，移家北碚，创办黄中出版社、钵水斋。十月二十五日，三儿珏儿病痢，中西医药无效，于十二时去世。十一月五日，出版社、钵水斋勉强开张。马一浮、沈尹默、汪旭初题词，陈从之赠诗。

一九四四年（甲申）三十七岁

居北碚，兼教国立体育专科学校、私立立信会计专科学校国文、社会学课。应冈刚侯邀，在朝阳学院讲学，题为《孔、老、佛三派之方法论与人生观》。太虚法师、法尊法师先后来访钵水斋。冯焕章将军偕秘书李紫翔过访钵水斋。应国立编译馆杨宪益邀，主讲星期讲座《禅宗对于中国哲学文学之影响》。自印《钵水斋丛书》四种：《天人四论》《民族文化论纲》（增订旧版）、《名理新论》（重订本）、《陪都赋大战杂诗合刻》。

一九四五年（乙酉）三十八岁

自北碚迁回重庆。《经世文综》出版。元月，钵水斋重开于上清寺邮局边，名人学士，热闹非凡。高二适赠诗。四月，赴成都，游青城，访晤林山腴、谢无量、张大千诸人。撰《民生哲学述旨》。八月，毛泽东主席自延安飞抵重庆，同国民党谈判。大女胜曼生。八月十五日，日本投降，举世欢腾。承胡兰生秘书长邀，兼任中国红十字总会秘书。

一九四六年（丙戌）三十九岁

二月，受聘为《中国时报》主笔，为撰《发刊词》及社论、社评十数则，撰《论简政》《为参政会诸公进一解》等文，被当局者所忌，不一月辞去。美国特使马歇尔亲临钵水斋，选购何叙甫将军画虎巨幅。中英文化情报社主任李约瑟博士来钵水斋。荷兰驻华大使馆一等秘书高罗佩博士参观钵水斋后招饮，郭沫若、田寿昌等人同座，即席题诗送高罗佩。邀郭沫若、田寿昌小聚寓斋，高罗佩亦在座，席间闻郁达夫海外凶耗，作诗感叹。重庆红十字总会东归南京。六月，离四川，携仲子春生沿川陕公路归，作纪行诗数十首。同时，夫人携长子智生，女胜曼分道乘长江轮东下，先后于八月初抵南京。在京晤石西民，在沪晤徐雪寒，重新与党组织取得联系。同时兼任上海中华工商专科学校国文教授，每周往返京沪道上。

一九四七年（丁亥）四十岁

任中国红十字总会秘书兼第一处长。淮海战酣，先生在会上力排众议，坚守中立。会后，又影响红十字总会秘书长胡兰生，拒派医护队赴蒋军前线参加内战。农历三月初九日，母亲六十生日，撰《家母徐太夫人六十寿启》。与刘果生、胡小石、尹石公诸老结为忘年交。与宗白华、陈之佛、傅抱石、黄芝岗、张慧剑、周绶章时相过从。太虚法师示寂上海玉佛寺，为文志哀。

一九四八年（戊子）四十一岁

《学思文粹》自印出版，附诗二首自寿。为南京《新民报》撰写《苏子语业》，颇获好评，有读者赠诗。次女月笑于六月十九日（假观音诞）生。南京《新民报》查封后，先生避风海上。中秋节后一日，举家移往上海永嘉路蓉园。应上海中华工商专科学校聘，任教授兼总务长。

一九四九年（己丑）四十二岁

移家新闸路红十字总会办事处。重订旧稿《新民族文化建设论》小册子。五月二十五日，上海解放。先生喜赋一绝，又赋《杨柳枝》三首。徐雪寒、骆耕漠随军来沪工作。介任先生为上海市军管会高等教育处兼市文管会秘书。七月，负责高等教育处兼市文管会筹备工作，负责清点海关截留历史文物及各机关图文资料。上海筹建佛教协会。被推为理事。应上海佛教青年会邀请，讲授《大乘佛法与马恩哲学》。初步确立于批判综合之同时，坚持文化继承性、吸收性及创造性的学术思想体系。移家长乐路一二四五号。十月一日，中华人民共和国成立。举国欢腾十日。兼沪江大学第二院历史唯物论课。重九寓斋小集，赴者有柳诒徵、徐森玉、张冷僧、许石枏、丁邃卿、朱大可等。十二月，应骆耕漠邀，调任华东财委会计划部专员。获识李拔可，林宰平及冒疚斋叔子父子，因叔子与钱默存通信，互有酬答。

一九五〇年（庚寅）四十三岁

在华东财委会计划部工作，代理编辑室主任。业余主编《国民经济实用辞典》。作《述怀》六十韵赠雪寒，小结前半生。十二月，应《大公报》征文，发表《我爱中国》。

一九五一年（辛卯）四十四岁

陈毅市长邀周孝怀、马一浮莅沪晤叙，先生一起参加。章行严自港返内地，过沪北上，同人聚餐茅万顺酒家。始识画家吴湖帆、江寒汀、钱瘦铁、张大壮等。十一月，拟组织“祖国文献社”，撰缘起及简章。二十一日，撰《清理祖国文献刍议》，于《新民报》发表《对于清理祖国文献的初步意见》。

一九五二年（壬辰）四十五岁

潘伯鹰转章行严赠诗及题《苏子新论诗》各一首，赋诗怀之。艾青自北京来沪，约同钱瘦铁、唐云、文怀沙、蒋玄佁宴之寓斋。为《新民晚报》撰小品文，有《海燕与云雀》等数十篇。撰《雨果一百五十周年诞辰纪念》文。

一九五三年（癸巳）四十六岁

三月十三日，诗人陈仲陶病逝，撰《诗人陈仲陶墓志》。海棠花开，邀冒疚斋、江翊云、黄霭思、汪旭初、唐云、钱瘦铁、周练霞、吴青霞等书画家共赏，合作《钵水斋看花图》。与周孝怀、顾颉刚等发起筹设经典诠释馆，政务院通过预算及计划，人事安排初见头绪，旋为人沮，未成。自印出版《和平鼓吹》小册子，呈献毛主席，中央办公厅发函致谢。

一九五四年（甲午）四十七岁

调华东统计局，任《统计工作》编辑。由骆耕漠、徐雪寒签准，调华东师范大学历史系任教。《白居易传论》出版，《论爱伦堡的散文风格》在《新民晚报》连载。《国民经济实用词典》，由上海春明书店出版。

一九五五年（乙未）四十八岁

柳诒徵病故，上海文管会及科学院上海办事处联合召开追悼会，嘱先生报告其生平。

一九五六年（丙申）四十九岁

七月，在上海《解放日报》发表《论怎样实施百花齐放百家争鸣方针的初步意见》，旋由《新华半月刊》转载，颇引注意。先后发表《漫谈文牍主义》《读书札记及答问三则》《莺啼处处同（笔谈百家争鸣）》。于《文学遗产》增刊第四集发表《司马迁及其文章风格》。八月六日应陈毅市长邀，参加高级知识分子座谈会，会后看电影《哈姆雷特》。撰《关于玄奘研究的若干问题》，参加华东师大第一次科学研究报告会。加入中国民主同盟，被选为民盟上海市委委员、宣传委员会副主任。《李杜诗选》《元白诗选》出版。

一九五七年（丁酉）五十岁

一月，南归省亲，沿途得诗十余首。温州市统战部长苏松、副市长金嵘轩师设便宴款待，偕陈仲雷等至江心寺温州烈士馆展谒。应温州图书馆邀，作《论司马迁及其文章风格》学术报告。月底返沪，撰《蔡雄烈士就义三十周年纪念》。于《学术月刊》第二期发表《试论我国古典诗歌的优秀传统》。于《高教通讯》第六期发表《关于历史要籍介绍及选读课的若干问题》。五月，应《文汇报》《解放日报》邀，先后发表《矛盾引导前进，烦恼即是菩提》《揭露·对治·安排》，涉及高等教育及民主党派、知识分子改造诸问题。六月，《人民日报》发表《这是为什么》社论，反右运动开始。参加十月革命40周年庆祝大会，撰文《高尔基·列宁·孙中山》。五十岁生日，集荆公句自寿，编五十诗历，自题四绝。撰《沁园春·咏雪词试解》。

一九五八年（戊戌）五十一岁

傅抱石自东欧各国访问返国，先生邀其与石西民、赖少其、谢稚柳、唐云诸人于寓斋谈艺。反右运动进入人民内部检查阶段，在华东师大民盟支部，为《文汇报》《解放日报》上两篇文章作检查。四月间被错划为右派、降职减薪。八月，调赴哈尔滨师范学院历史系。十月十八日，全家至哈尔滨定居，捐赠三批文物给哈尔滨师范学院。

一九五九年（己亥）五十二岁

秋，奉命赴沪杭征购文物。在沪晤旧时好友。参加冒疚斋追悼会，挽以长联。过杭谒冷僧丈，承题手册诗为赠。留杭三日，与狱中难友相聚，得诗数首。撰《对于曹操评价中几个主要问题的看法》。

一九六〇年（庚子）五十三岁

秋，第二次出差征购文物，自京津南下，前后二月，得诗百首。赴嘉兴寺吊唁胡兰生，挽以长联。十月，第二次随全系师生下农场劳动。旋徙海伦办学，移至海北，寒至零下四十度，食宿为艰，前后三个月，度过了三年困难时期最困难一年。接谢无量、瞿兑园书，甚感快慰。

一九六一年（辛丑）五十四岁

与章行严长书，抒写近年心曲，因章出国，由谢无量转。手录近年诗作，寄钱默存。作《重阳后一日得句寄怀关内诸师友》诗。《白居易传论》为日本京都大学花房英树教授转引，花房英树寄赠《白氏文集の批判の研究》一书，苏先生赋诗致谢。得何叙父写钵水斋图并诗。十二月三日，上书周恩来总理，并汇录一九二五年起诗文政论杂稿呈阅，以明心迹。

一九六二年（壬寅）五十五岁

五月三十一日，在周总理关怀下摘右派帽。工薪自八级回升至五级。撰《论龚自珍》文。李白诞生一千二百年，于《黑龙江日报》上发表《白也诗无敌，飘然思不群》文。十一月，应邀赴济南参加孔子讨论会，会毕游曲阜。应安徽大学邀，赴合肥作短期讲学。返哈后，黑龙江省历史学会邀主文化宫读史讲座，隔周一次。

一九六三年（癸卯）五十六岁

新春晚会上朗诵《沁园春》一阕。与穆萑斋、吴凄斋、钱默存、冒叔子、张孟闻、高二适等赋诗唱酬。研究隋唐佛学及刘知几、郑樵、章学诚之史学。

一九六四年（甲辰）五十七岁

在北方大厦参加省哲学社会科学联合会。国庆十五周年献诗二首，并誊《读史十讲》分呈毛主席、周总理，旋得中共中央办公厅谢函。十月，得假南归省亲，并添购文物。十一月中旬，乘海轮抵温州，仲雷、李观等午夜迎接，陈守老病中招宴。返沪后连日往华东师大、复旦大学访友。谢无量病逝北京，适先生离京，先生深以未及往吊为憾。返哈后，即遇院内社会主义教育运动，主动检查学术观点及近年政治态度，先后数次写成批判文字二万余言。

一九六五年（乙巳）五十八岁

高二适为辨兰亭真伪问题，与郭沫若相左，投驳议一文，登载《光明日报》及《文物》，颇得好评。先生致函海上师友，搜集论据助之。马冷翁丈寄还三十七年前先生在狱中所画墨竹一幅，展卷增感，因题数行。

一九六六年（丙午）五十九岁

“文化大革命”开始。六月初，先生及一批老教师被“革命群众”大字报点名批判。九月，部分领导及先生等十余老教师集中“政管”。

一九六七年（丁未）六十岁

先生与部分老教师及校、系领导，被送入学校“政管室”（即牛棚）集中学习、交待问题、劳动改造。

一九六八年（戊申）六十一岁

在校“政管室”学习改造。

一九六九年（已酉）六十二岁

在校“政管室”学习改造。

一九七〇年（庚戌）六十三岁

出校“政管室”下放至黑龙江省五常县营城子公社南土大队“插队落户”，“接受贫下中农再教育”。

一九七一年（辛亥）六十四岁

自“插队”点退休，回原籍平阳。居新安乡玉龙口故里。亲自侍奉母亲，直至母亲仙逝。

一九七二年（壬子）六十五岁

春，移居钱库镇东西街章定和家。

一九七三年（癸丑）六十六岁

仍住钱库镇东西街。以文会友，题诗作画。

一九七四年（甲寅）六十七岁

年底，自钱库移居平阳城关。

一九七五年（乙卯）六十八岁

修订《读史举要》，分请海内师友过目。编集1925年以来诗词为《钵水斋集》。

一九七六年（丙辰）六十九岁

一月，周总理逝世。九月毛泽东主席逝世。十月，粉碎“四人帮”，十年内乱至此结束。是年编撰《论诗绝句》七十余首。

一九七七年（丁巳）七十岁

重出榆关，沿途访问。哈尔滨师范学院历史系和中文系在嫩江开办文史进修班，应邀赴嫩江讲学。

一九七八年（戊午）七十一岁

十一届三中全会后落实政策，秋，赴哈尔滨沉冤得白。

一九七九年（己未）七十二岁

复职，重返华东师大，安排在中国史学研究所工作。

一九八〇年（庚申）七十三岁

任中国佛教协会理事。任上海佛教协会副会长。撰《论中国画二则》《灵与肉》《风雅新论》《劲风楼唱酬集跋》等。

一九八一年（辛酉）七十四岁

点校《五灯会元》，选注《王渔洋选集》。所撰《鉴真大和尚东渡时驻节阿育王寺舍利单碑记》在宁波阿育王寺上石。经华东师范大学学术委员会评审，确定为正教授。《读史举要》由黑龙江人民出版社出版。

一九八二年（壬戌）七十五岁

任上海市宗教学会理事。于《华东师大学报》发表《玄奘研究三题》，于北京《法音》发表《略论近代我国学者对于佛学研究的主要倾向及其成就》，于成都《草堂》发表《杜诗流派异同论》，于西安《唐代文学》发表《晚唐四家诗合论》，于《西北大学学报》发表《情想无碍、天人合一》，于《辞书研究》发表《我和辞典》。二次赴四川，参加杜甫、李白学术研讨会，参观成都杜甫草堂、江油李白纪念馆，同年于《浙江日报》发表《瓯海潮踪六十年》。

一九八三年（癸亥）七十六岁

《玄奘》由黑龙江人民出版社新版，《元白诗选》由中州书画社出版，《论诗绝句》由中州书画社出版。于《华东师大学报》上发表《论汉唐佛学对古典哲学及社会各方面的深刻影响》，于北京《法音》杂志发表《禅风、学风、文风》，于上海《学术月刊》发表《文史研究方法论》。撰《文苑儒林孤神独逸——记马一浮先生》。十一月，赴扬州兴化，参加纪念郑板桥诞辰二百九十周年活动。

一九八四年（甲子）七十七岁

一月，应《晋阳学刊》编辑部、《文献》杂志编辑部、《图书馆学研究》编辑部邀，撰《苏渊雷（仲翔）自传》。杭州党史办徐柏年来沪专访，请先生提供有关杭州国民党陆军监狱斗争史料撰《附：有关杭州国民党陆军监狱中斗争生活的几点补充》。撰写《困学自述》，总结学术研究成果。五月，赴安徽合肥及黄山，出席安徽省纪念渐江大师逝世三百二十周年大会暨黄山画派学术讨论会。九月，参加孔子学术讨论会。十月，赴四川江油出席李白研究学会成立大会。十一月，赴湖南长沙参加中国韵文学会成立大会。是年，《李杜诗选》由浙江文艺出版社新版，《五灯会元》点校本由中华书局初版。《孔学四论》发表于南京《江海月刊》第一、五期。《论易传中的立天、立地、立人的三才之道》发表于《华东师大学报》。《论王渔洋的诗说、诗风及其代表作＜秋柳＞四章》登于《文学遗产》。

一九八五年（乙丑）七十八岁

三月，撰《钵水斋重设缘起》。《沈剑英因明研究论文集》出版，先生为之作跋。《高二适遗墨选集》出版，先生为之作序。《柳诒徵史学论文选序》发表于《清明》杂志。《巴山忆旧——钵水斋创设缘起》刊于《龙门阵》杂志。是年当选为中国孔子基金会理事。

一九八六年（丙寅）七十九岁

先生所作《劬堂史学论文集序》发表在《中华文史论丛》第一期。所序《吴湖帆画册》由香港出版社出版。《风流人物无双谱》由四川人民出版社出版。九月，随中国佛教协会学术访日团参加第一届中日佛教学术交流会。撰论文《中日文化交流史述评》。

一九八七年（丁卯）八十岁

修订《中国思想文化论稿》，撰《小引》，扼要叙述所收文稿写作动机及其背景。撰《著名教育家金嵘轩先生传赞》。作《诗人吴鹭山先生墓表》。五月十一日至十七日，在上海中国画院举办"苏渊雷苏春生父子书画展"。六月，撰《王蘧常书法集序》。八月，出席国际儒学讨论会。撰《王竹溪新部首大字典序》。《常乐文库第四辑<旅美新证>序》。十一月，随上海书法艺术代表团访日交流。参加村上三岛书道回顾展，并游京都、大阪、东京等地。十二月，出席"海峡笔会"于福州。

一九八八年（戊辰）八十一岁

春，撰《汪观清画展前言》《冒叔子（效鲁）诔》《重修范文正公忠烈庙记》等。四月，被推选为上海市楹联学会会长。三十日，先生与周颖南相聚于豫园得月楼。是年撰《重修玄妙观三清殿碑记》《重修灵岩寺多宝塔碑记》《中华诗词年鉴序言》。

一九八九年（己巳）八十二岁

春，撰《阿育王寺新志序》《常乐文库第五辑序》。《中国思想文化论稿》由上海华东师范大学出版社出版。五月，携《中国思想文化论稿》《钵水斋选集》赴新加坡参加"第四届世界华文书展"。晤潘受、周颖南、广洽法师等。秋，撰《浙江革命烈士纪念亭碑记》《雁荡山诗选序》。

一九九〇年（庚午）八十三岁

二月，《钵水斋文史丛稿》由北京团结出版社出版。七月，撰《佛藏要籍选刊前言》。九月，写《苏昧朔先生诞辰九十周年纪念画展前言》。

一九九一年（辛未）八十四岁

孟春撰真禅法师《玉佛丈室集》序。清明，撰《中国佛教文化论稿序言》《朱奇朱夏乔梓诗集序》。七月，赴马鞍山参加中国首届李白研究国际学术讨论会。八月，由《文汇报》读者服务部假上海锦江饭店北楼十一楼举办《苏氏三代书画义卖展》。先生率子春生、孙苏毅出书画作品40余幅，海内、外人士争购。九月，赴北京，北戴河参加全国酒文化研讨会，作《新酒德颂》。撰《略论苏东坡诗词散文及其在书画艺术方面的成就和特色》，载日本《墨》杂志。

一九九二年（壬申）八十五岁

整理《钵水斋外集》，校毕书四十字为后记。四月，是书出版。嗣后开始撰写《中国禅宗史》。获一九九二年度国务院颁发有突出贡献的专家荣誉称号。

一九九三年（癸酉）八十六岁

继续撰写《中国禅学史》，为《历代观音宝像名画精选》写赞诗。

一九九四年（甲戌）八十七岁

《中国禅学史》书稿，完成近半。写字作画，多方应酬，日感体力不支。先生撰成《苏渊雷自传》。岁杪，作《蹉跎》七律。始咳不止。请张文江诊疗。

一九九五年（乙亥）八十八岁

一月赴浙江桐庐快乐渡假村参加笔会活动，为次子春生所画《新富春山水图》题七绝二首。咳疾日剧。内定五月间，上海佛教协会代表团赴香港，先生为代表之一。春节后，赴院检查身体，三月三十一日入同仁医院观察治疗。确诊为“纵膈恶性肿瘤”。住院期间在与病魔斗争同时，时时谈及未竟工作，以及成立基金会，编辑文集诸事，并多次为友人题字。九月，为家乡苍南县钱库镇《江南梦园》题诗、书园名。苍南县电视台采访录像于县内多次播放。有《病中作》诗十首，《新民晚报》刊出部分。中秋，赴豫园参加联欢活动。十一月十三日上午十时四十五分，先生逝世。时子女家属均侍侧。十一月二十五日于龙华殡仪馆大厅举行追悼大会，各界人士千余人参加。

（张佩华、苏春生整理）

书信人简介

丁瑗（1898—1967），字蘧卿，亦作渠清，一号蘧庐，晚号所堂。江苏镇江人。藏书家。丁传靖第三子。曾获1920年庚申全国文官考试第一名，任中南银行总行秘书。撰有《所堂字问稿》。

马一浮（1883—1967），名浮，幼名福田，字一佛，后字一浮，号湛翁，别署蠲翁、蠲叟、蠲戏老人。浙江会稽人。学者、国学大师、一代儒宗。工书法，精治印。曾主持复性书院，后任浙江大学教授，1949年任浙江文史研究馆馆长、中央文史研究馆副馆长。著有《朱子读书法》等。

王双启（1932—），毕业于河北大学，曾任教于北京师院、南开大学、天津大学和日本神户大学。古典文学研究专家、书法家。朱维之学生。现为天津市书法家协会名誉理事。著有《晏几道词新释辑评》等。

王先进（1926—），曾用名王先晋。早年在山东任小学教师。参加过淮海战役。1949年后任杭州市公安局秘书，后调任吉林省检察院副处长、通化地委书记、吉林省委副书记等。“文革”后任国家土地管理局局长、党组书记。

王建之（1906—1996），原名会煦，晚号散翁、曳叟。温州平阳县人。当地著名诗人学者。

王季思（1906—1996），原名王起，字季思，笔名小米、之操、梦甘，室名玉轮轩。浙江永嘉人。著名戏曲史论家、文学史家。曾任中山大学中文系教授、中国古代戏曲协会会长。著有《中国文学史》（合著）、《王季思诗词录》等。

王国桢（1909—2011），浙江温州人。曾任香港温州同乡会名誉会长。

王退斋（1906—2003），原名王均，字治平、子平，自号省庐、退垒，退休后号退斋。江苏泰州市人。当代诗词家、书画家、教育家。1934年毕业于江苏教育学院，从事教育工作多年。曾任上海文史研究馆馆员。

王敬身（1905—1992），字景逊，号逊莽（一作逊庵）。浙江永嘉人。四川复性书院毕业。曾受业于马一浮，以中医为业。

王蘧常（1900—1989），字瑗仲，号明两，别号涤如、玉树堂主、欣欣老人。浙江嘉兴人。中国哲学史家、历史学家、书法家。曾任上海交通大学、光华大学、复旦大学教授。著有《沈寐叟年谱》《王蘧常书法集》等。

方介堪（1901—1987），原名文榘，字溥如，后改名岩，字介堪。浙江永嘉人。篆刻家。曾任西泠印社副社长、全国书法家协会名誉理事、中日兰亭书会名誉顾问。著有《古玉印汇》《方介堪印谱》等。

尹石公（1888—1971），一名文，又名炎武，号石公、硕公，又号蒜山。江苏丹徒人，一作扬州人。毕业于中国公学，曾在北京大学、辅仁大学、贵阳师范等校任职。历任江苏省通志馆编纂、国史馆编修、上海市文物保管委员会委员。

龙榆生（1902—1966），原名沐勋，晚年以字行，号忍寒公。江西万载人。词人，与夏承焘、唐圭璋并称为20世纪中国三大词学家。历任暨南大学、中山大学、复旦大学、上海音乐学院等校教授。著有《唐宋名家词选》等。

田遨（1918— ），原名谢庚会、谢天璥。山东济南人。诗人、作家、书法家。1948年参加革命工作，后随军南下，担任上海《解放日报》国际版主编，1960年调上海美术电影制片厂任编剧，后任上海文史研究馆馆员。

申石伽（1906—2001），别署西泠石伽，室名“六步诗楼”。浙江杭州人。书画家。曾任上海工艺美术学校教师、上海文史研究馆馆员。著有《申石伽山水画册》等。

申二伽（不详），原名霜青，字二伽。浙江杭州人。画家。申石伽次子。

吕澂（1896—1989），原名吕澄渭，字秋逸，也作秋一、鹫子。江苏省丹阳县人。佛学家。曾任中国科学院学部委员。著有《印度佛教史略》等。

朱大可（1898—1978），原名奇，字大可，号莲垞，别署亚凤，晚号诗伧、长乐居士。浙江嘉兴人。书法家、诗人。曾任职申报馆。

朱维之（1905—1999），浙江苍南人。1930年赴日本中央大学和早稻田大学学习、进修，回国后曾任沪江大学中文系教授、南开大学教授。苏渊雷先生师范同窗好友。

向迪琮（1889—1969），字仲坚。四川成都双流县人。词家、收藏家。早年在成都四川铁道学堂读书，学土木工程。解放后曾任四川省政府高级顾问、四川大学文学院中文系教授、四川大学工学院土木工程系教授、上海文史研究馆馆员。著有《柳溪长短句》《国医经脉图介及其主要用药概况学》等。

刘旦宅（1931—2011），原名浑，又名小粟，后改名旦宅，别名海云生。浙江温州人。画家。上海师范大学教授。著有《刘旦宅聊斋百图》《石头记人物画册》等。

汤鹤逸（？—1964），名友季，字绍宸。陕西汉阴县蒲溪镇人。翻译家，学者。早年留学日本早稻田大学文学院，回国后历任云南大学等几校教授。

许石枏（不详），早年留学美国，攻读机械工程或土木工程专业。

许宝骙（1909—2001），又名许介君。浙江杭州人。翻译家。曾任《团结报》总编辑、社长等职。

孙大雨（1905—1997），原名铭传。浙江诸暨人。翻译家、莎士比亚研究专家、诗人。曾先后在美国达德穆文学院和耶鲁大学研究院学习，回国后历任武汉大学、北京师范大学、北京大学、浙江大学、暨南大学、复旦大学、华东师范大学外文系教授。

苏步青（1902—2003），浙江平阳县人。数学家、教育家、社会活动家。中国科学院院士，曾任浙江大学数学系主任、复旦大学校长，民盟中央副主席，第七、八届全国政协副主席。著有《微分几何学》等。

李冰封（1928—），原名李继槐，笔名严冬。福建福州人。作家。曾任湖南人民出版社副社长、湖南教育出版社社长。

李国瑜（不详），唐诗专家、书法家。西南民族大学中文系教授。

李宣龚（1876—1953），字拔可，号观槿，室名硕果亭，晚号墨巢。福建闽县人。诗人、收藏家。沈葆桢为其舅祖。清光绪甲午（1894）举人，曾任湖南桃源县知县、江苏候补知府。民国后供职上海商务印书馆多年，曾任商务印书馆经理并兼发行所所长。1941年任合众图书馆（即上海图书馆前身）董事。著有《硕果亭诗正续集》等。

李笠（1894—1962），曾名作孚、乐臣，字雁晴。浙江瑞安人。文献学家，语言文字学家。曾任厦门大学、中山大学、武汉大学、浙江大学、南开大学、复旦大学等校中文系教授。著有《史记订补》《李笠诗文选集》等。

李释戡（1894—1961），原名宣倜，又名汰书、字蔬畦。福建闽县人。诗人、剧作家。北洋时期被授为文威将军。著有《汪精卫先生言行实录序》等。

李俊民（1905—1994），原名守章，字俊民。江苏南通西亭镇人。出版家。曾任江苏省文化局局长，上海古籍出版社社长兼总编辑、名誉社长，新文艺出版社社长。著有《跋涉的人们》。

花房英树（1914—1988），日本汉学家。著有《白氏文集的批判研究》《文选译注》等。

杨廷福（1920—1984），字士则、号蓼庵，笔名杨非、小鲁。上海人。学者。曾任曾任上海政法学院、同济大学讲师、上海教育学院教授。著有《唐律新探》等。

吴广洋（1918—），上海教育学院教授。

吴忠匡（1916—2002），字溇斋，又名吴仲康。上海人。古代文学研究专家。哈尔滨师范大学中文系教授。

吴景文（不详），浙江温州人。陈仲陶弟子。

吴鹭山（1910—1986），原名艮，又名鲍，字天五，号鹭山，晚号鲍老、痦翁、瞉音老人。浙江温州乐清人。工诗词，精书法。

陈仲陶（1895—1953），原名闳慧，字仲陶，别号剑庐。浙江永嘉人。诗人。南社社友。著有《剑庐文稿》等。

陈冰原（1925—），本名陈炳源。浙江省温州市人。中国诗词学会会员，诗人。

陈士诚（1894—1963），又名幻云，字幻鸿。福建霞浦人。曾任教于南京、山东、哈尔滨等地。

陈巨锁（1939—），别名隐堂。山西省原平市人。书法家。原忻州地区文联副主席，《五台山》杂志社副社长。山西省书协副主席。

陈大羽（1912—2001），原名汉卿。广东潮阳人。画家。曾任上海美专副教授，南京艺术学院美术系教授，中国美术家协会常务理事，江苏省美术家协会、书法家协会副主席。中国美术家协会会员，中国书法家协会会员，南京艺术学院美术系名誉主任。

陈运彰（1905—1955），原名陈彰，字君漠，一字蒙安、蒙庵、蒙父，号华西。广东潮阳人。诗人、收藏家。历任上海通志馆特约采访、潮州修志局委员，之江文理学院、太炎文学院及圣约翰大学教授。工诗词、擅书画，精篆刻。

陈祖范（1926—），原名绪章，号忞斋，别署继雅堂主人。浙江鄞县人。书法家。

陈振濂（1956—），号颐斋。浙江鄞县人。书法家。1979年入浙江美术学院（现中国美术学院），师从陆维钊、沙孟海、诸乐三，获书法学硕士学位。曾任浙江大学人文学院副院长，现任中国书法家协会副主席。陈祖范之子。

陈兼与（1897—1987），原名陈声聪，字兼与，号壶因、荷堂。福建福州人。早年毕业于北平政法大学。曾任贵州税务管理局副局长，福建省直接税局局长。中年后迁居上海。1982年被聘为上海文史研究馆馆员。擅诗词古文及书法绘画。著有《兼于阁诗话》《兼于阁杂著》等。

陈祥耀（1922—），字喆盦。福建省泉州市人。书法家。

陈翔华（1934—），浙江苍南人。曾任《文献》杂志主编。

何时希（不详），上海人。京剧小生名票。著名中医。江南何氏医学二十八代传人。

何泽翰（1917—），湖南长沙人。诗人。1939年毕业于湖南国学专科学校，历任湖南雅礼中学、长郡中学教师，后调华中师范学院、湖南大学、湖南师范学院中文系任教。著有《儒林外史人物本事考略》等。

何满子（1919—2009），原名孙承勋，笔名何满子。浙江富阳人。杂文家。历任天津《益世报》南京特派员、大众书店上海编辑部总编、上海古籍出版社编审。著有《论儒林外史》等。

佘贵棣（不详），江苏常州人。持松大师弟子。

应野平（1910—1990），名俊，曾名野萍、野苹。浙江宁海人。画家。曾任上海新华艺专教授、上海大学美术学院教授。著有《应野平画集》。

汪旭初（1890—1963），原名东宝，后改名东，字旭初，号寄庵，别号寄生、梦秋。江苏吴县人。词学家、语言文字学家、书法家。章太炎弟子。早年毕业早稻田大学，参加同盟会。曾任中央大学、复旦大学教授。1949年后历任上海文管会委员、苏州市政协副主席等。著有《扬子法言考》等。

汪稚青（不详），安徽芜湖人。诗人。汪石青之子。

沈兆奎（1885—1955），字无梦，号羹梅。江苏吴江人。民国藏书家。

张先畴（不详），原《红旗》杂志社总编，中华书局副总编。

张志岳（1911—1993），江西余干人。学者、诗人。1949年后历任哈尔滨师范大学讲师、副教授、教授。著有《诗词论析》《中国文学史论集》等。

张安祖（1947—），江西余干人。黑龙江大学教授、黑龙江省文学学会副秘书长、古代文学研究会秘书长。张志岳之子。

张纯一（1871—1955），字仲如。湖北省汉阳县人。清末秀才。哲学研究者，先秦诸子、佛教、基督教研究专家。1941年入居缙云山寺，专研佛学。

张厚载（1895—1955），字采人，号谬子，笔名聊止、聊公。江苏青浦（今上海）人。兼职《商报》《大公报》副刊编辑。上海市文史研究馆馆员。

张富贵（1913—1994），山东省文登人。1959年、1979年全国农业劳动模范。

张鹏翼（1898—1996），字自怡，号养拙，忍默居士。浙江平阳人。书法家、诗人。

陆俨少（1909—1993），又名砥，字宛若。上海嘉定县人。画家、美术教育家。1926年考入无锡美术专科学校，1956年任上海中国画院画师。1962年起兼课于浙江美术学院，1980年在该院正式执教，并任浙江画院院长。著有《山水画课徒稿》《陆俨少画集》等。

陆维钊（1899—1980），原名子平，字微昭，晚年自署劭翁。浙江平湖人。书画家、美术教育家。南京高等师范文史地部毕业。曾在圣约翰大学、浙江大学、浙江师院、杭州大学任教。著有《陆维钊书法选》《陆维钊书画集》《陆维钊诗词选》等。

林志钧（1878—1961），字宰平，号北云。福建闽县人。诗人、法学家和哲学家。清癸卯科举人，辛亥革命前留学日本。曾任北洋政府司法部部长，后为清华研究院导师，建国后为国务院参事室参事。著有《帖考》等。

林佛慈（1907—1983），原名牧。苏渊雷先生同学、老友。

林乾良（1932—），别名林泠伊堂、印迷。福建福州人。篆刻家、医生。毕业于浙江医科大学，曾任浙江中医学院教授。著有《印迷丛书》等。西泠印社社员。

林肇刚（不详），美术评论家。新加坡南洋大学历史学系教授。

尚丁（1921—），江苏丹阳人。出版家。曾任黄炎培秘书、上海古籍出版社副社长、上海辞书学会会长等职。

周干（1923—），浙江人。曾任平阳县政协副秘书长、文史资料委员会副主任、平阳县志办副主编等，曾在浙江平阳师范学校任教。著有《子产》等。

周谷城（1898—1996），湖南益阳人。历史学家、教育家、社会活动家。曾任中山大学教授、暨南大学教授、复旦大学教授，中国农工民主党副主席、主席。

周采泉（1911—1999），原名周湜，笔名是水、稀翁。浙江省宁波鄞县人。诗人、文史学家。杭州大学教授，浙江省文史馆馆员。著有《杜集书录》《老学斋文史论丛》等。

周南陔（1893—1967），祖籍贵州，生于江苏如皋。诗人。早年加入同盟会，上海报社记者，先后任吴淞炮台少将级外交官、指挥长、交通部交际部代部长等职。解放后为上海文史研究馆馆员。

周退密（1914—），原名昌枢，号石窗，室名红豆宦。浙江鄞县人。上海震旦大学法学士。1940 年起定居上海。解放后长期从事外语教学及参加《法汉词典》的编纂工作。1988 年起被聘为上海文史研究馆馆员。业余爱好中国古典文学及书法。著有《周退密诗文集》《周退密书法集》等。

周绥章（1923—），南京版《新民报》主笔。报人。

周锡光（1943—），四川成都人。收藏家。1965 年毕业于西南师范学院中文系，曾为巴蜀书社副编审。著有《海灯法师传奇》等。

周颖南（1929—），福建仙游人。新加坡作家、企业家、收藏家。新加坡同乐饮食业集团、海洋纺织有限公司、武汉新民众乐园董事长、上海华侨商务总汇有限公司董事。著有《周颖南文集》等。

郑文光（？—2010），山东胶州人。作家、书画家。中华诗词学会会员。

郑逸梅（1895—1992），本姓鞠，名愿宗，后随外祖父姓郑，谱名际云，号逸梅，笔名冷香。祖籍安徽歙县，生于江苏苏州。作家、文史学家。上海市文史研究馆馆员。著有《南社丛谈》等。

赵朴初（1907—2000），安徽太湖县人。佛教领袖、诗人、书法家、社会活动家。早年求学于苏州东吴大学。历任上海江浙佛教联合会秘书、上海佛教学会秘书、中国佛教协会副会长兼秘书长、中国红十字会副会长、中国佛教协会会长等，第六到九届全国政协副主席、民进中央名誉主席。

胡兰生（1890—1961），安徽歙县人。历任中国红十字会总会副会长、秘书长等职。骨科专家。

胡邦彦（1915—2004），字彦龢，曾号蹇翁。江苏镇江人。诗人、学者。曾任上海教育出版社、上海人民出版社编辑。1977 至 1983 年在华东师范大学古籍整理研究所与上海师范学院古籍整理研究所为硕士研究生讲授文字学。著有《胡邦彦文存》等。

胡遐之（1926—2000），原名霞光，字义银，笔名胡须、辛酸、星森，晚年自号荒唐居士。湖南衡东县人。诗人。曾任武汉《民风报》《独立论坛》杂志记者、编辑，湖南《共产党员》杂志编辑组长、岳麓书社社长等职。著有《荒唐居集》《荒唐居诗词钞》等。

胡道静（1913—2003），安徽泾县人，生于上海。古文献学家、科技史学家。1932 年参与柳亚子主持的上海通志馆工作，1949 年后曾任上海人民出版社编审，复旦、华东师大、上海师大诸校特聘兼职教授、（巴黎）国际科学史研究院 (AIHS) 通讯院士等。著有《上海新闻事业之史的发展》《梦溪笔谈校证》等。

柯文辉（1935—），安徽省安庆市人。书画评论家、鉴赏家、美术理论家。中国艺术研究院话剧研究所研究员、曾任刘海粟秘书、中华书画名家研究院顾问。著有《刘海粟传》等。

柳曾符（1932—2005），字申耆。江苏镇江人。书法家、书法理论家。柳诒徵之孙。曾任复旦大学中文系教授、中国书协书法培训中心教授。著有《中国传统书法概论》《柳曾符书学论文集》等。

姚耐（1909—1991），福建福州人。经济学家，教育家。曾任抗大九分校训练处副处长。原上海财经学院党委书记。

冒怀苏（1927—2002），笔名卯君、阿素。江苏如皋人，生于北京。画家、木刻家。历任上海人民出版社、上海人民美术出版社美术编辑。出版有《外国黑白木刻选集续编》（合编）等。

冒效鲁（1909—1988），字景璠，又名孝鲁，别号叔子。江苏如皋人。诗人、翻译家、学者。冒鹤亭第三子。1925 年，入北京俄文专修馆学习，后入读哈尔滨法政大学。1933 年随颜惠庆赴中国驻苏联大使馆任秘书职。1949 年后，曾在复旦大学外语系工作，并兼任商务印书馆特约编辑及商业专科学校俄文教授。1958 年，在安徽大学任教。校译过《顿巴斯》《成吉思汗》等。

俞大文（1908—？），浙江瑞安人。书法家、诗人。

施蛰存（1905—2003），名德普，常用笔名施青萍、安华、薛蕙、李万鹤、陈蔚、舍之、北山等。出生于浙江杭州，后迁居上海松江。作家、文学翻译家、学者。华东师范大学中文系教授。著有《唐诗百话》《北山楼谈艺录》等。

洪瑞钦（1915—1999），谜号洪流。浙江温州人。诗人、谜家。

费在山（1933—2003），谱名树基，字远志，号崇堂，别署秋邻。浙江湖州人。杂文家、书法家。湖州王一品笔庄经理。著有《杂杂集》等。

秦孟潇（1929—），江苏扬州人。《香港佛教》杂志创始人、总编辑，《世界佛教》杂志总监兼总编辑。香港作家协会会员。著有《佛门故事：智慧篇》等。

夏承焘（1900—1986），字瞿禅，晚年改字瞿髯，别号谢邻、梦栩生，室名月轮楼、天风阁、玉邻堂、朝阳楼。浙江永嘉人。词人、词学家。1918 年毕业于温州师范学校。曾任浙江大学教授。著有《唐宋词人年谱》《姜白石词编年笺校》等。

顾佛影（1901—1955），原名宪融，别号大漠诗人，又署红梵精舍主人。上海市南汇县人。诗人、作家。曾任上海商务印书馆及中央书店编辑。抗战时入川，任大学教授。抗战胜利后返回上海。著有《文字学》等。

顾瑞荣（1964—），上海人。哲学博士，道学专家。曾任华东师范大学哲学讲师。

钱小山（1906—1991），原名伯威，字任远，号小山。江苏常州人。诗人、书法家。钱名山之子。青年时代致力于教育事业，1949 年后历任常州市市政府文化处处长、市文化局局长、民盟常州市委宣传部副部长、主任委员、江苏省第三至五届人大代表。著有《结网吟》等。

钱仲联（1908—2003），号梦苕。浙江湖州人，生于江苏常熟。诗人、词人、学者。1926年毕业于无锡国学专修馆，先后任教于大夏大学、无锡国学专修馆、南京中央大学、南京师范学院、江苏师范学院（苏州大学前身）、苏州大学。著有《人境庐诗草笺注》《韩昌黎诗系年集释》《剑南诗稿校注》等。

钱仲易（1909—2005），江苏常州人。钱名山之子，钱小山之弟。曾任重庆《中央日报》、上海《新闻报》记者、副总编辑、兼任香港《星岛日报》驻渝记者、重庆大明纺织公司秘书科科长等。上海文史馆馆员。著有《钱仲易诗文集》。

钱定一（1915—），原名人平，字夷斋，号五凤砚斋主人。江苏省常熟人。画家、美术史家。1935年毕业于苏州美术专科学校，毕业后留校任教，历任至国画系教授、苏州美协执行委员。1950年到上海从事美术装潢设计工作。著有《中国民间美术艺人志》《钱定一画集》等。

钱鍾书（1910—1998），原名仰先，字哲良，后改名鍾书，字默存，号槐聚，曾用笔名中书君。江苏无锡人。作家、诗人、学者。1933年清华大学外文系毕业，1937年英国牛津大学毕业，获副博士学位，先后在西南联大、蓝田国立师范学院、暨南大学等任教。后又任职北京图书馆、中央图书馆。1949年后任清华大学教授、文学研究所研究员。著有《谈艺录》《管锥编》等。

钱瘦铁（1897—1967），原名崖，一字叔崖，号瘦铁，以号行，别号数青峰馆主、天池龙泓斋主等。江苏省无锡人。书法家、篆刻家、画家。早年为“汉贞阁”学徒，后参加海上题襟馆，中国画会创始人之一。曾赴日本任《书苑》杂志顾问编辑。1949年后任上海中国画院画师。著有《瘦铁印存》等。

徐定戡（1916—2009），原名祖武，晚年又号稼研。浙江杭州人。诗人。七八岁开始写古诗，十多岁出版诗集。早年读法律，1949年后任最高人民法院华东分院审判员，后从事教育工作。后受聘为上海文史研究馆馆员。著有《两汉刑名考》等。

徐雪寒（1911—2005），原名徐汉臣，曾用名徐梅君。浙江省慈溪人。经济学家、编辑出版家、外贸专家。苏渊雷先生狱中战友。1935年在上海创办新知书店，任经理。后任上海文化界救国会会刊《救亡情报》主编、全国各界救国联合会副总干事。1943年后在新四军军部工作。后任中共中央华中局政策研究小组研究员、经济研究处处长，华中财经委员会委员，华中银行副行长，华中运输公司总经理。建国后，历任华东区铁路总局局长，上海铁路局局长，华东军政委员会运输部部长、贸易部部长，对外贸易部副部长，国务院经济研究中心常务干事，国务院经济技术社会发展研究中心顾问。著有《徐雪寒文集》。

徐澄宇（1902—1980），原名徐英，字澄宇，徐天风，室名天风阁。湖北汉川人。诗人。复旦大学教授。著有《澄碧草堂集》等。

翁闿运（1912—2006），字慧仁。原籍浙江杭州，生于江苏苏州。书法家、书法教育家。中国书法家协会会员，上海书法家协会名誉理事，上海大学文学院兼职教授，上海中国画院兼职画师，上海市文史研究馆馆员。著有《大学书法》（技法部分）、《简化字总表习字帖》等。

郭元兴（1920—1989），江苏睢宁人。佛学家。自幼学佛，早年作过重庆考试院院长办公室书记。1949年后，在上海从事佛学研究，1980年开始在南京金陵刻经处工作，后调到中国佛教协会研究部。1986年任中国佛学院研究生导师、中国佛教文化研究所研究员。著有《达摩二入四行与道家言》《佛教与长寿》《高僧法显行迹杂考》等。

高二适（1903—1977），原名锡璜，中年曾署痦盦，晚年署舒凫，斋号证草圣斋、孤桐堂。江苏姜堰市人。学者、诗人、书法家。18岁任立达国民学校教员，21岁时为校长，27岁考入北平研究院为国学研究生。1963年被聘为江苏省文史研究馆馆员。著有《新定急就章及考证》《高二适书法选集》等。

唐云（1910—1993），字侠尘，别号药城、药尘、药翁、老药、大石、大石翁。浙江杭州人。画家。上海中国画院副院长。出版《唐云花鸟画集》。

唐明邦（1925—），号云鹤。重庆市忠县人。哲学家。曾任《西南工人日报》记者、编辑。1953 年调全国总工会西南办事处作秘书工作，后任武汉大学教授。著有《当代易学与时代精神》等。

诸葛克明（不详），浙江省平阳县人。苏渊雷先生同窗好友。

黄云眉（1898—1977），原名鋆鏲，字子亭，号半坡。浙江余姚人。历史学家、教育家。曾任沪江大学、无锡国学专修馆教授、山东大学中文系和历史系教授。1951 年加入中国民主同盟会，任民盟青岛负责人。曾任山东省政协常委、山东省历史学会会长等职。著有《明史考证》等。

黄仁柯（1943—），笔名黄河。湖南澧县人。作家。杭州市作家协会副秘书长，浙江省作家协会驻会作家、创作联络部副主任，著有《陆军监狱》《沙孟海和他的 CP 兄弟》等。

黄世中（1940—），字景韩。福建泉州人。学者。毕业于浙江师大历史系，曾任温州师范学院学术委员会委员。著有《李商隐无题诗校注笺评》等。

曹大铁（1916—2009），原名鼎，字大铁，又字若木，号尔九、北野、若木翁、寂庵、寂翁、废铁、大铁居士、菱花馆主等。江苏常熟人。词人、鉴定家、收藏家、书画家、土木工程师。就读于之江大学。曾主持安徽淝河大桥、11 层钟楼大厦、安徽二纺厂等结构设计。曾发表《铜砼薄壳结构探讨》等学术论文。著有《梓人韵语》等。

萧萐父（1924—2008），祖籍四川井研，生于四川成都。哲学史家、教育家。历任武汉大学哲学系中国哲学史教研室主任、武汉大学中国传统文化研究中心学术委员会主任、中国哲学史学会副会长、中国《周易》学会顾问、中国文化书院导师等。著有《吹沙集》等。

萧耘春（1931—），浙江平阳人。14 岁时入张鹏翼先生之门学习古诗文和书法，早年乡村教师，1951 年起先后在平阳县文化馆、苍南县文联、苍南县志办公室等单位工作。著有《说宋人的绰号》《萧耘春谈章草》等。

萧铮（1904—），字青萍。浙江永嘉县人。德国柏林大学毕业。1932 年创办中国地政学会。1947 年改组成为土地改革协会，自任理事长。1940 年创设中国地政研究所，任董事长，兼任亚洲土地改革及农村发展中心董事长、土地改革纪念馆董事长、《土地改革》月刊发行人。1949 年赴台湾之后，参与指导土地改革运动，先后任国民党中央评议委员、受聘“总统府国策顾问”。著有《平均地权之主要理论体系》《土地改革之理论与实际》等，编有大型资料集《民国二十年代中国大陆土地问题资料》。

梅冷生（1895—1976），名雨清，字冷生。浙江永嘉人。1920 年在温州创办《瓯海潮》周报。1936 年冬，赴陕西省财政厅任秘书；后返回任浙江省政府会计处秘书。1941 年 2 月出任旧温属联立籀园图书馆馆长，并先后兼旧温属联立中学、瓯海中学、浙江省第三临时中学等校国文教师。抗战胜利后，继续任图书馆长，曾为松台山抗日阵亡将士纪念碑撰写碑文，还兼任温州建国高级商校国文教师。1949 年后主要从事图书馆事业。辑有《馆藏古书目录》，编成《温州地方史资料》，著有《劲风阁酬唱集》。

梅鹤孙（1894—1964），名鉽，号元邕。江苏江都镇人。书法家、鉴赏家。先后任职于上海国华银行、中央银行总行业务局、中央信托局。1957 年任上海文史研究馆馆员。著有《青溪旧屋仪征刘氏五世小记》等。

常杰民（1924—），原名常金荣。山东省濮县（现河南省范县）人。曾任哈尔滨师范学院党委副书记、黑龙江商学院党委书记。

章士钊（1881—1973），字行严，笔名黄中黄、青桐、秋桐。湖南省善化县人。民主人士、学者、教育家、政治活动家。1903 年任《苏报》主笔。1911 年后，曾任同济大学教授，北京大学教授，北京农业学校校长，广东军政府秘书长，南北议和南方代表，中华民国北洋政府段祺瑞政府司法总长兼教育总长，中华民国国民政府国民参政会参政员，中华人民共和国全国人大常委会委员、全国政协常委、中央文史研究馆馆长。著有《柳文指要》等。

章汝奭（1927—），江苏苏州人。书法家、外贸专家和广告学专家。章太炎侄孙。著有《晚晴阁诗文集》。

章惠康（1932—），浙江省宁波市人。毕业于河北师范学院。历任长沙水电师院教研室主任，学报（社科版）副主编，长沙理工大学教授。主编有《三国志文白对照全译》等。

彭靖（不详），湘潭大学中文系教授。

蒋孝勋（不详），浙江奉化人。画家。蒋经国堂侄。上海美术家协会安徽省分会会员，1986年定居香港。

程十发（1921—2007），名潼。上海市金山区人。画家。1941年毕业于上海美术专科学校中国画系。1949年后从事美术普及工作，1952年入上海人民美术出版社（华东人民美术出版社）创作员，1956年参加上海画院的筹备工作，并任画师，长期任上海画院院长。西泠印社副社长。著有《程十发花鸟习作选》。

程学恂（1873—1952），字公鲁，一字伯臧，又字北庄，号窳堪。江西新建县人。诗人、书法家。1897年中举，因祖父故任湖北候补知府。后又调入奉天，先后任通江厅、凤凰厅同知，以道员身份留在奉天待补。民国后任长江税务局局长多年。1937年抗战爆发，携家属返江西，被江西省政府聘用。1940年，被聘为江西通志馆协修，编纂新建县人物志数卷。著有《影史楼诗存》《韩诗臆说》等。

富寿荪（1922—1996），浙江海盐人。1957年初进上海古典文学出版社，后在中华书局上海编辑所、上海古籍出版社担任编辑工作。曾任上海社会科学院文学研究所特约研究员、上海师范大学古籍整理研究所兼职教授、上海作家协会会员、上海文史研究馆馆员。校点、编选、注释的专集有《范石湖集》《千首唐人绝句》等。

游寿（1906—1994），号介眉、戒微。福建霞浦人。书法家、教育家、学者、诗人。1920年考入福州女子师范学校，1928年入南京中央大学文学系，1934年考入金陵大学国学研究生班。毕业后在四川女子师范大学、中央大学任教。1949年后在南京大学、山东师范学院、哈尔滨师大任教。有书论《论汉碑》《随感录》《书苑镂锦》等存世。

游侠（1902—1987），字于默。浙江平阳人。佛学家。吕澂先生的研究助理。

赖永海（1949—），福建漳州人。佛学家、哲学史家。南京大学哲学博士学位，南京大学哲学系教授。著有《中国佛性论》等。

雍书棣（1909—）四川人。易学家。

蔡义江（1934—），浙江宁波人。红学家。曾任团结出版社社长、总编辑，《团结》杂志主编，中国红楼梦学会副会长。著有《蔡义江点评红楼梦》等。

廖德燊（不详），仲恺农业工程学院董事会副董事长，暨南大学教授。廖仲恺侄孙。

谭其骧（1911—1992），字季龙、笔名禾子。浙江嘉兴人。历史地理学家。1930 年毕业于暨南大学历史系，1932 年毕业于燕京大学研究生院。历任复旦大学教授、历史系主任、中国历史地理研究所所长，中国科学院地学部委员。主编有《中国历史地图集》，著有《长水集》等。

缪钺（1904—1995），字彦威。江苏溧阳人，生于直隶（今河北省）迁安县。历史学家、诗人。四川大学历史系教授。著有《冰茧庵丛稿》等。

潘伯鹰（1904—1966），原名式，字伯鹰，后以字行，号凫公、有发翁、却曲翁，别署孤云。安徽怀宁人。书法家、诗人、小说家。早年从吴闿生学习经史文词。国共和谈时，曾担任国方代表章士钊的秘书。1949 年后，曾任上海中国书法篆刻研究会副主任委员、同济大学教授。著有《中国的书法》《中国书法简论》《玄隐庐诗》等。

潘受（1911—1999），原名潘国渠。福建南安人。书法家。1930 年南渡新加坡，任《叻报》编辑。1953 年参加筹办南洋大学，任南大执行委员会委员。著有《海外庐诗》《潘受近书三迹》等。

霍松林（1921—），甘肃天水人。学者、诗人、书法家。早年毕业于南京中央大学中文系。1951 年赴陕执教至今，现为陕西师范大学文学研究所所长、教授、博士生导师。著有《文艺学概论》等。

穆济波（1889—1976），四川合江人。语文教育家。成都高师毕业，1957 年入四川省文史研究馆 。曾任西北大学、中山大学、西南师范学院教授，担任四川省政协委员、四川省图书馆副馆长。编有《初级国语读本》《初级文言读本》《高级国语读本》和《高级文言读本》。

瞿宣颖（1894—1973），别名益锴，字兑之，简署兑，号铢庵，晚号蜕庵、蜕园。湖南善化（今长沙市）人。文学家、史学家。瞿鸿禨之子。毕业于上海复旦大学。早年任北洋政府国务院秘书、国史编纂处处长、印铸局局长、湖北省政府秘书长等职。后在南开大学、燕京大学、清华大学、辅仁大学任教。解放后任上海市政协委员。著有《汉代风俗制度史前编》等。

永定法师（1930—）江苏省沛县人。出家少林，香港菩提学会法师。

根造法师（1913—1993），原名李作贤。福建潮阳县沙陇镇人。23 岁出家，禅宗临济宗第四十四代传人。

密显法师（不详），根造法师的师弟。

通一法师（1934—），浙江绍兴人。阿育王寺方丈。西湖诗社成员。

慈舟法师（1915—2003），俗家名史源，出家后法名慈舟，法号月济。江苏兴化县人。镇江金山江天禅寺方丈，中国佛教协会理事。